权威·前沿·原创

皮书系列为
"十二五""十三五"国家重点图书出版规划项目

中国社会科学院创新工程学术出版项目

华侨华人蓝皮书

华侨华人研究报告
（2019）

ANNUAL REPORT ON OVERSEAS CHINESE STUDY
(2019)

主　编／贾益民　张禹东　庄国土
副主编／陈文寿　游国龙

社会科学文献出版社
SOCIAL SCIENCES ACADEMIC PRESS (CHINA)

图书在版编目(CIP)数据

华侨华人研究报告.2019/贾益民,张禹东,庄国土主编.--北京:社会科学文献出版社,2019.12
(华侨华人蓝皮书)
ISBN 978-7-5201-5829-9

Ⅰ.①华… Ⅱ.①贾…②张…③庄… Ⅲ.①华侨-研究报告-世界-2019②华人-研究报告-世界-2019 Ⅳ.①D634.3

中国版本图书馆CIP数据核字(2019)第269657号

华侨华人蓝皮书
华侨华人研究报告(2019)

主　　编／贾益民　张禹东　庄国土
副 主 编／陈文寿　游国龙

出 版 人／谢寿光
责任编辑／曹长香

出　　版／社会科学文献出版社·社会政法分社 (010)59367156
　　　　　地址:北京市北三环中路甲29号院华龙大厦　邮编:100029
　　　　　网址:www.ssap.com.cn
发　　行／市场营销中心 (010)59367081　59367083
印　　装／三河市东方印刷有限公司

规　　格／开　本:787mm×1092mm　1/16
　　　　　印　张:21.5　字　数:323千字
版　　次／2019年12月第1版　2019年12月第1次印刷
书　　号／ISBN 978-7-5201-5829-9
定　　价／128.00元

本书如有印装质量问题,请与读者服务中心(010-59367028)联系

▲ 版权所有 翻印必究

华侨华人蓝皮书编委会

主　　　　编	贾益民　张禹东　庄国土
副　主　编	陈文寿　游国龙
编委会顾问	谢寿光
编　　　　委	（以姓名笔画为序）
	刘　宏　李安山　李明欢　吴小安　张秀明
	陈奕平　周　敏　郑一省　柯群英　施雪琴
	郭世宝　黄子坚　黄建淳　曾少聪　廖赤阳
编辑部主任	游国龙
编辑部副主任	李继高　蔡　晶　陈琮渊
英文摘要编辑	李继高

主要编撰者简介

主编

贾益民 男，籍贯山东惠民，毕业于暨南大学中文系，曾任暨南大学副校长、华侨大学校长，现为华侨大学教授，博士生导师。国务院侨务办公室专家咨询委员，享受国务院特殊津贴专家。荣获泰王国国王颁授的"一等泰皇冠勋章"、泰国吞武里大学荣誉博士学位。研究方向为：海外华文教育与汉语国际教育、马克思主义哲学与美学、华侨华人及华侨高等教育等。

张禹东 男，籍贯福建惠安，毕业于厦门大学哲学系，现为华侨大学教授，博士生导师。中国华侨历史学会副会长、中国宗教学会副会长、《华侨华人文献学刊》主编、《福建华侨史》副主编等。研究方向为：华侨华人宗教与文化、华商管理、宗教学理论和文化哲学。

庄国土 男，籍贯福建晋江，毕业于厦门大学历史学系，博士，教授，博士生导师。现为华侨大学讲座教授，厦门大学特聘教授，教育部社科司综合研究学部召集人，国家985东南亚创新平台首席专家，知名海外华人研究和东南亚研究专家，国务院侨务办公室专家咨询委员。研究方向为：华侨华人、国际关系理论、中外关系史、东南亚地区问题与国别政治。

副主编

陈文寿 男，籍贯福建厦门，毕业于北京大学历史学系世界史专业，博士。现为华侨大学国际关系学院/华侨华人研究院教授。研究方向为：东北亚区域史、华侨华人与侨务政策、台湾问题与两岸关系、移民与国际关系。

游国龙 男，籍贯台湾台北，毕业于北京大学国际关系学院国际政治学专业，法学博士，北京大学政治学博士后，现为华侨大学国际关系学院/华侨华人研究院教授，心理文化学研究所副所长，入选高端外专引进计划（文教类）福建省首批引进台湾高层次人才百人计划。研究方向为：华侨华人与国际关系、国际政治理论、心理文化学理论。

摘　要

《华侨华人研究报告 2019》除总报告外，共有文化篇、经贸篇、专题篇三个专题。

"文化篇"共有五篇报告，主要调查华侨华人海外办学以及传承中华文化的情况。首先，调查东南亚华侨华人移民与 20 世纪在美新移民举办的华文学校（中文学校），其在侨居国面临正规教育体系开展汉语教学的运营难题，以及华侨华人子弟学习中文和中国文化的问题。其次，调查东南亚华侨华人与当地人通婚生育的第二代，和没有与当地人通婚生育的华侨华人第二代，在海外传承中华文化的情况。最后，研究加拿大华人学习中华文化的情况，调查东南亚华裔青少年来华留学意愿。研究发现，虽然海外华侨华人在汉语言学习与中华文化传承方面遭受各种各样的阻碍，但他们仍然努力传承中华文化，在第二代、第三代华人身上仍然可以看到华人的行为特点。

"经贸篇"主要调查华侨华人的企业经营，以及他们面对外部经济形势压力所采取的应对措施，共有三篇文章，包括华人家族企业在印尼的发展，华侨华人在"一带一路"沿线国家作出的贡献，以及华商回国投资、成功经营的因素。研究发现，华人家族企业可以根据国际形势变化较好地进行应对，这是他们在海外经商活动成功的主要因素。

"专题篇"探讨了马来西亚的华人结社与政治参与问题，以及华人世家进行慈善捐赠的情况。研究发现，华人在海外以血缘、地缘等因素缔结社团，对他们参与政治或者回馈祖（籍）国，都起到一定作用。

《华侨华人研究报告 2019》通过以上三个专题全面把握目前华侨华人在海外的最新生存状况，并提出有价值的政策建议。

目 录

Ⅰ 总报告

B.1 美国中文教育发展报告 …………………………… 任 弘 / 001

Ⅱ 文化篇

B.2 泰国中文教育调查报告 ……………………………… 张锡镇 / 024
B.3 东南亚华裔混血族群的文化传承调查 ……………… 陈恒汉 / 049
B.4 新马地区华侨华人文化传承现状调查
　　　　　　　　　　　　　 马占杰　林春培　李义斌 / 077
B.5 加拿大华人的中文学习与文化传承现状研究 ……… 王嘉顺 / 112
B.6 东南亚华裔青少年来华留学意愿调查报告 ………… 吕 挺 / 134

Ⅲ 经贸篇

B.7 华人家族企业在印尼经济转型背景下的发展策略调查
　　　　　　　　　　　　　 翟威甯　宋镇照　蔡博文 / 157
B.8 华商在中国大陆投资企业发展状况调查 …………… 柳云平 / 182

001

B.9 "一带一路"六大经济走廊贸易现状与华侨华人的作用调查
　　　　　　　　　　　　　　　　　　　　　　赵　凯　黄华华 / 213

Ⅳ 专题篇

B.10 马来西亚华人社团的政治参与调查 …………… 庄仁杰 / 262
B.11 华侨华人家族慈善现状调查报告 ………… 黄晓瑞　侯雨佳 / 284

Abstract ……………………………………………………………… / 318
Contents ……………………………………………………………… / 320

皮书数据库阅读**使用指南**

总 报 告

General Report

B.1
美国中文教育发展报告

任 弘*

摘 要： 美国的中文教育，从19世纪发展至今，可以划分为四个阶段。1965年前，在美华人主要发展自办学堂，1965年至1990年，逐渐从中文班发展成中文学校。20世纪90年代，台湾系的全美中文学校联合会总会（NCLCC）与大陆系的全美中文学校协会（CSAUS）成立，中文学校蓬勃发展。2006年起美国正规学校开始开展中文沉浸式教学课程，学习中文人口大量增加。2017年中，全美各州成立了近250所中文沉浸式学校，但都存在几个问题，如缺乏专业的汉语教师队伍、没有相同的课程标准、具有"文化教学"问题，经费也不充

---

* 任弘，台湾高雄人，历史学硕士，华侨大学特聘教授，原台湾"侨务委员会"副委员长，长期从事海外华侨华人工作，现任台湾世界华语文教育学会理事长。研究方向：华文教育、海外华侨华人研究、公共外交、中国书法史。

裕。面对美国主流学校冲击，华侨华人办的中文学校生源流失很多。本文建议，中文学校可以突出"语言+文化"的办学特色，集中发展幼儿教育，加强文化才艺培训课程，争取立法保障，考虑以营利的方式经营，从这几个方面来因应主流教育体制的挑战。

关键词： 美国中文学校　周末制中文学校　沉浸式教学课程　华文教育

美国的中文学校从20世纪60年代后期发展至今，大约有半个世纪。以1994年为分水岭，前25年（1968～1993）是台湾留美学生为主导的时期；后25年（1994年以来）由于大陆经济崛起，新移民涌入北美，美国的中文学校有了进一步发展，因而有了大陆系与台湾系之分，双方都在1994年成立全美性的联合组织。两个联合会成立后有合作也有竞争，并且分别与国内（大陆和台湾）保持密切的联系。2006年开始美国主流学校积极发展中文沉浸式教育，成长极为快速，至2018年已超过250所学校开设，遍及美国各州，可能是中文学校50年来最大的挑战。

本文将对美国半个世纪以来中文教育的发展进行回顾，梳理美国的华侨华人移民与中文学校建立的历程，探讨美国主流学校中文沉浸式教学课程的兴起，并且分析它对美国中文学校的挑战，尝试从经营模式、教学内容、教学方法等方面，对美国的中文学校提出一些调整转型的建议。

一　美国的华侨华人移民与中文学校的建立

（一）19世纪中叶至1965年：自办学堂与种族隔离学校

19世纪中叶华人大量移民美国淘金，或兴建铁路，他们主要聚集在加州的旧金山、沙加缅度（萨克拉门托市）、洛杉矶等地。当时加州的大埠旧金山，二埠萨克拉门托市，三埠洛杉矶有许多适龄入学的儿童，但华人子弟被禁止进入加州的公立学校就读，只能进入华埠（Chinatown）由华人设立的传统私塾学校。

1908年，清政府委派梁庆桂至美国劝学，开办侨民学校。他到旧金山与中华总会馆商议①，决定将1888年设立的大清书院改组为大清侨民小学②，并于1909年正式开学。这是美国有现代意义的华侨学校之始。教学内容有传统的儒家经典、语文、历史、地理、德育、书法及体操和歌谣等仿照国内的小学课程。教师以广州方言教学，学生则利用公立学校的课余时间上课③。这个时期华侨学校面临的挑战除了美国人的种族歧视外，主要来自华人内部的不同政治立场。清末侨社的学校和华文报纸都因革命派与保皇派之争而相互对立，这也发生在美国。

另外，1870年以后，华人家长因为就学问题不断向美国政府抗议，要求华人子弟进入公立学校就读，但美国政府一直不同意。直到1905年，在教会协助以及有心人士的奔走下，旧金山教育局才同意为华人设立公立小学，命名为远东学校（Oriental Public School），1924年加州政府将其改名为金马多士德顿学校（Commadore Stockton School），但这是一所种族隔离学校，限定华人、日本人、韩国人子弟就读④。一直到第二次世界大战结束前，都没有改变种族隔离的性质。这也是美国专为华侨子弟设立的唯

---

① 中华总会馆为美国华侨之最高机构，位于旧金山，成立于1854年，1876年正式命名为"中华会馆"，由宁阳总会馆、肇庆总会馆、合和总会馆、冈州总会馆、阳和总会馆、三邑总会馆、人和总会馆组成。
② 光绪十四年（1888）四月，清廷驻旧金山欧阳明总领事开办一所学校，校名初为金山中西学堂，稍后更名为大清书院。1906年旧金山大地震，许多建筑物毁损。清政府汇银9万两赈灾，中华会馆兴建大厦主要来自此笔款项，有助于梁庆桂与会馆的领导们谈建校之事。
③ 平日是下午4点半到晚上9点，周六为上午9点到晚上9点。刘伯骥：《美国华侨教育发展史》，海外出版社，1957，第27页。
④ 刘伯骥：《美国华侨教育发展史》，海外出版社，1957，第27页；麦礼谦编《传承中华传统：在美国大陆和夏威夷的中文学校》，《华侨华人历史研究》1999年第4期。

一学校。

从1906年到20世纪60年代这个漫长时期,华人子弟是在自办学堂与隔离学校中受教育。华侨学校的发展大致延续相同模式,有华埠的几个主要城市,几乎都开设了华侨学校①。一项在1957年所做的调查显示,当时美国本土共有31所中文学校、4286名学生和152名教师,其中加州拥有当时48%的华人人口,华校至少有20所,占三分之二;而学生数则高达四分之三,即3392人。旧金山有8所学校,学生2114名,又占加州的一半,是美国本土华文教育中心。美国东部的纽约,华人数量居第二位,有3所学校、732名学生②。

(二)1965年至1990年:从中文班到中文学校

1965年美国实行的新移民法③,是美国华人社会发展的分水岭。台湾和东南亚的华人大批移民美国,开启战后第一波华人对美移民潮。新的移民法案中,给中国的移民配额为2万人,另有600名配额给香港。由于当时美国不承认中华人民共和国,配额由台湾独享④。在新移民条例颁布前一年(1964),中国移民人数仅为4769名,颁布后迅速增加。1979年的统计显示,华人移民已达28391人,14年增加了近5倍,主要来自台湾与香港。

---

① 刘伯骥:《美国华侨教育发展史》,海外出版社,1957,第27页;麦礼谦编《传承中华传统:在美国大陆和夏威夷的中文学校》,《华侨华人历史研究》1999年第4期。

② 《战后美国华人社会发展概况》,参见《百科故事:美国华侨华人概述》,https://www.haik8.com/a/6hrm0.shtml。

③ 这个新移民法的全称是《1965年外来移民与国籍法修正案》(Immigration and Nationality Act Amendments of 1965),一般简称《1965年移民法》(The Immigration Act of 1965)。民主党政府修改了第一次世界大战结束的《1924年移民法案》和冷战思维浓厚的《1952年外来移民与国籍法》,纳入了1953年的《难民救济法》(Refugee Relief Act of 1953)和1957年的《难民逃亡法》(Refugee Escapee Act of 1957)的措施,打破种族配额,改为地区(国家)配额,修改对亚洲的歧视政策,并以家庭团聚优先。参见訚行健编《美国〈1965年外来移民与国籍法修正案〉探析》,《美国研究》2016年第3期;戴超武编《美国1965年移民法对亚洲移民和亚裔集团的影响》,《美国研究》1997年第1期;戴超武:《美国移民政策与亚洲移民》,中国社会科学出版社,1999。

④ 1971年台湾退出联合国,1979年与美国"断交",台湾人大量移民美国。

在美国的亚洲移民中，仅次于菲律宾和韩国[①]。值得注意的是，1965年以后华人大量移入美国，移民的来源并不只是台湾和大陆，而是非常多元：诸如韩国华侨、东南亚排华后的华人再移民（印尼、马来西亚等）、越战后中南半岛难民（越南为主，柬埔寨、老挝），还有香港和中南美移入的华人。"亚裔美国人"（Asian American）的名词就是这个时期形成的。

20世纪60年代开始的周末中文班，就是在华人新移民快速增加的背景下产生的。新移民散居在大都市的郊区，中文学校是从郊区发展起来的，和之前侨校设在华埠不同，这种教学模式很快为美国各地的华人新移民所接受，到70年代被华人广泛推广。美国东部地区，纽约市附近的长岛中华协会1962年就开始在星期六开设粤语学习班。不久，华埠内的纽约华侨中文学校也开设了星期日下午上课的学习班。美西地区在1964年洛杉矶郊区蒙特利公园市的"信义会中文学校"，是首先开设周末中文课程的学校。一开始也是用粤语授课，但为适应该地区台湾移民不断增长的需求，第二年增设了一个中文班。这两所学校都设置在郊区，而不在华埠。

海外华侨学校在东南亚大都用"××学校"为名，冠以帮名、地名或人名，美国的华侨学校则采用"××中文学校"，冠以地名或文化词为多。使用"中文学校"的名称是台湾移民开始的，英文用的是 Chinese Language School，严格上说，只能称之为"中文班"（Class），还不具有学校的规模[②]。大约经过10年的发展，规模在百人以上的中文班已相当普遍，20世纪70年代中期，"中文学校"就成为周末中文班的正式称呼。1974年2月，美国东部地区6所台湾系的中文学校发起成立美东中文学校协会（Association of Chinese School，ACS）[③]。华教组织首度出现，是美国中文教育发展的第一个里程碑。

[①] 麦礼谦：《从华侨到华人：20世纪美国华人社会发展史》，三联书店，1992，第419页；庄国土编《从移民到选民：1965年以来美国华人社会的发展变化》，《世界历史》2004年第2期。
[②] 1962年，纽约中华公所勿街（Moot St.）62号的中华大楼建筑完成，学生迁回新校舍上课，并于同年9月正式向纽约州教育厅注册，校名即定为"纽约华侨中文学校"（New York Chinese School），可见中文学校是美国侨界普遍使用的侨校校名。
[③] 美东中文学校协会成立经过，见该协会网站，http：//www.acsusa.org/Intro。

（三）20世纪90年代：周末制中文学校体系的建立和两个联合会的竞争与合作

20世纪80年代后期，大约在中国改革开放后10年，大陆的留学生与前来美国的移民以迅猛的速度增加。它是战后的第二波美国移民潮，进而引发了美国华文教育的发展。

1989年8月在芝加哥成立的希林中文学校，是第一所大陆留学生组建的中文学校，自此，中文学校在美国开始有台湾系与大陆系之分，使美国华文教育逐渐形成两类中文学校并存的现象。一个是由台湾移民创办的以繁体字和注音符号教学的台湾系中文学校，另一个是由大陆新移民创办的以简体字和汉语拼音教学的大陆系中文学校。1994年，双方都成立了全美的联合会组织，分别是台湾系的全美中文学校联合会总会（NCLCC）、大陆系的全美中文学校协会（CSAUS），两个组织分别获得了大陆与台湾官方的支持[①]。这是美国中文教育发展的第二个里程碑。

两岸的政治对立和不同的语言政策，反映在两个体系的中文学校教学中。这是这个时期中文学校面临的新挑战。最具体的例子是大学入学考试（Scholastic Assessment Test，以下简称"SAT II"）中文科目，使用简体字或繁体字之争。1994年4月，中文科目首次被纳入SAT II，这与两岸同时在美国成立全美性的组织有关。表面上，美国大学理事会（The College Board）决定将中文列入高中生进入大学的入门考试，目的是引导和鼓励美国中学的汉语教学[②]，但测验卷要使用简体字或繁体字引发了两岸之间的角力。经过一番竞争和游说，大学理事会决定考题全部以汉语拼音、简体字和注音符号、繁体字并列的方式化解了纷争。

大陆系中文学校在美国发展之时，也是中国大陆大量向外移民的时期。

---

① CSAUS的成立可参见《全美中文学校协会发展历史回顾》一文，NCLCC目前尚无论文详细提及；张树利：《战后美国华文教育研究》，暨南大学硕士学位论文，2005。对两个组织有一些不够完整的论述。

② 何其营：《美国公立中学汉语教育研究》，四川师范大学硕士学位论文，2012，第21~24页。

20世纪90年代周末制中文学校，最终成为一种新的华文教育形式。它取代了早期以华埠为中心设立学校的方式，并在正规学校教育之外进行授课。它的运营模式较为弹性，影响了世界各地华人新移民以及华文学校的设立，至今方兴未艾。

（四）2006年中文沉浸式教学课程兴起：来自主流教育体系的新挑战

2003年，美国大学理事会决定在美国大学入学的"学业成绩考试"（Advanced Placement，以下简称"AP中文"）中设立中文科目，目的是让成绩优秀的高中生能够在高中时期提前学习一些大学水平的课程[1]。美国高中开始开设AP中文课程，并于2007年起开始进行测验。AP中文课程企图将中学的汉语教育与大学的汉语课程衔接起来，进一步提高了中学生学习汉语的热情。与SAT II引发两岸对立不同，这一次的AP中文改革，两岸的华教组织虽一度为了考题的繁简问题有所争议，但在美方与两岸的谅解下，并没有产生矛盾，反而对中文学校一向头痛的高年级学生不热衷学习中文问题，打了一剂强心针。

2006年是美国外语教育政策的重要转折点，美国的教育部和国防部在与大学校长召开的国际教育峰会上宣布，将提高国民的外语能力作为国家教育政策的重点。同时，时任总统布什提出，在2007年向国会申请1.14亿美元建立"国家安全语言计划"（National Security Language Initiative），将汉语列为八种"关键语言"之一。2008年1月，美国海军发布的《关于语言能力地区专家和文化通识战略》，则首次将汉语置于阿拉伯语、印地语和波斯语之前，视为首要应该掌握的外语。以语言教育和为美国中学培养大量语言教师闻名于世的米德尔伯里学院（Middlebury College）的院长唐纳德·D.李勃维兹认为，如果美国打算培养并拥有大量具备外语能力的人才，新计划

---

[1] Advanced Placement Chinese Language and Culture（commonly known as AP Chinese Language and Culture or AP Chinese），汉语翻译为：AP中文。

就应当着眼于美国义务教育"K-12"教育体系，尤其是中学外语教育，而非中学后的高等教育①。

综合而言，美国政府对汉语的态度有两个转变，一是提高汉语的战略地位，二是要将汉语学习向中小学往下"扎根"。在这个背景下，2006年明尼苏达州明尼阿波利斯市（Minneapolis）的英华汉语学校被批准为美国第一所汉语沉浸式特许学校②。美国官方发布的一系列中文学习政策，是美国中文教育发展的第三个里程碑。但美国中文学校生源因此大量流失，对中文学校的发展造成强烈的冲击。

面对新的挑战，中文学校必须加强战略上的布局。1994年，中文SAT II的繁简之争后，两岸的中文学校在学分承认（2004）和AP中文课程设置和测验（2003~2006）方面并没有产生对立。2008年台湾政党轮替，两岸在九二共识的基础上搁置争议扩大交流，海外的文教团体也化对立为交流。他们于2016年成立了全美汉语语言与文化联盟（The National Chinese Language and Culture Coalition，NCLCC）。这个联盟是由四个主流华人组织共同成立的，包括全美中小学教师协会（CLASS，Chinese Language Association of Secondary-Elementary Schools，1987/1994）、全美中文学校协会（CSAUS，Chinese School Association in the US，1994）、全美中文学校联合会总会（NCACLS，National Council of Associations of Chinese Language Schools，1994）、国家东亚语言资源中心（NEALRC，National East Asian Languages Resource Center，1993年设于俄亥俄州州立大学教育系）。全美汉语语言与文化联盟的成立是美国中文教育发展的第四个里程碑，它具有三个意义：①象征两岸海

---

① 唐纳德·D.李勃维兹编《美国如何取得语言能力》，《世界教育信息》2006年第9期，第21页。

② 特许学校（Charter School）是美国一种改良的公立学校，在《不让一个孩子掉队》（NCLB：No Child Left Behind，2002）法令的规范下，公立学校可以申请转变为特许学校，这些学校的运转资金仍由美国政府和州政府提供，不受一般公立学校的条令限制，可以有自己的操作系统。明尼苏达州在1991年就率先颁布了特许学校法令并开办了第一所特许学校。资料来源：维基百科，并可参见"Public School Review"，https://www.publicschoolreview.com/blog/what-is-a-charter-school。

外中文教育的和解；②与主流教育体制保持密切的合作；③美国中文教育的本土化。

从华文教育发展史来看，美国中文学校有以下几个特色。

1. 周末办学制

美国中文学校一开始是语文班，后来逐渐发展成周末制的"学校"，它并没有像东南亚的华侨学校那样发展成"正规学校"。它的经费不足，大都没有能力购买校地、建立校舍，一般是向宗教组织或者正规学校租借场所，利用周末时段进行授课。但由于它的建校启动经费较低，也较容易开展，周末办学制遂成为美国中文学校较常采用的授课模式。

2. 侨教色彩

1965年以后东南亚的华侨向华人转化，侨校成为华校，但美国的中文学校初期采用的是母语式教学，并大量使用国内的教科书，接受国内侨务机关的辅导与补助，反而颇具侨教色彩①。

3. 社区功能

中文学校主要设于郊区（suburban），和早期在华埠的学校不同，中文学校的家长要接送孩子上下课，每周在学校碰面，学校成为社区信息交流中心，家长圈形成准社团组织，许多社区事务就在学校中协商解决。中文学校也经常举办和参与华人社区以外的文化活动，形式多样且内容丰富多彩，产生的社会效应远远超过一个族裔语言学校的基本功能②。

4. 侨领摇篮

东南亚的侨校由商人或侨团出资办学，美国办学者多为留学生或毕业后定居下来的专业人士或学者，他们往往还要担负起教师和教务工作的职责，这个功能促使许多年轻的家长从参与中文学校事务，进而参与中文学校联合

---

① 大陆将海外华文学校以"华校"视之，台湾将海外华文学校作为"侨校"看待。但两岸对美国中文学校的教学内容、教材的提供、师资训练、经费补助等，都与1965年以前对东南亚华侨学校采取"侨民教育"的态度类似，将办学者和学习者都以"侨民"（华侨）视之。

② 李嘉郁编《谈谈北美地区新型中文学校的社会功能》，《八桂侨刊》2001年第4期，在大陆较早提出中文学校具有社区功能的概念。

会或其他社区的公共事务。许多担任中文学校校长的热心家长在子女进入大学后,又积极参与侨社事务,成为社团的负责人,后来成为侨社的领袖人物。中文学校校长就像学区委员,侨校成为培养地方意见领袖的摇篮。

5. 融入主流教育体系

台湾系是从自发的区域性组织,再发展为全美性组织;大陆系直接诉诸全美性组织。两者都接受国内政策性的指导,早期政治立场鲜明,双方教学使用的字体和拼音系统不同。近年来自主性逐渐提高,从对立、竞争到合作。教学组织以有限的资源,对于教学精进、师资培训、争取权益、融入主流等做了非常大的贡献,充分代表了新移民的素质。其中与主流教学组织关系良好,充分运用主流资源这一点,尤其值得称赞。无论地区性或全美的组织均与大学理事会、美国外语教育协会(ACTFL)、全美中小学教师协会(CLASS)、亚洲协会(Asia Society)等保持良好的联系。对美国语言政策的脉动和变革掌握得非常好,从教育部的外语援助计划(FLAP)[1],到国安局的星谈计划(STAR TALK)释放出的资源都能加以利用[2]。

二 美国主流学校的中文沉浸式教学课程

2006 年,在美国启动 AP 中文项目的同时,美国明尼苏达州明尼阿波利斯市的英华汉语学校被批准为美国第一所汉语沉浸式特许学校,也是美国中

---

[1] 美国 1988 年《经济安全教育法》的第二章,被 2001 年的《外语援助法》(Foreign Language Assistance Act)取代,并在该法案之下成立了"外语援助计划"(Foreign Language Assistance Program, FLAP),由教育部向州教育机构拨款资助中小学学生的外语学习,是美国联邦拨款中唯一针对中小学外语学习的项目。

[2] 星谈计划:是国家安全语言倡议(National Security Language Initiative)的一部分,由美国国家安全局(NSA/CSS)与马里兰大学国家外语中心合作于 2007 年建立,其预算高达几百万美元。STAR TALK 的使命是通过为 K-16 学生和教师提供创新、有趣的暑期项目,展现语言教学领域的最佳实践,为更多的教师提供上岗机会,激发学生对关键语言的学习兴趣,目的是培养更多了解战略语言的合格外语教师,增加学习关键语言的学生的数量。首要推广语言是汉语和阿拉伯语。无论学生还是教师项目,汉语一直是最大的语种。这两个项目实施过程中,各地中文学校和联合会组织都积极提出计划争取相关资源。

西部的第一所汉语沉浸式学校。这标志着中国语言文化教学开始进入美国的主流中小学国民教育体系。沉浸式教学课程（immersion program）和 AP 中文都是语言战略政策的产物。AP 中文以高中生为目标，面向高等教育；"沉浸式"教学则向下扎根，面向中小学。

（一）美国发展中文沉浸式教学课程的背景

美国在 2001 年发生"9·11"事件后，在国家安全的"大伞"下，关于语言安全的法案一再被提出。2003 年 8 月，新泽西州民主党众议员霍尔特（Rush Holt）提交了名为"国家安全语言法"（National Security Language Act）的提案，提案报告中指出，"如果我们不学习世界各重要地区的语言与文化，我们将无法再保持国家的安全。美国国家语言战略的第四个战略目标是为海外的军事情报人员、外交人员装备'语言武器'"。法案还提出，向大专院校选修几种"关键语言"的学生提供无息贷款[①]。2005 年，康涅狄格州（Connecticut）民主党联邦参议员李伯曼（Joseph Isadore Lieberman）和田纳西州共和党联邦参议员亚历山大（Lamar Alexander）提交了一份名为《美中文化交流法案》（United States-People's Republic of China Cultural Engagement Act）的提案[②]。提案报告透露了一些有意思的信息：根据美国 2000 年人口统计，美国有 2200 万人讲汉语，但其中 85% 以上是因为他们具有中国血统。而在大学注册的美国学生 98% 学习欧洲语言，鲜少选修汉语。因此，参议员李伯曼要求联邦政府在 2006 年到 2011 年的 5 个财政年度里从联邦资金中拨款 13 亿美元资助 9 个汉语教学和学习项目，包括扩大两国学生的互访和交流项目，用以美国学校开展中文教学、为美国中小学学生学习汉语建立一个全国性的教学制度，并授权美国教育部拨款建立外国语言服务中心。参议员亚历山大更力主投资中国的语言文化教学以增进两国的文化交

[①] 参见王建勤编《美国"关键语言"战略与我国国家安全语言战略》，《云南师范大学学报》2010 年第 2 期，第 7 页；陈倩编《美国华文教育的现状与启示》，《比较教育研究》2015 年第 3 期，第 87 页。

[②] 李焰编《"中国热"热上国会山》，《华盛顿观察周刊》2005 年第 19 期。

流，提案指出："为我们的孩子提供了解中国语言和文化的机会，将使他们在经济全球化过程中获得更好的获胜机会。"该提案在参议院引起了很大的反响，在经过两次审议后被呈送至外交关系委员会（Committee on Foreign Relations）[1]。这两个提案是前述2006年小布什总统向国会提出申请1.14亿美元建立"国家安全语言计划"（NSLI）的重要民意基础。国家安全语言计划的经费计划一半拨给教育部，四分之一拨给国务院，其余的拨给五角大楼和情报部门。政府还将成立"国家语言服务团"和"语言教师团"。该计划明确了8种"关键语言"（增加了韩语、波斯语和土耳其语）。

（二）沉浸式教学课程的内涵

"沉浸式"教学课程是第二语言教学的一种模式，最早起源于加拿大的法语区，成果受到肯定，开始在北美地区颇为流行。对沉浸式教育研究有年的杰纳西（Fred Genesee）对它的定义如下："所谓的沉浸式教学课程，基本上指的是学生一学年中至少要有50%的在校时间用第二语言来学习其他学科。如果只是用第二语言来学习第二语言，或挑选某一种特定的学科用第二语言来学习，都只能算是强化（enriched）的第二语言课程。"[2] 学者约翰逊和斯温（Johnson & Swain）总结出沉浸式教学的八个特点：①以第二语言为教学媒介；②用第二语言教授的课程平行于其他班级用第一语言教授的课程；③第一语言至少被作为一门课程学习；④项目的目标是使学习者拥有添加性双语能力；⑤对第二语言的接触通常只限于课堂中；⑥同班级的学习者第二语言水平相似；⑦教师为双语者；⑧课堂仍处于第一语言社会文化中[3]。

---

[1] 巨静编《9·11之后美国外语语言教育立法的发展》，《中外教育研究》2009年第5期，第12页。
[2] Learning Through Two Languages: Studies in Immersion and Bilingual Education (1987, Newbury House).
[3] Johnson, R. K. & Swain, M. *Immersion Education: International Perspectives.* Cambridge, UK: *Cambridge University Press*, 1997；卢蓬军：《加拿大魁北克沉浸式双语教育研究》，西南大学硕士学位论文，2007；李丹青编《美国明尼苏达州光明汉语学校沉浸式教学项目评述》，《国际汉语教学研究》2014年第3期。

由于各个学校落实沉浸式教学课程有所差异,可以根据学习者母语的种类与第二语言教学时间对采用沉浸式教学课程的学校进行分类。

1. 按照学习者母语的种类可分为单向和双向沉浸式

单向沉浸式课程(one-way immersion programs):针对母语为英语的学生,学生通过第二语言和母语教授学术科目和读写技能。双向沉浸式课程(two-way immersion programs):来自两种不同语言背景的学生通过两种语言一起学习,这样每个小组都能用另一种语言进行沉浸式体验[1]。

2. 按照实施第二语言教学时间可分为完全沉浸式、部分沉浸式

完全沉浸式课程(full immersion school):K-3年级课程90%用第二语言讲授。半沉浸式学校(half immersion school):K-3年级课程50%用第二语言讲授。课程介于50%~90%的,可按其数据接近程度,归入全沉浸式或半沉浸式学校类型。

根据美国外语教育协会(ACTFL)的统计(2015年公布的《美国各州沉浸式中文项目情况统计表》):目前美国中文沉浸式教学项目有的在小学阶段就开始了,有的从初中开始,有的更晚。因此可称为小学阶段沉浸、初中阶段沉浸、高中阶段沉浸、小学至初中连续沉浸、小学至高中连续沉浸等几种类型。其中小学阶段沉浸的学校数量最多,占总数的58%,小学至初中连续沉浸的,占总数的24%(含小学至初一)。

(三)美国中文沉浸式教学项目发展概况

依据2017年7月的统计,全美开展中文沉浸式教学项目的学校已有242所,与2006年的25所相比增长了8.68倍(见表1、图1)。其中公立学校169所,私立学校40所,特许学校24所(根据2017年1月233所的统计)。单向沉浸式教学在教学类型中占大多数,主要分布在公立学校。排名前三位的是加州(53所)、犹他州(32所)、纽约州(13所),第四位是明尼苏达州(10所)。其中犹他州和明尼苏达州表现不俗,具

---

[1] Curtain & Dahlberg.

有特别的意义。首先,两州中文沉浸式教学项目都得到了州政府的立法支持,犹他州有33所小学和14所中学开展了中文沉浸式教学,成为美国学习汉语学生人数比例最多的一个州。至于明尼苏达州,周淑涵博士(Shuhan Wang)认为,明尼苏达州是美国沉浸式教育运动的一块"隐蔽的宝地",她对明尼苏达州的协和学院语言村项目(Concordia College Language Villages)评价很高,称其为沉浸式教育实验室的样板[①]。其次,国家汉办对这两个州给予大力协助,号召了许多汉语志愿者教师。最后,两州不是传统上华人聚居的州,美国主流教育部门内心期盼有更多的非华裔学习汉语。

表1 美国小学中文沉浸式教学项目发展情况

单位:所

学年	总数	年增长数
2006~2007	25	5
2007~2008	38	13
2008~2009	50	12
2009~2010	67	17
2010~2011	84	17
2011~2012	104	20
2012~2013	137	33
2013~2014	161	24
2014~2015	184	23
2015~2016	197	13
2016~2017	213	16

资料来源:本表根据以下网站制作,https://miparentscouncil.org/full-mandarin-immersion-school-list/,2017年7月全美已开设242所。

---

① 周淑涵是亚洲协会(Asia Society)中文启蒙与沉浸式教育联盟(Chinese Early Language and Immersion Network)主管。见李琼编《美国公立学校尝试全中文授课,在中西文化中找平衡》,原载《纽约时报》,2014年11月6日在多知网发布,略有删节,https://mp.weixin.qq.com/s?__biz=MjM5NDI1MDI0MA==&mid=2651181554&idx=1&sn=4f367c5c92960a0a4afa8b90ed18680e#rd。

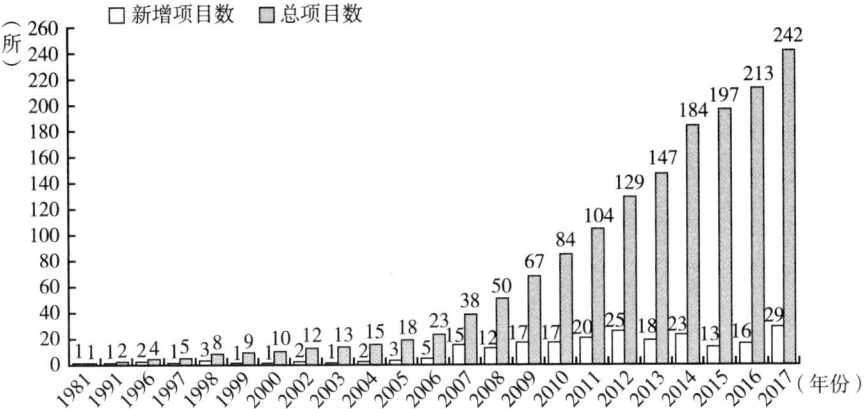

图 1 中文沉浸式教学项目数量情况

资料来源：1981~2013 年为吴应辉的统计，2013 年之后为笔者依据表 1 资料来源新增。

（四）中文沉浸式教学项目的问题

对最早在加拿大实施沉浸式教学项目的研究显示，学生通过沉浸式教学项目获得的第二语言能力、母语能力以及学科课程成绩明显高于其他教学模式[1]。这是沉浸式教学项目获得肯定和推广的最重要原因。但中文沉浸式教学项目发展过于快速，也凸显了一些问题。

1. 缺乏专业的汉语教师队伍

一项对犹他、科罗拉多、路易斯安那、爱达荷、怀俄明、南卡罗来纳、加利福尼亚和亚利桑那共 8 个州 33 位汉语志愿者教师进行中文沉浸式教学项目的调查显示，美国中文沉浸式教学项目的本土教师数量与快速发展的中文沉浸式教学不相匹配。多数学校中文沉浸式项目的美国本土教师不超过 3 人，志愿者教师为 2~4 人，教师几乎由中国大陆的志愿

---

[1] Turnbull, M., Lapkin, S. & Hart, D., "Grade 3 Immersion Students' Performance in Literacy and Mathematics: Province-wide Results from Ontario (1998 - 99)." *Canadian Modern Language Review*, 2001.

者教师支撑。从本土教师与志愿者教师的数量比来看，32%的学校志愿者教师多于本土教师，68%的学校志愿者教师与本土教师持平或略少于本土教师①。

2. 缺乏课程标准

国外学者对明尼苏达州一所中文沉浸式学校的研究显示：中文沉浸式教学"目前最大的缺点是缺乏关于双语教学最终目标的具体标准"，这对教学行为的实施及教学质量的提高会有很大影响②。沉浸式学校的类型和模式太多元，发展又过于快速，全美250所学校未能建立起一个完整的联合体系，因为美国的教育权在各州，又下放至学区，所以在课程标准上就不易达成共识，学校通常没有固定和统一的教材。

3. 文化教学问题

中文沉浸式学校属于主流国民学校的一种，对象是美国公民的子弟，在文化教学大纲中，美国文化为主要教学内容，中国文化为世界文化教学的一部分。一年级至三年级课程设置的理念与K年级大体相同，即以美国历史和文化为主线，特别注重培养美国文化所推崇的精神特质。这一点与美国普通学校的指导思想是一致的，只不过在汉语沉浸式学校用汉语授课而已③。

4. 经费问题

中文沉浸式学校得以快速发展，是因为用特许学校的名义能从当地学区拿到经费，得到联邦政府的拨款，尤其是还获得了中国政府（汉办孔子学院）的大力支持，特别是从2004年开始。周淑涵认为：美国教育部在2012年停止了对中文沉浸式教育项目的资助，不过国防部依然给予少量拨款。额外的资助来自州级预算以及中国大陆④。

---

① 江傲霜：《对美国中文沉浸式教学的思考》，《民族教育研究》2017年第3期，第96页。
② 李丹青编《美国明尼苏达州光明汉语学校沉浸式教学项目评述》，《国际汉语教学研究》2014年第3期，第75页；梁德惠：《美国汉语沉浸式学校教学模式及课程评述》，《课程·教材·教法》2014年第11期。
③ 梁德惠：《美国汉语沉浸式学校教学模式及课程评述》，《课程·教材·教法》2014年第11期。
④ Johnson, R. K. Swain, M. Immersion Education: International Perspectives, 1997.

三　美国中文学校对主流学校中文沉浸式教学项目的回应

美国主流学校开展中文沉浸式教学对于美国人学习汉语有很大的帮助，但也导致美国中文学校的学生人数直线下降。这不难理解，学生在主流学校就能学到汉语，就没有必要再花时间到中文学校学习了。然而，美国的中文学校不仅教授汉语，它还具有其他的功能。如果它能够发展特色教学，事实上也有很大的发展机会，以下谈几点建议。

（一）"语言+文化"办学特色

面对主流体系的汉语教育强大压力，中文学校要永续发展就必须建立自己不可取代的特色，这个特色需具体表现在教学内容上，就是"语言+文化"。

笔者认为，学校在语言教学上，可以以美国外语学习的5C标准（沟通、文化、联结、比较、社区）[1]为目标。但在文化上，建议以"孝道"为核心。中国文化博大精深。学校难以顾及"大传统"与"小传统"等多方面，但要让学生理解孝道的内涵。这是许多海外华校都选择《弟子规》作为教材的原因[2]。

建立"语言+文化"的教学特色，必须注意三个重点：①以学校和侨社活动为中心，营造具有丰富多元文化语境的"文化社区"[3]；②运用整体语言教学（whole language perspective）和STEM教学法，整合文化内容；③利用汉字的文化性进行汉字教学，以有效率和活泼的教学方法将中华文化融入其中。成功的中文学校都是开设丰富文化课程的学校，可参考加州

---

[1] Communication, Cultures, Connections, Comparisons, Communities.
[2] 见任弘《弟子规现象——论华文教育的文化教学问题》，第三届华文教育国际研讨会，暨南大学，2018。
[3] "文化社区"的理论与概念，详见下节。

博爱中文学校和新泽西华夏中文学校爱迪生分校的课程，它们都是这方面的典范[1]。

（二）集中发展幼儿教育

中文学校应该将资源集中在低龄阶段，并非全从经济问题思考，而是面对强势的主流教育必须作出的选择。在幼儿教育方面，加拿大多伦多标准中文学校的经验值得学习。

多伦多标准中文学校创办于2001年底，从最初的23个学生发展至今，跃居大多伦多地区最具规模的一所专业汉语语言学校。它下设六个分校、三个分部（幼儿、青少年儿童、成人/企业培训），拥有近百名全职/兼职的专业中文教师，平均年在册学生超千人，为不同文化背景的学生提供各种功能的中文课程，包括周末中文班、校后中文班、成人汉语/企业培训[2]。该校最值得一提的是，拥有多伦多市政府唯一注册批准的中英双语幼儿园"京宝宝中英双语幼儿园"。

多伦多标准中文学校与多伦多教育局经过两年的沟通（2013~2014），合作开创了 Seamless Mandarin International Languages Elementary （SMILE） 项目。SMILE 指的是把教育局现有的国际语言课程和京宝宝的校后中文学习有机地连接在一起。学生在常规英文教育（语言、数学、科学、艺术、体育等）的基础上，每天用近3个小时时间学习中文[3]。这与美国的沉浸式教学课程有很大的不同，是由政府和中文学校合作的模式，将中文学习从幼儿园开始扎根。

全球华校体系几乎都设有幼儿园，幼儿园也是获利最多的部门，许多华校用幼儿园的盈余补高年级的亏损。美国的情况与加拿大并不一样，但是，

---

[1] 博爱中文学校文化课程：https://www.bcs-usa.org/wp-content/uploads/2019/03/2019-2020-CulturalClass-v030519.pdf。华夏中文学校爱迪生分校课程表：http://www.hxedison.org/classes.html。

[2] https://torontomandarinschool.com/about-us/? lang=zh.

[3] https://torontomandarinschool.com/about-us/? lang=zh.

中文学校应配合华人家庭的需要将重点放在 preK 到 4th Grade（3 岁至 10 岁）这个阶段的学习者[①]。这样可以配合"家庭语言规划"打好母语或第二外语的基础，并建立自主学习的能力[②]。

（三）加强才艺培训课程

中华文化的传承除了语言学习之外，才艺方面的学习也非常重要。课后的才艺班是美国中文学校可以重点发展的项目。

美国的华夏学校是课后制学校（after school）发展最好的学校之一[③]。华夏学校的学生在校学习时间可达 10 年，从学前班、拼音班、一到八年级及高级中文班。孩子在学校可以学习到各式各样的才艺，包括剪纸、太极拳、舞蹈班、国际象棋、儿童书法、中国画、武术班、高斯数学等。这些课程受华人父母的欢迎。他们在孩子的课余时间送去中文学校学习这些才艺。华人社会竞争非常激烈，才艺的学习被认为是可以多具备一项生存技能，所谓"艺不压身"。当然，才艺学习还可以培养孩子的兴趣，陶冶身心。但更重要的是，才艺也是激发创造力的媒介，作曲家醉心于乐器发出来的音符，创造出不朽的篇章。此外，华夏学校还开设针对成人的收费课程，如成人舞蹈班、成人瑜伽、成人健美体操、成人声乐等，成人也可以在这里进修。同时，他们还开设老年大学的课程，退休人员也可以在这里找到他们的兴趣。

总的来说，华夏学校考虑到华人的需要，开设符合他们的课程。它不仅没有受中文沉浸式教学项目的影响，反而越办越好。每年新春佳节，华夏分校举办的迎春庆贺晚会，华人以及热爱中国文化的外国友人们一起欢天喜地迎新年，呈现出一番新的气象。

[①] 美国的国民教育已不再是一成不变的 633 制，有些小学到 5 年级，有些高中为 4 年。许多发展中国家的幼儿园成为正规国民教育学制的起点，越来越有低龄化的趋势。
[②] "家庭语言规划"的理论与概念，详见下文。
[③] 美国课后制的代表是华夏中文学校，美国的中文学校组织、台湾与大陆的侨务单位都将课后制的学校纳入其中。

（四）争取进入教育体系

美国中文学校的生存空间始终在主流教育体系之外。温州华商已经在欧洲创立了体制内的国际学校，这值得中文学校借鉴。

中意国际学校是一所从中文学校转型为政府承认学历的国际学校。它位于意大利北部威尼托大区帕多瓦市（Padova）。2013年成为政府承认学历的国际学校。它是欧洲唯一由华人创办并纳入所在国教育体系的全日制住宿学校。学校实行中文和意大利文双语教学，并把英语作为第一外语，设有全日制幼儿园、小学部、初中部和高中部，以及针对成人学习的培训部。中意国际学校最具特色的是，根据意大利教育部教育大纲并参照中国教育部全日制义务教育大纲，学校制定了符合中意两国同年龄段学生教学进度的计划，把学生培养成能熟练运用中、意、英等常用语言、综合素质全面发展的新一代。学生毕业可获得意大利教育部颁发的正式文凭。

中意国际学校获得意大利教育部承认之前筹备了5年。它积极融入意大利社会，做了许多社会公益，最终才获得意大利教育部认可。后来它还获得了中国国务院侨办授予的中意国际学校"海外华文教育示范学校"荣誉。中意国际学校的模式是营利的，投资的是一些当地温州华商。这样的模式无疑是美国华人的梦想，至今为止美国的华人新移民未曾建立任何一所类似东南亚的台商子弟学校，或像意大利的中意国际学校。

（五）建立连锁化经营

许多中文学校办学力量不足，与中文学校结盟，有助于办学。

华夏中文学校创建于1995年2月，当时为新泽西州唯一教授汉语拼音和简体字的学校。1996年开始建立分校，目前已有22所分校加盟，遍及新泽西州、纽约州、宾夕法尼亚州和康涅狄格州，成为全美最大的中文学校集团。华夏中文学校发展为一个结盟性质的中文学校系统，机构上有华夏总校和各分校。总校主要致力于组织大型活动，协调总校和分校以及分校和分校的关系，并向分校提供管理和业务上的指导和交流。华夏中文学校董事会由各分校和总校的代表组成，是学校的最高权力机构。董事会下设总校部，由总校长及若干成员组成，负责华夏中文学校的日常工作。所有华夏中文学校的分校是独立运作、独立核算的单位，但对华夏中文学校系统或总校有一定的权利和义务，同样华夏中文学校系统或总校对分校也有一定的权利和义务。

发展较好的中文学校有能力设立分校，但有些学校起步较晚，它们不是缺乏师资，就是缺乏管理经验。与其他学校进行结盟，可以从各个方面得到帮助，有助于提高办学水平。

四 结语

中文学校在全球华文教育史上至少有两个突出的意义：第一，20世纪60年代华文教育最发达的东南亚地区开始全面性衰退之时，华人在北美开启了另一个新天地，为海外中文教育延续发展做出了贡献；第二，周末制中文学校体系为华文教育树立了新典范，后来成为全球华人新移民最普遍采用的教育形式，遍及欧洲、澳洲、中南美洲和非洲。

美国中文学校作为全球周末制中文学校的发源地，先天受强势的主流教育体系牵制，无法发展出类似东南亚的华校体制；又因为美国是英语系国家，也无法走"三语学校"或"国际学校"路子。但是美国这个移民建立的民主国家对华人办学给予相当大的空间。除了继续学习美国先进的外语教学理论，争取更多政府的资源，面对沉浸式教学课程的冲击，美国的中文学校保持非营利模式并不是唯一的选择，必须思考多元并进的经营模式，将有限的资源集中在幼教（preK-5）阶段，并运用数位科技、行动学习，延长学生的学习时间、提升自主学习能力。教学内容强化有特色的文化教学、有效率的汉字教学，与主流的汉语教学加以区别。最后，积极参与主流社会，争取立法保障学习族裔语言的权利和资源分配。

参考文献

Johnson, R. K. & Swain, M. *Immersion Education*: *International perspectives*. Cambridge, UK: Cambridge University Press, 1997。

Turnbull, M., Lapkin, S. & Hart, D., "Grade 3 Immersion Students' Performance in Literacy and Mathematics: Province-Wide Results from Ontario (1998 – 99)". *Canadian Modern Language Review*, 2001.

Schlicht. A, Critical Appraisal of the Chinese Immersion Program in St. Cloud . Master's thesis of St. Cloud State University, 2010。

King, Kendall A. and Lyn Wright Fogle, Family Language Policy. In T. L. McCarthy, S. May (eds.), Language Policy and Political Issues in Education. Springer International Publishing, 2017.

Wei Li, Spatial Transformation of an Urban Ethnic Community from Chinatown to Chinese Ethnoburb in Los Angeles, Ph. D. diss, University of Southern California, 1997.

LI, W. ed. *From Urban Enclave to Ethnic Suburb*: *New Asian Communities in Pacific Rim Countries*, Honolulu: University of Hawaii Press, 2006。

Ling, Huping, *Chinese St. Louis*: *From Enclave to Cultural Community*, Philadelphia, PA: Temple University Press, 2004.

刘伯骥:《美国华侨教育发展史》,海外出版社,1957。

麦礼谦:《从华侨到华人:20 世纪美国华人社会发展史》,三联书店,1992。

高伟浓等:《国际移民环境下的中国新移民》,中国华侨出版社,2003。

麦礼谦:《传承中华传统:在美国大陆和夏威夷的中文学校》,《华侨华人历史研究》1999 年第 4 期。

庄国土:《从移民到选民:1965 年以来美国华人社会的发展变化》,《世界历史》2004 年第 2 期。

戴超武:《美国 1965 年移民法对亚洲移民和亚裔集团的影响》,《美国研究》1997 年第 1 期。

戴超武:《美国移民政策与亚洲移民》,中国社会科学出版社,1999。

闫行健:《美国〈1965 年外来移民与国籍法修正案〉探析》,《美国研究》2016 年第 3 期。

李嘉郁:《谈谈北美地区新型中文学校的社会功能》,《八桂侨刊》2001 年第 4 期。

王建勤:《美国"关键语言"战略与我国国家安全语言战略》,《云南师范大学学报》(哲学社会科学版)2010 年第 2 期。

陈倩:《美国华文教育的现状与启示》,《比较教育研究》2015 年第 3 期。

巨静：《9·11之后美国外语语言教育立法的发展》，《中外教育研究》2009年第5期。

李丹青：《美国明尼苏达州光明汉语学校沉浸式教学项目评述》，《国际汉语教学研究》2014年第3期。

李丹青：《美国明尼苏达州光明汉语学校沉浸式教学项目实践》，《云南师范大学学报》（对外汉语教学与研究版）2014年第4期。

梁德惠：《美国汉语沉浸式学校教学模式及课程评述》，《课程·教材·教法》2014年第11期。

张燕、洪明：《加拿大公共教育体系中的华文教育探究——以"埃德蒙顿中英双语教学计划"为例》，《海外华文教育》2011年第2期。

耿红卫：《试析加拿大华文教育的发展》，《八桂侨刊》2015年第3期。

王燕燕：《加拿大的祖语教育与华文教育》，《华侨华人历史研究》1998年第2期。

任弘：《弟子规现象——论华文教育的文化教学问题》，第三届华文教育国际研讨会，暨南大学，2018。

方小兵：《从家庭语言规划到社区语言规划》，《云南师范大学学报》（哲学社会科学版）2018年第6期。

李英姿：《家庭语言政策研究的理论和方法》，《语言战略研究》2018年第1期。

令狐萍：《美国华人研究的新视角：文化社区理论》，《华侨华人历史研究》2007年第1期；同名文章收在国务院侨务办公室政研司《北美华侨华人新视角——华侨华人研究上海论坛文集》，中国华侨出版社，2008。

张树利：《战后美国华文教育研究》，暨南大学硕士学位论文，2005。

何其营：《美国公立中学汉语教育研究》，四川师范大学硕士学位论文，2012。

卢蓬军：《加拿大魁北克沉浸式双语教育研究》，西南大学硕士学位论文，2007。

秦小童：《加拿大大多伦多地区汉语教学情况研究》，哈尔滨师范大学硕士学位论文，2016。

文 化 篇

The Reports on Culture

B.2
泰国中文教育调查报告

张锡镇*

摘　要： 本文从华文教育和中文教学两个不同概念的界定出发，将泰国的中文学习分成两个不同的类型。前者是把中文作为母语教学，培养学生对中国和中华文化的认同感，而后者则是将中文作为外语，教学生成为了解中文和中国的泰国人。泰国的中文教育经历了两兴两衰，本文将分析兴衰的原因，论述中文教学从兴起到高潮的过程，并分析该潮流持续高涨的原因。

关键词： 泰国　中文教育　调查报告

---

* 张锡镇：北京大学国际关系学院法学硕士、教授、博士生导师。现任泰国法政大学比里·帕侬荣国际学院特聘教授、中国研究专业主任。主要研究领域：东南亚政治经济外交、亚太国际关系、泰国问题研究。

自泰国第一所华文学校建立至今已经有一百多年的历史。在过去的一百多年里，泰国华文教育走过了一条不平坦的道路，先后出现了两个大的波折和起伏。从20世纪初华文教育兴起到30年代中期，是第一个高潮。进入40年代，华文教育迅速跌入低谷，几乎所有的华校都被关闭。但第二次世界大战结束后，华文教育又迅猛复兴，其势头于50年代初达到顶点，接着出现了第二个低潮。这一低潮一直持续到90年代初。21世纪开始后，泰国汉语教育第三次兴起。这次复兴的势头迅猛异常，至今仍在上升（见图1）。

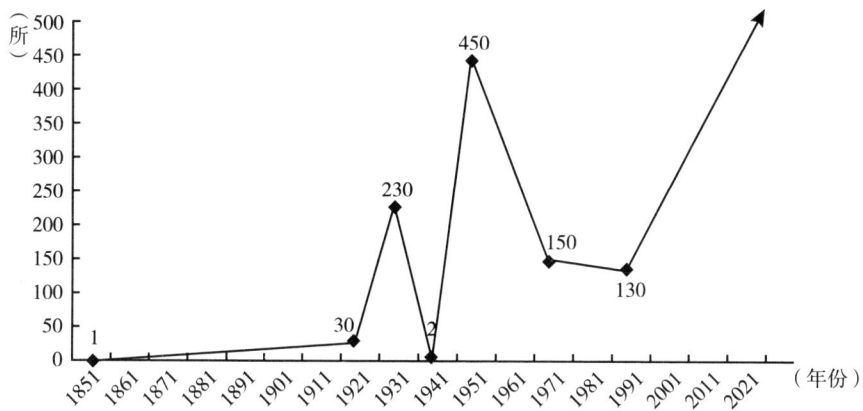

图1 泰国华文学校数量变化情况

数据来源：笔者根据调查数据情况自制。

研究华侨华人问题的著名学者梁英明教授曾对华文教育给出过精确的界定。"所谓华文教育就是以华文为母语和主要的教学媒介，以培养学生对祖（籍）国（中国）和中华文化的认同和热爱为目的的学校教育。进行这样教育的学校就是真正的华文学校。"[①] 华文教育的目的不仅仅是教学生学习汉语知识，更重要的是教学生树立中华民族和中华文化的认同感，教育学生效忠自己的祖（籍）国（中国）。这是当时东南亚华文教育的核心使命。笔者非常认同这种界定，这完全符合泰国的实际情况。

---

① 梁英明：《关于华文学校和华文教育概念的商榷》，《研究与探讨》2004年第6期。

20世纪80年代以前，在泰国居住的大部分华人仍保留有中国国籍，即所谓的华侨，那时他们办教育的目的也很明确，即把他们的下一代培养成同他们父辈一样忠于祖籍国的华侨。因此，本文在讨论80年代以前这段历史时用"华文教育"的概念，对于进行这种华文教育的学校，我们使用"华文学校"的称谓。

到了90年代，绝大多数泰国的华裔已加入了泰籍，成为泰国的少数民族之一。而恰恰在这个时候，泰国又兴起了学习中文的热潮。大学纷纷开办中文系，中小学开设中文课程，各种各样的中文培训班、补习班如雨后春笋破土而出。这时泰国人学习中文已经不再是为了培养对中华文化的认同感，也不是为了将来效忠中国。学习的方式也不是以中文作为母语接受中国的整个文化，而是以泰语作媒介学习中国语言本身，就像以泰文作媒介学习英文、日文一样。他们是把中文作为一种外语来学，因此这个时候的中文传授就不能再称作"华文教育"，而只能称作"中文教学"或"汉语教学"。从事这种中文教学当然不是在整个学校，而是在某个系，而且只是学一门课程——中文。因此，这个时候就不再存在严格意义上的华文学校，实际上原来私立的华校也变得像泰国普通公立学校一样，尽管有的还保留原来的校名。因此，本文在谈到90年代以来泰国出现的"中文热"时不再使用"华文教育"，而称作"中文教学"或"汉语教学"。

一 华文教育的兴起与受挫（1918~1938）

（一）华文教育的兴起

最早的华文教育出现在阿瑜陀耶王朝时期（1350~1767）的大城（阿瑜陀耶）。但当时的华文教育并非正规的学校教育，而是在家庭进行的私塾教育。后来大城的华侨将这些私塾先生汇聚成稍具规模的初级华文学堂。很长时间内华文教育没有纳入政府的管辖范围。1908年教育部建立后，于1918年颁布了私立学校条例。此条例规定，私立学校正式归教育部管辖，全国的学校必须向政府注册。其目的除了想让私立学校达到国家教育标准，还要通过条例加强对华校的管辖与控制①。1921年颁布的初等教育条例规定，对7岁以上的儿童进行强迫教育。由此，泰国的华文教育正式纳入了官方的管理，并大力加以推动。

1921年，全泰国有30所华文学校，到1928年，华校达到了188所。而到了1932年，将近200所。到1938年后约有300所华校，这是华校发展史上的高潮时期②。尽管这时华文教育发展遇到一些阻力，如从1933年到1935年已经有70所华校因各种原因被查封，不过，整个30年代是华文教育发展的黄金时期。根据官方数据，1933~1934年，华校数量达到了顶峰：全泰国有271所华校。1937~1938年在小学、中学和师范学校接受华文教育的学生总数达16711人，这是战前泰国华校学生数量的巅峰③。

华校出现这次高潮有如下几个原因。一是华人后代的急剧增加，刺激了对华文教育的需求。19世纪以前，到泰国的华人并不稳定，很多人都是来往于泰国与中国之间，有衣锦还乡和落叶归根的传统。但19世纪中期以后，越来越多的华人开始在泰国长期居留。许多华人开始在泰国同泰人通婚成家，生儿育女，繁衍后代。由于华泰通婚主要发生在华人丈夫和泰人妻子之间，所以他们的后代在文化传统上一般依从父亲的居多，成为新一代华人。1910年以后，海上交通有所改善，来自中国的妇女人数逐渐增多。到了1937年，到达泰国的中国妇女占入境男性的一半以上，华侨同当地妇女结婚人数逐渐减少。由于越来越多的华人在泰国成家立业，促使有华人血统的新生代人口剧增。1825年，只有56.5%的华人出生在泰国，到1917年，出生在泰国的华人占华人总数的比例上升到64%④。随着越来越多华人的出生和成长，教育问题便自然而然提上了日程。

---

① 萨坦·素帕索鹏：《华校的起源》，见《经济路线》特刊（泰文），1984，第267页。เสถียร สุภาโสภณ, "ความเป็นมาของโรงเรียนจีน".
② 洪林：《泰国华文学校史》，泰国泰中社会出版社，2005，第163页。
③ Richard J. Coughlin, *Double Identity: The Chinese in Modern Thailand*, Hong Kong University Press and Oxford University Press, 1960, p. 147.
④ 吴凤斌等编《东南亚华侨通史》，福建人民出版社，1993，第559页。

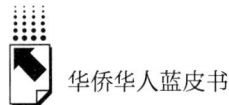

二是华人社团大力开办学校发展教育。到19世纪末20世纪初,华人各种会馆如雨后春笋般发展起来。这些会馆不仅是同籍侨民社交聚会的场所,也是互助济贫的慈善组织和公益团体。除了一般的互助济贫以外,会馆还建立医院,救死扶伤,更为重要的是,建立学校,百年树人。广肇会馆举办的学校最早,成绩斐然。从1911年至1926年,广肇会馆先后创办了明德学校、坤德学校、华南学校、洁芳学校等①。报德善堂是泰国规模最大的慈善机构,于1910年成立后便建医院、办学校。1907年,孙中山在曼谷建立了中国同盟会支部,并成立了中华会所。该会所成立后先后创办了华益学校、同文学堂。1912年,由福建人创办的福建会馆于1914年创办了培元学校。1927年,由客家人成立的客属会馆创办了进德公学。客属会馆的主要工作是帮助会员,会员子女的学费可享受优惠②。1938年成立的泰国规模最大的华人团体泰国潮州会馆创办了三所学校,其中最早的是1920年创办的培英学校。

三是伴随华人经济的发展,华商捐资办学。20世纪初,随着铁路和公路系统向泰国内地的延伸和发展,泰国华人的经济网络也逐步扩大。据统计,到30年代,泰国华人经营的各行各业的商号约3万家,其中经营商业的商号达2万家,华人经商人员占华人从业人员总数的70%③。除了国内外贸易,华商还遍布大米加工、橡胶种植、采矿等行业。随着华人经济的发展,涌现了一批华人巨商,形成了多元化经营的企业集团,其中有八大华侨企业集团:陈守明的黉利集团、廖公圃的廖荣兴集团、陈鸿仪的陈炳春集团、蚁光炎的光兴利企业集团、许仲宜的老长发企业集团、郑大孝的德顺福成企业集团、徐天赋的需和发企业集团和金财气的财和企业集团。这些华人巨商慷慨解囊捐资办学,有力推动泰国华文教育兴起发展。例如,1930年,陈景川先生创立了新民学校,潘伯勋先生与同人创办了黄魂学校,同时兼任校董一

---

① 冯子平:《泰国华侨华人史话》,香港银河出版社,2005,第54页。
② 替拉威·萨瓦蒂文:《客家会馆:泰国第一家会馆》,见《经济路线》特刊(泰文),1984,第112页。ธีรวิทย์ สุวัติบุตร, "สมาคมจีนแคะ สมาคมแห่งแรกในไทย"。
③ 冯子平:《泰国华侨华人史话》,香港银河出版社,2005,第118页。

职,黄魂学校命名含义是"炎黄精粹,民族之魂",这体现了潘伯勋和他的同人的爱国理念。黄魂学校在华文学校中规模仅次于新民学校。黉利集团的陈守明1932年宣布要做三件事:一是定于同年10月10日主办华校联合运动会,二是兴办一所华文中学"中华中学",三是筹建华侨大会堂(即光华堂)。为此,他自己首捐巨款,各属富商热烈响应。1936年,富商郑子彬、蚁光炎、陈景川、廖公圃、余子亮等侨社知名人士赞助新民学校办学,弘扬中华文化。

四是拉玛七世王对华文教育的宽容政策。拉玛六世王是第一个倡导和宣传泰人民族主义的君主,因担心华人经济力量的威胁,他出台了一系列对华人包括对华校限制的措施。不过,他在位的时间不长,继承王位的七世王更加崇尚民族平等,因此对华人和华教更加宽容。六世王的华校限制政策并未严格执行,因此在七世王时代华校发展迅速。七世王在任期间,为鼓励华校发展,还破天荒地御驾亲访了四所华文学校,即暹京明德学校、育民学校、培英学校和进德学校,目的是使泰人感到华人是自己的兄弟[①]。巡访期间,他还发表御训:"我诚挚地感谢你们安排了这种场合来接待我。这种安排反映了你们对我的友好感情。我这次到你们学校访问的目的是向居住在这个国家的华人表达我的友情,也是对华校本身表示良好愿望的标志。"[②]

1932年革命后,人民党政府对华人教育的政策是先紧后松,因此到30年代后期,华文教育出现了第一个高潮。

五是来自母国有利于华文教育的积极因素。清朝末年,政府开始把保护海外华侨的利益提上了日程,并初步出台了一些保护和促进海外华文教育的政策措施。例如,派遣专使到南洋各地劝学、查学和鼓励华侨办学;鼓励教员和师范生到海外任教,并对华侨办学卓有贡献的校董及教员给予奖励;倡办师范学校,鼓励实业教育。维新变法失败以后,康有为、梁启超等人流亡海外,一方面宣传改良主义思想,寻求海外支持者,另一方面也从教育入

---

① 素帕甘·斯里帕散:《东方犹太人:暹罗统治者的华人观》(泰文),南方大学,2010,第89页。ศุภการ ศิริไพศาล, "อิวแห่งบูรพาทิศ ชาวจีนในทัศนะของผู้ปกครองสยาม"。

② 扎勒·单玛哈潘:《离开祖国的华人》(泰文),CLN股份有限公司出版社,2010,第219~220页。เจริญต้นมหาพราน, "คนจีนทิ้งแผ่นดิน"。

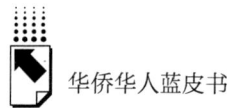

手,鼓动办学,弘扬中国文化。1900 年,康有为来到南洋,高喊"保国、保种、保教"的口号,以"帝师"的身份号召大办华侨学校,爱国兴学①。辛亥革命前后孙中山两次来到泰国进行革命宣传,进一步鼓舞了华侨的爱国热情和办学积极性。民国政府时期进一步出台了一些政策和措施,对海外华文教育有了更大的推动。1927 年南京国民政府成立以后,对华文教育更加重视,将成立于清朝末期致力于华侨教育的暨南学堂升格为国立暨南大学。日本侵华时期,还兴办了 3 所国立华侨中学和 3 所华侨师范学校,建校过程中,暨南大学为海外华侨教育发挥的作用最大。在侨务委员会之下设有侨民教育处(1932 年),并建立了专门为华侨学校培养师资的侨民师资训练班②。暨南大学曾于 1936~1937 年为海外侨民举办了师资训练班,从南洋各地的华侨学校招收学员 40 名,将其培养成华文教育的骨干。其中一名就是从泰国选送来的,他就是已故的泰国前国会主席巴实·干乍那越(许敦茂,Prasit Khanchanawat)。他童年就读于新民学校和黄魂学校,后来得到中华总商会的奖学金前往上海暨南大学师范班学习。毕业后到上海、南京、北京、青岛、济南等地考察教育三个月。返泰后兼任黄魂学校校长。学校被封后,他又考入法政大学,最后走上了仕途,先后任国会议员、国会主席。他为泰中建交作出了卓越贡献,被誉为泰国打开泰中外交大门的"基辛格"。

(二)华文教育的第一次受挫

1938 年,军人领袖披汶政变上台后对华文教育和华校采取了彻底封锁和取缔政策。在短短的几年内,以违反私立学校条例为由,关闭了 200 多所华校。最后全国只剩 2 所③。他的第一次执政长达 5 年,是泰国华文教育史上最黑暗、最令人悲伤的一页。

---

① 廖嗣兰:《辛亥革命前后荷属东印度华侨情况的回忆》,转引自刘利《论晚清时期的华侨教育》,《暨南大学华文学院学报》2007 年第 4 期,第 4 页。
② 耿红卫:《海外华文教育的历史回顾与梳理》,《东南亚研究》2009 年第 1 期。
③ 塔翁·他那坡凯:《泰国各个时期对华人的政策》,见《文化与艺术》(泰文)2005 年第 4 期。ถาวร ธนโภไคย,"นโยบายของชาวไทยที่มีต่อชาวจีนในยุคต่างๆ".

据统计，1938年全国有华校294所，后来有51所学校被迫停办，其余242所教育部根据私立学校条例在1938~1940年陆续查封①。一般认为，1939年以后，华校数量和学生人数急剧下降，几乎荡然无存（见表1）。

表1 1937~1944年泰国及曼谷的华文学校数量变化

单位：所

年份	小学	中学	专科学校	学校总数
1937~1938	197(99)	20(9)	13(11)	230(119)
1938~1939	187(104)	25(14)	6(6)	218(124)
1939~1940	38(10)	9(6)	14(3)	61(19)
1940	6(6)	2(2)	8(6)	16(14)
1941	2(2)	—(—)	1(—)	3(2)
1942	2(2)	—(—)	3(2)	5(4)
1943	2(2)	—(—)	2(1)	4(3)
1944	—(—)	—(—)	2(1)	2(1)

注：括号内的数字为曼谷的学校（引自 *Statistical Year-Book of Thailand*, 1939-1944：127）。

在政府的严格查禁下，华文教育不得不转入地下，纷纷出现了家庭学习小组。只要学生不超过7人的家教就不算违法。于是由几个家庭组成一组，教师奔走于各家庭小组，进行"游击教学"。据说，1939~1945年的7年间，从事"游击教学"工作的起码有数百人②。这种教学方式在华文教育最艰难的时期保存了华文教育得以持续的重要力量。

华文教育几乎被消灭的根本原因，一方面是披汶的种族主义政策。銮披汶·颂堪曾是1932年宪政革命的主要领导人之一，后蜕变成了军人独裁者，为维护其独裁统治，他开始推行大泰族主义，将国名从暹罗改成泰国，大肆反华反共。他为排斥和打压华人的生存空间采取了一系列措施，如通过创办国有企业排挤华人企业，政府收回了原先授予华人的特许经营权，规定了限

---

① 扎勒·单玛哈潘：《离开祖国的华人》（泰文），CLN股份有限公司出版社，2010，第241页。เจริญ ตันมหาพราน, "คนจีนทิ้งแผ่นดิน".
② 吴继岳：《泰华文化的过去、现在与未来》，载陈碧笙选编《华侨华人论文集》，江西人民出版社，1989，第430页。

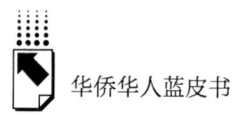

制华人从事的行业，划定某些地区禁止华人居住，取缔华文报刊等。在推行这些排华措施时，华文教育和华校自然在劫难逃。

另一方面是披汶迎合日本的侵略政策，清除华校传播抗日思想的左翼势力。华校是华社左派势力宣传抗日思想的主要阵地，因此成了披汶政府的主要打击对象。披汶政府颁布防共条例，大肆逮捕进步人士和抗日分子。许多华校被封后，警方借口学校从事非法活动而逮捕华校校长，有的被投入监狱，有的被驱逐出国。例如，启明学校被封后，其校长许侠同其他教师被捕入狱，而后又被驱逐出境。新中华学校在被查封后，校长黄耀寰等人被逮捕，之后以"不受欢迎的人"被驱逐出境。

二 华文教育的大起大落（1945～1988）

（一）华文教育的井喷式复兴（1945～1948）

1944年披汶下台，1945年日本宣布投降后，曾经坚持地下抗日活动的政治势力"自由泰"①上台执政，泰国整个政治形势发生变化。华文教育出现了井喷式的大发展，首先表现在各类华文学校数量空前猛增。"新建的华校'如雨后春笋滋长，此兴彼起'。华人子弟以学习华文为荣，纷纷进入华校研读华文。泰华社会掀起学习华文、争办华校的热潮。"到1946年底，复办和新办的华校达500所，在校学生达17.5万人②。最初，全国仅有38所华文学校注册，据泰国教育部统计，到1948年，注册的华校达426所，在校学生达6万人③。

---

① 第二次世界大战期间国内外三派形成地下抗日的"自由泰运动"，以比里为首组建了自由泰政府。参见索拉萨·那卡藏昆吉《1938～1949年自由泰运动与国内的政治矛盾》（泰文），泰国朱拉隆功大学，亚洲研究所出版，1988，第5页。สรศักดิ์ งามขจรกุลกิจ, "ขบวนการเสรีไทยกับความขัดแย้ง
ทางการเมืองภายในประเทศไทย ระหว่าง พ.ศ. 2481–2492".
② 李玉年：《泰国华文学校的世纪沧桑》，《东南文化》2007年第1期，第73页。
③ 王棠主编《转轨中的华文教育》，中华文化出版社，第9页，转引自周聿娥《东南亚华文教育》，暨南大学出版社，1995，第281页。

其次，也表现在华校规格的提高。战前，绝大多数华校为小学，第二次世界大战结束后，情况为之大变，涌现出了一批中学，最有代表性的是南洋中学。该校创办于1946年5月，这是一所由华侨新创办的新型学校。该校的领导和师资阵容相当强大，而且具有进步思想。校长和教师许多来自北京、上海、广州、香港、潮州等地。校长是中山大学教授、经济学家卓炯先生，副校长是潮州著名教育学家邱秉经。学校开办初期，该校有注册学生200余人。该校设有小学部和初中一、二年级各一班，后又设文科专修班、师资班，以及成人业余教学部。之后，又开设了以泰文为主的高中部。学生人数猛增，高达1500人①。该校成为泰国影响最大的华文学校，为弘扬中华文化、培养兼通中泰两种文字的人才作出了贡献。另一个是潮州会馆创办的暹罗潮州中学。该校聘请潮州会馆主席苏群谦担任主任委员，聘请知名教育家郭文彬任校长。1947年12月开始招收新生，录取共计267人，分初一、初二、初三，三个年级共7个班。还有一所是复办中学，即暹罗中华中学，设有初中三个年级共17个班，共招学生700余人②。此外，还有介石中学、海南会馆开办的育民学校的初中部、客属会馆主办的进德学校增设的师范班，以及复办的中华中学、黄魂中学等。

再次，表现在泰国华社建立了推动华教的机构。1945年11月，由左翼人士邱及倡议，吴刚、黄耀寰等人发起，建立了第一个协调全国华文教育的组织机构——暹罗华侨教育协会。该组织成立后，由许元雄、吴刚先后担任主席，具体事务则由郑宏负责。其宗旨是：团结广大华教职人员，推进华校的恢复和兴办，发展侨社民主进步的教育事业。该协会成立后，积极活动，开办两期华教师资培训班，第一批有100多名参加。后两批由南洋中学出面主持，为本校和侨社教育事业反战培养了骨干。该协会还参与并承担曼谷南洋中学的筹建工作，还出版了会刊《教育通讯》，为联系华校和交流教学经验发挥了很好的作用。在它的影响和推动下，泰国各地华侨举办各种学习班200多个。

---

① 冯子平：《泰国华侨华人史话》，香港银河出版社，2005，第202页。
② 冯子平：《泰国华侨华人史话》，香港银河出版社，2005，第203~204页。

出现这种井喷式发展的主要原因如下。一是战后国际格局和中国国际地位的变化。战后,中国作为战胜国、联合国五强之一的地位对泰国政府华教政策以及华人地位产生了积极影响,为战后华校的复兴注入了强效的兴奋剂。日本宣布投降后,在泰国的华人欢欣鼓舞,采取各种方式庆祝这一胜利。反法西斯战争的胜利极大鼓舞了广大华侨的民族自豪感,从而更加努力地捍卫、传播和学习中华文化,创办和复办华校的热情和勇气前所未有地高涨。这种情绪和士气在华文教育方面表现尤为突出,就是积极从事华校的创建和复办活动。

二是来自中国方面的支持和援助。1946年中华民国政府同泰国建交,不久,中国大使馆文化参赞便照会泰国教育部,"提出了6项要求,包括华侨应有设立华校之自由;由中国大使馆核准之华校校长及教师,应依该职行事;不教授泰文的教师不应规定须有泰文学历;泰方须归还以前所封闭及占用的华校的场地及设备等"①。尽管泰方拒绝了中方的要求,但在中方间接施压之后,泰方还是作出了让步②。后经谈判,最后达成三点协议。①初级小学每周教授华文课的时间,一年级为10小时30分钟,二年级为11小时30分钟,三、四年级为12小时30分钟。②师资方面,非教授泰文者,无须通过泰文考试,但对其所授之课程,应有合格之证书或学位,③关于中学男女同校,泰方表示无异议③。虽然原来的私立学校条例和初等强迫教育条例继续生效,但在执行过程中已大大放松,很多方面都给予了通融。这些都对战后华校的复兴起了重要作用。为支持和指导海外的华文教育,民国政府颁布了《战后侨民教育实施方案》,开办师范学校为海外培养师资,鼓励教师到海外华校任教。后又颁布《南洋华侨教育复兴计划》,进一步对南洋华校提供更多的支持和援助。值得注意的是,战后出现大批移民泰国的知识青年,他们为华文学

---

① 修朝:《泰中前后两次建交史略》,载《崇圣大学泰中研究中心:泰中研究》第二辑,泰国华侨崇圣大学泰中研究中心,2004,第164~165页。
② 修朝:《泰中前后两次建交史略》,载《崇圣大学泰中研究中心:泰中研究》第二辑,泰国华侨崇圣大学泰中研究中心,2004,第165页。
③ 《泰国华侨志》第94页,转引自暨南大学东南亚研究所《战后东南亚国家的华侨华人政策》,暨南大学出版社,1989,第105页。

校的师资队伍注入了一股新生力量。这些都成了泰国华教复兴的强劲动力。

三是自由泰政府上台后对华文教育态度和政策的调整。"战后初期东南亚许多国家忙于争取民族独立或医治战争创伤及振兴民族经济,无暇顾及华文教育问题。"[1] 战争中披汶政府与日本结盟,使泰国战后处于比其他东南亚国家更加复杂和困难的内政外交困境。为了摆脱战败国的地位,自由泰政府竭力亲近和讨好盟国,作为盟国之一的中国也是它积极接近的对象,希望中国帮它摆脱战败国地位,加入联合国。为此,自由泰政府首脑比里·帕侬荣亲赴重庆拜见蒋介石。蒋介石对泰国表示理解和支持。在此背景下,其政府自然改善了对华侨和华校的政策。与此同时,泰国又遇到一系列复杂棘手的内政危机,致使该政府无暇顾及次要的华校问题。政府对华校管制的放松为华文教育的发展提供了自由发展的空间。

(二)华文教育长达40年的沉寂(1948~1988)

1947年11月,军方再次发动政变,披汶第二次出任总理,恢复了他的排华政策,华校再次成为打击的目标。他颁布《民校管理条例》,禁止华侨开办华文中学,限制每周教授中文课不得超过4个小时,由泰人当校主或校长,中文教师必须有泰国教育部颁发的执教证,而取得执教证必须通过泰文考试。这些措施实际上是要扼杀华文教育。

1948年6月15日凌晨,政府出动军警分头同时包围了暹罗华侨建国救乡总会、暹罗华侨教育协会、南洋中学和各重要的行业工会,进行大搜查和大逮捕。这次武装袭击共逮捕45人[2],其中包括暹罗华侨教育协会等许多机构和华校的领导人。接着,许多华校被查封。从此开始了新一轮"剿灭"华校运动。该事件后,全泰国的华文中学已不复存在,其他华校数量也急剧减

---

[1] 梁英明:《东南亚华人研究》,香港社会科学出版社,2008,第139页。
[2] 陈宇峰:《南侨风雨》第三卷"冬寒春暖"(上册),足印出版社,2010,第450~451页。关于被捕人数有出入,另有资料说53人,参见周聿娥著《东南亚华文教育》,暨南大学出版社,1995,第281页。同时参见温广益主编《"二战"后东南亚华侨华人史》,中山大学出版社,2000,第276页。洪林著《泰国华文学校史》也说53人,见该书第174页。

少。依据泰国教育部的统计，1948年8月，允许注册立案的华校有436所，学生有6万余人，但此后华校因其他理由陆续被查封或勒令停办，至1951年，全泰已只剩230所①。另据施坚雅资料，到1956年，华校数量从1948年的430家降到了190家。这期间，华校人数从17.5万人下降到5万人②。到1972年，全泰共有华校162所，其中京畿有53所，内地各府有109所。

1978年，泰国教育部发布了新的通令，规定民办初小可设高小部，即五、六年级，但高小部不得教授中文，代之以每周5小时的英文课。到1980年，所有一至四年级学生中文课每周限5小时。这样，华校的绝大部分课程同普通公立学校没有什么大的区别，中文只是作为一门外语课。

随着华校同普通公立学校差别的缩小，华校的优势逐渐丢失，英语优势日益突出，华人对华校的观念也发生了变化，华校和华文教育逐步衰落。这不仅表现在华文学校数量进一步减少，也表现在就读华校的学生人数不断下降。据统计，1982~1985年，全国名义上的华校从142所减至126所。1987年，曼谷的华校尚存26所，该学年共招收学生7717名，仅占政府准许名额18230名的42.3%。1988年，全泰民办华校减至125所，学生不足3万人，华文教师不足500名③。关于华校数量和华校教师数量的减少情况参见表2、表3。

表2 泰国华文学校统计

单位：所

年份	曼谷地区	内地	总数
1972	53	109	162
1977	49	104	153
1982	38	101	139
1987	32	100	132
1992	31	98	129

资料来源：周聿峨著《东南亚华文教育》，暨南大学出版社，1995，第287页。

---

① 温广益主编《"二战"后东南亚华侨华人史》，中山大学出版社，2000，第276页。
② 〔美〕施坚雅：《泰国华人社会：历史的分析》，厦门大学出版社，2010，第360~361页。
③ 温广益主编《"二战"后东南亚华侨华人史》，中山大学出版社，2000，第280页。

表3　华文教师数量统计

单位：人

年份	曼谷地区	内地	总数
1977	1040	1206	2246
1982	646	1341	1987
1987	495	1415	1910
1992	441	1219	1740

资料来源：周丰娥著《东南亚华文教育》，暨南大学出版社，1995，第287页。

到20世纪80年代，许多华校的招生出现缺额现象，原来需要排队抽签才能进入的华校，这时也出现了缺额。例如，侨光学校有1350个名额，但只有900多人报名。进德公学有名额1170个，只招到405个学生。培英学校有名额1350个，招到的学生只有925人。曼谷的26所华校，按规定可招收学生18230人，但1978~1988学年度仅招到7717名，仅占应招名额的42.3%。曼谷中心公学和北揽府培华学校学生数量的变化情况也反映了华校生源减少的趋势（见表4）。据估计，80年代以后，华校学生人数每年减少10%[①]。

表4　曼谷中心公学和北揽府培华学校学生的变化情况

单位：人

年份	曼谷中心公学学生人数	北揽府培华学校学生人数
1980	631	631
1987	424	514
1992	267	379

资料来源：傅增有：《泰国华文教育历史与现状研究》，《华侨华人历史研究》1994年第2期，第24页。

实际上，20世纪80年代华校已经名存实亡，完全失去了它自身的特色与功能，同普通公立学校毫无二致，从此结束了泰国的华文教育时代。

---

① 周丰娥著《东南亚华文教育》，暨南大学出版社，1995，第287页。

导致华文教育终结的原因，首先是泰国政府充当美国冷战的工具，推行反华反共政策。第二次世界大战结束后，世界进入了东西方对抗的冷战格局。美国为遏制共产主义的"扩张"，通过军援和经援极力拉拢泰国，使其成为自己的盟友，推行反共反华政策。1954年美国炮制的反共的"东南亚条约组织"，泰国即是其中一员，且该组织总部就设在曼谷。美国还在泰国建立军事基地，驻扎军队。从披汶第二次上台到沙立—他侬军人政权都追随美国与中国为敌。在这个大背景下，政府出台一系列对华文的限制措施，导致了华文教育的终结。

其次是中国"极左"的外交政策加剧了中泰对抗。20世纪60~70年代，中国推行世界革命战略，这加剧了泰中两国的对抗。在这一背景下，华校也成了这种国际形势的牺牲品。

最后是华人子女教育取向的变化。早期华人家长送孩子到华文学校的初衷是让自己的下一代承接中华文化，把中文练就成自己的母语，沿袭中国的国家认同，使自己一代一代地永远是旅居泰国的华侨。但是，经过40年对华文教育的限制，仅有每周5个小时华文课程已经不能承担起这一重任。第二代的母语已不再是中文，而变成了泰文。华文学校也不再有任何吸引力，越来越多的第二代进了免费的普通公立学校。另外，20世纪70年代后期，随着经济全球化的深入，泰国的华人经济越来越被卷入了国际市场，这时经济发展对精通英文的人才需求越来越大。鉴于这种情况，"泰国华商家庭已不再让他们的子女接受华文教育当做一件重要的事了"[1]。据日本海外贸易振兴会曼谷贸易中心抽样调查，华人家长送子女入泰文学校的占94.6%[2]。实际上，这种趋势早在50年代就开始了，"越来越多的华人父母能够把子女送进泰国初级小学，因为泰校可以免费或收费低于华校。在华人上层，他们比战前更强烈地向往教会学校和外国学校。到了80年代，重英文轻华文已成为泰国华人社会的普遍现象。据1987年统计，在曼谷经政府批准教授

---

[1] 1990年3月5日《联合早报》。
[2] 《国际政治的变化和泰国华裔的思想》，日本《海外市场》，1987年7月。转引自周聿峨著《东南亚华文教育》，暨南大学出版社，1995，第285页。

华文的外语学校和补习班只有6所,学生不到2000人,而英文学校则多达68所,学生近3万人①。许多华校招生名额逐年下降,就连最好的华校也面临日益萎缩的局面。普智学校曾经是华人家长青睐的学校,到80年代,该校出现空额800名左右。其他著名华校也同样如此②。

三 中文教学的强劲兴起和空前高涨(90年代以来)

(一)中文教学的强劲兴起(1988~2006)

这个阶段的主要特点是,中文课程在全国各级各类学校广泛开设,汉语教学像雨后春笋一样蓬勃发展。首先是高等学校广泛开设中文专业。1978年泰国宋卡王子大学北大年分校最先招收汉语专业本科生,此后许多高校陆续开设了中文专业,如朱拉隆功大学在1981年招收本科生。到2004年,泰国有21所大学开设了中文本科专业③。1996年,朱拉隆功大学率先开设了中文硕士专业。到2006年,全国共有71所高等学校开设中文专业和中文课程,其中公立大学61所,私立大学10所,修读中文的学生达16855人。这期间值得一提的是泰国华侨崇圣大学的建立。该大学建立于1992年,是由著名侨领郑午楼博士发起、很多华人社团共同捐助兴建的一所综合性大学。1992年最先开办的6个学院中,中医学院和文学院开设了中国语文学系。

其次,在基础教育方面,开设中文课程的学校也在不断增加。到2006年,开设中文课的中小学达769所,其中公立216所,私立187所,曼谷地区366所,学习中文的学生达198191人④。此外,这期间还有其他教育机构

---

① 周丰娥著《东南亚华文教育》,暨南大学出版社,1995,第826页。
② 《华人》1984年第3期,第17页,转引自周丰娥著《东南亚华文教育》,暨南大学出版社,1995,第826~287页。
③ 〔泰〕黄汉坤:《泰国高校泰籍汉语教师及汉语教育现状》,载《暨南大学华文学院学报》2005年第3期,第2页。
④ 《促进泰国汉语教学的政策》(泰文),大学委员会,2010,第3页。สำนักยุทธศาสตร์อุดมศึกษาต่างประเทศ สำนักงานคณะกรรมการการอุดมศึกษา, "ยุทธศาสตร์ส่งเสริมการเรียนการสอนภาษาจีนในประเทศไทย"。

也开设了中文课。有29所职业学校开设了中文课,就读人数达11386人。各种私立中文培训学校89所,就读学生达19941人。还有11所远程教育机构从事中文教学,就读人数53810人。总之,到本阶段结束时,全泰国开设中文课的教学机构共537所,就读的学生达250183人①。

中文教学兴起的重要原因,主要是泰国政府在社会强烈呼声的压力下被迫调整政策。1988年初起,华社就陆续发出振兴中文的呼声。甚至前总理克立也倡导学习中文②。1992年2月4日,泰国内阁会议正式通过教育部呈请放宽华文教育政策的提案,其主要内容如下。①华文与英、法、德、日文享受同等地位,被列入泰国外文教育政策规定的语言种类,中文从而成为政府倡导学习的一门语言。②民办小学课授华文的班级由一至四年级扩大到六年级;民办中学由课后业余补习中文提升为课授华文,成为正式科目,供学生选修。③放宽华文教师资格,准许华文民办学校向中国国内聘请不懂泰文的教师赴泰任教。唯一条件是须具备大学毕业或师范学院及专科学院毕业文凭,在泰留居期限为两年(期满可申请继续留任)。这标志着泰国对中文长达半个多世纪的限制政策基本取消了,中文第一次成为大家公开、自由、大胆学习和传授的一门语言学科。

1995年教育部号召和鼓励小学生及初中生选修第二外语,高中生则可自由选修外语。1998年教育部将汉语列入高等学校入学考试外语选考科目,汉语正式进入国民教育体系;1999年,泰国颁布《国民教育条例》,把汉语教学写入教育大纲。2000年,教育部通过高中汉语课程计划。2005年,教育部制定汉语教学发展计划,目标之一是争取用3~5年时间在全国公立中小学普及汉语教学;2006年制定《促进汉语教学,增强国家竞争力的战略规划》,确定了培养高质量的通晓汉语人才的数量目标,并制定了达到此目标的战略措施。

---

① 吴应辉、杨吉春:《泰国汉语快速传播模式研究》,载《世界汉语教学》2008年第4期。
② 温广益:《"二战"后东南亚华侨华人史》,中山大学出版社,2000,第281页。

（二）空前高涨阶段（2006年至今）

本阶段突出的标志是孔子学院和孔子课堂遍地开花，汉语教学范围迅速扩大，学中文人数成倍增长。自孔子学院开办以来，已经有万人次参加了孔子学院的培训，形成了泰国群众性学中文的热潮。2010年，相比5年前，泰国有汉语课程的学校由100多所增加到了1600多所，学生人数由5万人增加到了56万人[1]。截至2011年6月，泰国开设汉语课程的学校已将近2000所，在校学习汉语的学生达70多万人[2]。现泰国总人口6700万，也就是不到10个人中就有一个人在学中文。目前，中文已成为泰国除英文外的第二大外语。根据泰国教育部2010年的统计资料，全国公立中小学学习中文的学生总数为206423人，而学习其他语种的分别是：日语34000人，法语32392人，韩语10030人，德语2200人，西班牙语80人，俄语75人。学中文的人数是学日文的6倍之多。

在高等教育方面，2010年有100所大学开设了中文专业的本科、硕士、博士项目，在校学生达26242人[3]。截至2018年，汉语已成为最受泰国学生欢迎的第二外语，学习人数已达100多万人[4]。

出现这种中文热的主要原因，一是中国作为地区大国的崛起。中国经济从20世纪90年代进入快车道，经济年均增长率达两位数。2010年中国经济又上了一个新台阶，GDP总量超过日本成了世界上仅次于美国的第二大经济体，人均GDP达到了4400美元，外汇储备达2.85万亿美元。这种变化使泰国人对中国刮目相看，从政府到民间都开始关注中国，认为中国的经

---

[1]《泰国孔子学院年度工作总结会议召开　齐心谋发》，http://www.yjbys.com/Qiuzhizhinan/show-104212.html。

[2] 泰国举行第十届"汉语桥"大学生中文比赛，2011年6月10日，http://news.xinhuanet.com/world/2011-06/10/c_13923040.htm。

[3]《促进泰国汉语教学的政策》（泰文），大学委员会，2010，第3页。สำนักยุทธศาสตร์อุดมศึกษาต่างประเทศ สำนักงานคณะกรรมการการอุดมศึกษา，"ยุทธศาสตร์ส่งเสริมการเรียนการสอนภาษาจีนในประเทศไทย"。

[4]《1500多名赴泰国汉语教师志愿者抵泰任教》，人民网，2018年7月1日。http://www.hanban.org/article/2018-07/02/content_738317.htm。

济活力和巨大市场将为泰国带来前所未有的机会。要同中国做生意就得了解中国和懂得中文,于是许多家长让子女学习中文。

二是来自中国政府的援助和支持。在寻求中国的汉语教学援助方面,泰国是最积极、最配合和最急切的,中国国家汉办也是把对泰国的援助放在突出位置,将其作为对外汉语教学的样板。泰国是中国汉语教学志愿者的试验田和发源地,也是中国政府实施汉语教学援助最多的国家之一。2007年,泰国教育部《促进汉语教学,增强国家竞争力的战略规划》出台后,中国国家汉语海外推广办公室在应泰国教育部要求选派汉语教师志愿者赴泰任教的同时,启动了"培养泰国汉语教师培训计划"。该计划分为两个阶段,第一阶段在泰国各孔子学院进行,第二阶段在中国国内大学进行。该计划连续3年,每年选派百余名汉语本科毕业生免费到中国攻读一年汉语教育课程,学成,回国后纳入公务员编制,直接充实中小学汉语师资队伍。该项目将为泰国培养近400名具有较高水平的本土汉语教师[1]。第二批于2009年选派泰国本土化汉语教师培养项目学员共计210人,分为两类,第一类是公务员百人计划类,此类学员为泰国教育部定向培养的高校毕业生,享受国家汉办提供的包含学费、住宿费和保险的奖学金;第二类是全额奖学金类,此类学员为泰国在职汉语教师,享受国家汉办提供的包含学费、住宿费、保险以及生活补助的全额奖学金。

为支持泰国的中文教学,中国政府加大了资金投入。近年来投入的资金呈大幅度增长趋势。2006年,中国政府为帮助泰国汉语教学投入174.36万美元,2007年投入526.36万美元,2008年投入不少于609万美元[2]。这些资金用于向泰国派遣志愿者、选派公派教师、接受泰国教师来华进修、提供图书资料、邀请泰国学生来华参加各种活动等。2010年1月,汉办驻泰国代表庞利女士表示:目前,应泰国教育部的要求,中国国家汉办共选派了

---

[1] 王宇轩:《泰国中小学华文教育的现状、问题及对策》,载《暨南大学文学院学报》2008年第4期。

[2] 资料来源于泰国教育部基础教育委员会。转引自王宇轩《泰国中小学华文教育的现状、问题及对策》,载《暨南大学文学院学报》2008年第4期,第10页。

42名公派教师、1028名汉语教师志愿者为泰国提供师资援助,每年选派210名泰国本土教师赴华进修,邀请210名泰国青少年参加汉语夏令营,组织200名学校校长赴华考察等①。

为帮助解决泰国汉语教学师资严重不足的问题,中国国家汉办号召中国应届大学毕业生和在读研究生充当志愿者到泰国做一年汉语教师,不少青年学生积极响应这一号召,积极报名。中国正式向泰国派遣志愿者始于2003年,共23名。2006年中泰教育合作协议签订之后,中方承诺每年向泰国派出志愿者500名。实际上后来逐年增加,到2011年一年就派了1202名。2006年8月,在泰国建立的第一所孔子学院正式挂牌。此后,孔子学院如雨后春笋般在泰国中部、北部、南部和东北部遍地开花。到2017年,泰国已开办15个孔子学院和18个课堂。

三是泰国政府加大政策支持和财政投入。在推动普及汉语教学的过程中,泰国政府还采取了一系列具体措施。根据《促进汉语教学,增强国家竞争力的战略规划》,泰国政府采取了如下措施:设立泰国促进汉语教学委员会和专门工作小组,负责汉语教学的促进、支持、协调和教学评估工作;建立泰国促进汉语教学中心和东盟地区促进汉语教学中心,以促进泰国的汉语教学,与中国加强各方面的合作交流;在泰国举办大型汉语教学展,召开学术会议,增强泰国促进汉语教学的信心;由泰中两国专家合作制定符合泰国要求的统一课程标准;与中国教育部合作,编写与泰国汉语教学大纲相适应的教材;建立汉语教师培训中心,提高在职汉语教师的教学能力;建立泰国汉语教学互助网,促进合作。

除了这些措施以外,推广汉语教学更重要的手段是政府的财政支持。根据上述战略规划,政府做出了2005~2009年支持汉语教学发展的预算达5.29047亿泰铢②。政府经常在规划的预算之外追加预算。仅2006~2010

---

① http://www.yjbys.com/Qiuzhizhinan/show-104212.html.
② 资料来源:泰国教育部《促进汉语教学,增强国家竞争力的战略规划》(2006~2010)预算。转引自朱拉隆功大学亚洲研究所中国研究中心《泰国华文教学研究——高等教育》(泰文),朱拉隆功大学出版社,2007,第21页。ศูนย์จีนศึกษา สถาบันเอเชียศึกษา จุฬาลงกรณ์มหาวิทยาลัย, "รายงานวิจัย การเรียนการสอนภาษาจีนในประเทศไทย ระดับอุดมศึกษา".

年,泰国看守政府追加投入汉语教学的经费预算就达 5.29 亿泰铢(约合 1.3 亿元人民币),用于提高泰国的汉语教学水平,让学生和公务员可以接受高质量的汉语教育①。

为解决汉语教师短缺问题,一方面抓从中国引进,另一方面抓对泰国籍教师的培训。在教师培训方面,政府有相当大的资金投入。泰国教育部每年都组织大批汉语教师到中国进修,从 2003 年的数十人到 2007 年的 300 多人,往返旅费(公立学校)由泰国政府承担,在华食宿、学费、考察等费用由中国国家汉办提供②。为鼓励泰国人学汉语并到中国留学,泰国政府设立了总理奖学金,每年资助 100 名各府品学兼优的高中毕业生到中国留学。

四是泰王室,尤其是诗琳通公主在推广中文教学中发挥了特殊作用。九世王支持中国文化的传播。1994 年,侨领郑午楼先生创立一所设有中医和中国文化专业的崇圣华侨大学。国王到该校亲自主持揭幕典礼。

诗琳通公主从年轻时开始学习中文。2001 年 2 月,在北京大学进行为期一个月的学习研究,并被北京大学授予荣誉博士学位。留学北京大学期间,公主上午学语言,下午学中国文化,包括中国书法和乐器等。公主锲而不舍地学习汉语使她的汉语水平得到了很大提高。诗琳通先后师从 9 位中文教师,30 年如一日勤奋刻苦学习中文,取得了非凡的进步。2010 年 12 月 27 日,为纪念公主学习中文 30 年,朱拉隆功大学专门举行了纪念大会,中国驻泰大使管领导出席并讲话,盛赞诗琳通公主 30 年来坚持学习汉语,极大促进了泰国汉语教育事业的发展。诗琳通公主坚持不懈地学习汉语 30 年,树立了学习汉语的榜样,极大地促进了泰国汉语教育的发展。

诗琳通公主是泰国汉语教学的倡导者和推动者。她利用特殊身份为泰国汉语教育创造了很多有利条件。在她的努力下,中泰在汉语教学方面的合作日益深入和广泛。2006 年中泰签署了教育合作协议。同年,在公主的积极

---

① 吴应辉、杨吉春:《泰国汉语快速传播模式研究》,载《世界汉语教学》2008 年第 4 期。
② 吴应辉、杨吉春:《泰国汉语快速传播模式研究》,载《世界汉语教学》2008 年第 4 期。

支持下，北京大学和泰国朱拉隆功大学签署了合作建立孔子学院备忘录。2007年3月，北京大学和公主的母校朱拉隆功大学合作创办孔子学院，诗琳通公主主持了在曼谷举行的孔子学院揭牌仪式，并即兴用毛笔为这所孔子学院题写了"任重道远"四个含义深远的汉字。自成立以来，泰国朱拉隆功大学孔子学院一直得到诗琳通公主的关心与支持，频频开展汉语教学和中国文化活动，举办各种中国文化学术研讨会，开办了汉语班、中国书法讲座和文化讲座，组织了"学汉语感知北京"文化之旅、汉语口语演讲比赛、泰国教师来华考察等活动。

吉拉达学校是在普密蓬国王和诗丽吉王后的授意下创办的皇家学校，坐落于泰国王宫内，也是诗琳通公主就读的母校。2001年，在诗琳通的授意下，学校正式开设了汉语课程，2009年6月12日诗琳通为"吉拉达学校孔子课堂"揭牌剪彩，它是第一个落户于皇宫内的孔子课堂。

2010年6月19日，在中泰建交35周年纪念日，亚洲汉语学院在曼谷市中心成立，这是一个大型汉语教学培训中心，旨在培训汉语教学师资，提高汉语教学质量。公主对这所学校的成立极为关注，她出席剪彩仪式，并为该校揭牌，还为学校题词"日进有功"，以勉励学校功业有成。除此之外，她也十分关心偏远地区的汉语教学。她在泰国东部那空那育府资助了一所学校，在她的要求和建议下，该校2007年开始设立汉语课程。

为资助更多的泰国年轻人到中国深造，诗琳通专门设立了"诗琳通奖学金"。2006年4月诗琳通公主访问华侨大学厦门校区，在该校设立了专项奖学金，鼓励泰国学生到华侨大学学习。

在公主的影响和鼓励下，泰国的汉语教学已经从学校扩展到社会，又从社会扩展到王宫。2008年1月12日，泰国曼谷大王宫的王宫秘书处和王宫事务处所在的大楼开设了一家汉语培训班，这是泰国历史上第一个专门为王宫官员开设的汉语学习班。

王室出现的这件新鲜事具有深远的影响，一方面，标志着泰国的汉语教学已经普及和推广到相当深入的程度；另一方面，它像一面旗帜，召唤全社会投入学汉语的热潮中去。

结 论

泰国华文教育经历了一百多年的历史，其间起起伏伏、曲曲折折，有蓬勃高涨的巅峰，也有衰落停滞的低谷。左右和导致这些变化的无非是四大因素的变量，即泰国政府因素、泰国华人因素、中国方面因素以及国际方面的因素。

泰国政府因素主要表现在当权者自身的民族主义、政治价值观、国家安全观、对华文教育的政策和态度、对华人社会以及中国的看法等。在华文教育发展的第一个时期，拉玛六世倡导泰人民族主义，出台了私立学校条例和初等教育条例，这些条例包含了对华校的限制条款，有些华校因受到条例的限制而被关闭。但六世王的民族主义并不极端，在限制华校方面并非特别严厉，因而这种限制政策没有对华文教育造成特别大的障碍，尤其是七世王即位后，他主张民族平等，淡化泰人民族主义，从而进一步减弱了对华校的限制。这促进了第一阶段华校发展的第一个高潮。然而，第二个阶段，由于披汶极端的大泰主义，以及片面认为华校和华文是传播共产主义的工具，对国家构成威胁，从而导致他彻底取缔华校。到20世纪90年代，当中国作为亚洲和世界大国崛起时，泰国当权者逐步扭转了对中国的看法，从而调整了对华文教育的看法，以至于最终采取了开放态度，在国内大规模推广汉语教学。

泰国华人因素在华文教育发展问题上具有天然的能动性，发挥着主导作用。华文教育的产生和发展最深刻的原动力来自泰国华人社会。没有华人的要求就没有华校。华人的这种要求是基于自身经济发展的需要和保留文化价值观和国家认同感的需要。在20世纪70年代以前，这个因素在华教发展过程中一直扮演着积极推动的角色。当压制这种因素作用的力量强大时，这种因素作用就很难得到发挥；当来自政府的压制力量减弱时，华人的主动积极作用就会极大地得到发挥。比如，在战后初期，当自由泰政府无暇顾及华教、放松对华校控制时，华人的推动作用就充分表现出来，出现了战后初期井喷式的华教发展势头。

来自中国方面的因素主要包括中国政府倡导和支持海外华文教育的政策、措施以及外交政策的应用、革命势力的宣传鼓动、向泰国移民的增加等。毫无疑问，这方面因素表现出来的作用也是正面的，即推动性作用。但也有消极因素，如20世纪六七十年代外交"极左"政策的影响。来自中国的积极作用突出表现在90年代以后，在汉语教学的推广和普及过程中，中国政府发挥了积极推动作用。此外，中国的强劲崛起也影响到泰国政府对中文教学态度的转变。

国际方面因素的作用表现较为复杂，有时并非直接，而是通过政府政策发挥作用。这方面最突出的表现是第二次世界大战结束之后世界格局出现的变化。一是包括中国在内的国际反法西斯同盟战胜了法西斯轴心国，使得作为战败国的泰国处于非常被动的地位。这一国际因素迫使泰国转变对中国的态度，也包括对华教的态度。二是冷战格局形成后，泰国受到美国的拉拢，开始推行反共反华政策，自然也推行压制和限制华文教育的政策。三是中美关系的缓和也牵动了中泰关系的改善，从而最终使泰国政府取消了对汉语教学的限制。

泰国华文教育和汉语教学的曲折发展是上述四大因素共同作用的结果，但这并不意味着在每一个特定时期，这四方面因素都同时发挥作用，或发挥相同的作用。有的阶段可能是四方面因素都起作用，有的阶段可能只有两个或三个方面因素起作用。但普遍起作用的是泰国政府因素、华人社会因素，还有中国因素。这三个因素相较而言，无论如何最关键的还是泰国政府因素，也可以说是决定因素。即使其他因素也在发挥重要作用，但最终效果如何，还是取决于泰国政府的最终政策。

泰国的华文教育和汉语教学虽然走过了不平坦的崎岖道路，但最终还是走上了正常的健康发展轨道。这反映了泰国政府最终认清了事物发展的规律，顺应了历史发展的趋势，制定了正确对待中文的政策。泰国政府当前大力推广汉语教学的政策既有利于中泰两国的友好关系发展，也有利于泰国国内民族关系的和谐，更有利于提升国家整体竞争力，使之在未来的经济全球化过程中立于不败之地。

参考文献

耿红卫:《海外华文教育的历史回顾与梳理》,《东南亚研究》2009 年第 1 期。
冯子平:《泰国华侨华人史话》,香港银河出版社,2005。
洪林:《泰国华文学校史》,泰国泰中社会出版社,2005。
〔美〕施坚雅:《泰国华人社会:历史的分析》,厦门大学出版社,2010。
温广益主编《"二战"后东南亚华侨华人史》,中山大学出版社,2000。
周丰娥:《东南亚华文教育》,暨南大学出版社,1995。

B.3
东南亚华裔混血族群的文化传承调查*

陈恒汉**

摘　要： 土生华人是明清时期"下南洋"的华人男性和南洋一带的土著女性结合而形成的社会群体，分布于菲律宾群岛、马来群岛和印度尼西亚群岛等地。作为族群融合的重要产物，土生华人社群经历了兴起、发展和衰落的过程，是研究南洋地区族群交流、文明互动的绝佳样本，也是研究语言流变、文化接触的重要案例。在离散的视角下观察东南亚华裔混血族群，通过历史文献梳理和田野考察访谈，可以从语言混杂、文字印刷、翻译改编、文学创作以及饮食服饰、家居物品、宗教民俗、戏曲艺术等层面获取证据，从而对土生华人社群的语言混杂和文化流变等进行概览式的巡礼。

关键词： 南洋　土生华人　语言接触　文化融合

一　引言

自古以来，东南亚就是世界重要的交通枢纽，各地的商人在这里进行货

---

* 本文系福建省社会科学规划2019年度项目（编号：FJ2019B149）、泉州市社会科学规划2019年重点项目（批准号：2019C15），以及华侨大学外国语学院2018年"教学科研英才培育项目"成果。
** 陈恒汉，文学硕士，华侨大学外国语学院副教授，硕士生导师，福建省高校人文社会科学研究基地"中外文学与翻译研究中心"成员，闽侨智库泉州委员会成员，主要从事社会语言学、英汉语言变体和文化接触研究。

物交换和商品贸易。南洋是明清时期对东南亚一带的称呼，这是一个以中国为中心的概念，主要指向菲律宾群岛、马来群岛、印度尼西亚群岛等地。

秦汉以后，由于华夏民族陆续南迁，与南方的部分百越族人接触互动，其中也有一部分人零星地南迁到南洋诸岛，他们的踪迹最远甚至散布到西南太平洋和印度洋等地。从唐宋时期开始就有许多华人陆续到南洋一带谋生，从一开始的原始自发状态到逐渐蔓延扩散开来。随着造船技术和海洋贸易的发展，元代华南沿海的民众开始成批前往南洋群岛。到明朝末期，许多闽粤地区的民众因为谋生经商、躲避战乱等，不断涌现在南洋地区，即便是在实行海禁政策的时代，民众自发、持续的"下南洋"活动也从未停过。

作为族群迁徙的十字路口，南洋聚集了世界各地来来往往的商人，但在交通技术不是十分发达的年代，也有一些人因为各种原因羁留于此，并在这里短暂或长期居住，乃至娶妻生子，他们的后代往往被称为"土生"或"侨生"。明清时期是华人移民东南亚的第一次大潮，但这一时期官府的海禁与迁海政策也造成了民众流落海外不能归家的命运，有些华人长期寓居海外，甚至和当地人通婚并养儿育女，土生华人社群得以形成。随着代际传承，土生华人后裔又和当地妇女或土生华人的子女结合，其后裔均被纳入这一混血族群，人口数量得以快速增长。土生华人在菲律宾被称作"美斯蒂佐"（Mestizo），在新马地区则被称为"峇峇娘惹"（Baba-Nonya），而印尼马来语则用"博拉纳坎"（Peranakan）一词来称呼这个独特的族群。

实际上，华裔混血族群在南洋的起源可追溯至 13～14 世纪华人和南洋群岛土著居民的零星接触。宋元之际，就有华人聚居南洋形成的村落，"有些杂居于当地人之间，与当地妇女成婚，开始同当地民族同化起来"[①]，但是成规模的移民活动出现于明清时期。随着民族融合的不断推进，加上西方殖民者开始染指东南亚，南洋各地形成了独具一格的土生华人社群，这是一个和纯粹华人社会或南洋本土社会都有所不同的中间社会（intermediate

---

① 朱杰勤：《东南亚华侨史》，高等教育出版社，1990，第19页。

society），有着浓厚的族群和文化双重融合的"混血"色彩，具备很大的研究价值。

二 概念、起源和分布界定

土生华人来源于马来语"Peranakan"，从字面上看，其意思是"……的子女"或"由……所生"，该词往往被用来指代外来移民和当地女子结合所生的后代，意思就是"土生的""侨生的"。该词可以加上不同的界定词表示不同的族群，如 Cina Peranakan 为"土生华人"、Jawi Peranakan 为"印度穆斯林后代"等。该词流行于 19 世纪，由于土生华人在整个土生群体中人数较多，常把 Cina 省去，直接用 Peranakan 指代华人和当地土著居民结合后形成的族群。

长期以来，研究土生华人的主要力量在境外，相关成果主要来自西方学者（如威廉·斯金纳、克劳婷·苏尔梦等人）或东南亚学者（如王赓武、陈志明等人），国内对东南亚土生华人作过系列介绍的有徐杰舜等。总体而言，大陆学界在研究华侨华人时较少对土生华人进行区分论述，对土生华人的族群起源、分布等方面的研究，尤其是针对性的实地调查，以及案例研究的丰富性等还远远不够，这些问题接近人类学的范畴，需要进一步加强实地调查的田野工作（fieldwork）。

尽管土生华人在各地有不同的名称，其族群起源和分布也不尽相同，但生在南洋和中外混血仍是判断的基准点，于本文而言，讨论的范畴就是历史上华人大量移居东南亚，尤其是明清以来的"下南洋"移民潮中，华人和东南亚各民族的通婚融合，从而形成各具特色的混血族群和社会文化系统。因此，本文的时间主线贯穿了明清两代至民国初期，界定土生华人的概念基于三个要素，即父为华人、母为土著和南洋出生，这和多数学者探讨土生华人的定义相吻合，但笔者在东南亚田野工作时也发现了少数例外，觉得不应排除少数父为华人母为印度、欧洲人等，以及母为华人父为土著或其他外族人等特殊个案，这种定义拓展旨在让这一概念更为完整并

还原真实的历史面貌。

鉴于目前中国学界对土生华人语言、文化的整理和分类都比较薄弱,因此对土生华人的研究存在不少可拓展的空间,甚至一些常识性的研究问题依然存在。例如,这些在海外已经非常为人熟知的概念在国内为什么仍不为人熟知?华侨华人和土生华人的区别和联系是什么?土生华人在南洋的历史演变和分布情况该怎么界定?不同的土生华人社群在语言文化等方面所产生的调适或融合等现象有什么差别?本文旨在就这些问题进行梳理,探讨语言文化层面上如何运用例证来推断土生华人与中华文化、南洋文化及西方文化之间的联系、分歧和变异。

作为东南亚最典型的混血族群,土生华人的分布主要包括今天的菲律宾、新马地区、印度尼西亚乃至中南半岛等地。一般认为,马六甲是最初的土生华人家族落脚处,之后扩散到海峡殖民地的槟城、新加坡等地,以及印尼苏门答腊岛及爪哇岛市镇(之前属于荷属东印度群岛)及廖内群岛等地,但实际上族群迁徙和形成很难区分先后,往往互相交错兼而有之,下面分别加以叙述。

(一)菲律宾的"美斯蒂佐"

"美斯蒂佐"(Mestizo)原是一个西班牙语和葡萄牙语中的词,以前曾在西班牙帝国与葡萄牙帝国使用,而且根据不同的语境其所指也略有不同。最早指的是欧洲人与美洲原住民混血形成的族群,后也被用于亚太地区,在菲律宾群岛被用来称呼华人和当地人混血所生的土生华人族群,这一词语也具备了社会和文化含义,由于华人移民在菲律宾定居生活的历史非常悠久,最早可以追溯到唐代。宋元时期,泉州作为东方大港的地位,促成了不少闽南人闯荡吕宋经略南洋。到了明代,华人在菲律宾定居通婚繁衍子孙的情况更是常见。

15世纪末西班牙强化了对菲律宾的殖民统治,华人移民除了自然同化,还被施与教化政策,华人被强迫学习西班牙语,殖民当局为强迫华人同化,运用了经济调控乃至暴力屠杀等手段,规定只有改变宗教信仰并且通婚菲化的人，才能得到土地，享有免缴税收的权利；政府发奖金给和华人混血儿结婚的菲律宾妇女①。"彼等为了中国境内发生之动乱而携眷逃至此地，从事丝织品、良质棉布及其他杂货之贩卖。据说，彼等至此后均改宗为天主教徒。"仅在伊通、怡朗两地，1629年就有百名以上的华人移民与当地的女子结婚，而且这类人的数量与日俱增②。

随着华人不断来到菲律宾群岛开拓，并且由于"美斯蒂佐"的人数不断增多，17世纪时，华菲混血的社会阶层也逐渐形成。1741年，西班牙政府在原先菲律宾居民三个等级（西班牙人、土著居民、华侨）的基础上进一步细分为四个等级，包括西班牙人（含西菲混血）、土著居民、华菲混血、华侨等。在社会地位上，华菲混血和少量的西菲混血差不多，使得有些土著居民也寻求融入华菲混血社群。加上经济的发展，华菲混血的土生华人成了社会的一大族群，散居在菲律宾群岛各地，以及一些尚未形成统一民族的部落联盟。到18世纪中叶，华菲混血已经占菲律宾总人口的5%，并形成了独特的混合文化③。

（二）新马地区的"峇峇娘惹"

在新马地区，"峇峇"（Baba）一词既泛指整个土生华人社群，也专指该社群中的男性，社群中的女性也被称作"娘惹"（Nonya），这也是我们经常看到的"峇峇娘惹"（Baba-Nonya）一词的由来。

华人（特别是闽南人）最早移民到南洋群岛等地可以追溯到14世纪或15世纪，元代人汪大渊所著《岛夷志略》一书即追述他本人所到过的淡马锡（今新加坡一带）。明代"郑和下西洋"后海路大开，更多华人流寓南洋诸岛。早期航海技术并不是很发达，闽粤一带的商人乘季候风"下南洋"，

---

① 施雪琴：《中菲混血儿认同观的形成：历史与文化的思考》，《南洋问题研究》2000年第1期。
② 徐杰舜：《菲律宾的密斯蒂佐人——东南亚土生华人系列之五》，《百色学院学报》2014年第5期。转引自吴凤斌主编《东南亚华侨通史》，福建人民出版社，1993，第59页。
③ D. J. Steinberg, *In Search of Southeast Asia*, New York: Praeger Publishers, 1971, p. 89.

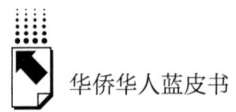

并不能频繁往来两地，只能选择"住番"而把妻儿留在家乡。出于谋生经商考虑，有些华商会娶南洋当地的异族女子为妻，这样当他们回国时，代为经营南洋生意的任务就落在"番妻"身上。正如元代周达观所记载："国中卖买皆妇人能中，所以唐人到彼须先纳一妇者，兼亦利其能卖买故也。"①土生华人的后代往往也延续与当地妇女通婚的习俗，经过几代的融合，一个结合华族和马来族文化特色的土生华人族群逐渐形成了。

17世纪，马六甲先后处在葡萄牙和荷兰的殖民统治之下，成为东南亚的贸易中心。19世纪，英国在槟城和新加坡建立了新的殖民地，并邀请马六甲峇峇社群迁往这些新兴的贸易中心，峇峇社会的形成就是源自定居在"三州府"（即马六甲、槟城和新加坡）的华人被本土化。在英国统治海峡殖民地（Straits Settlements）时期，土生华人被称为"海峡华人"（Straits Chinese），亦称"海峡土生华人"（Straits-born Chinese，Straits-born），后来则多以"峇峇"称之，以区别于19世纪从中国来的"新客"。

（三）印尼群岛的"博拉纳坎"

在印尼群岛，土生华人被称为"博拉纳坎"（peranakan的音译，即"侨生"）。唐代中后期中国对外海路交通和海上贸易的发展给出洋提供了充足的运载力，汉民族开始移民到南洋群岛。根据徐杰舜等人的梳理，宋代中国与南洋贸易往来最多的地方是印尼群岛。元代闽南人的出洋更是络绎不绝，有据可考，这也和泉州当时作为"东方第一大港"的地位是相吻合的。由于当时出洋谋生者往往数年不归，很多华人和土著居民结婚生子，在侨居地开始出现"土生唐人"②。明代郑和的随员马欢的《瀛涯胜览校注》记载了当时（15世纪）在爪哇定居的华人群落③。到了明末清初，更多的华人

---

① 郑新民：《新加坡寻根》（增订本），新加坡，胜友书局，1990，第44页。转引自（元）周达观《真腊风土记》。
② 徐杰舜：《印度尼西亚的伯拉奈干人——东南亚土生华人系列之六》，《百色学院学报》2014年第6期。
③ 马欢著《瀛涯胜览校注》，冯承钧校注，商务印书馆，1935，第8~9页。

（以福建人为主）乘船南下到印尼群岛"讨生活"或寻找做生意的机会。他们很快掌握当地语言，留下来的主要靠开设零售商店为生，其中有一些人和当地女子通婚生子，甚至改信伊斯兰教。然而，他们身上承袭的一些明清时期的华人文化习俗却根深蒂固，其生活方式、祭祀仪式等结合了华人、当地印尼人、马来人、印度人等因素，也受到欧洲殖民统治的影响而呈现多元的色彩，当人数增加到一定程度后土生华人的社群就形成了，散布在印尼群岛的各个城市乡镇。

目前，中国华侨华人研究的焦点相对集中于华侨和华人，实际上，土生华人也是中国文化在海外流播的重要载体，土生华人社群在几百年的繁衍和发展过程中，既保存了传统的中华文化，又融入南洋的马来文化以及殖民者的欧洲文化，可以从语言、文字、出版、写作以及服饰、饮食、家居、器物等多个层面考察其独具特色的风格，这在研究中华文化的对外传播中自有其不可替代的重要价值，值得我们细细加以探讨。

三　土生华人的语言和文学译介

语言是人类沟通的桥梁，是一切生产和生活的重要媒介，也是族群文化的重要载体，是一个族群区别于其他民族和文化的重要标志。从语言使用和文学活动的角度看，土生华人的族群特点首先体现在和语言使用相关的各个要素，其发展演变和近代华人移民海外及西方殖民东南亚的历史息息相关。下文主要从四个方面加以阐述，包括语言混杂、文字出版、翻译改编和文学创作等。

（一）语言混杂

在明朝以前很长一个历史时期中，泉州是东南沿海地区的大都市，福建人主导了当时的海外贸易。明清时期"下南洋"的大部分移民，其祖籍地以闽南和潮汕地区为主，这些移民使用的大都是同属闽南语系的"福建话"（Hokkien）。对于大多数南洋土生华人而言，汉语源语"福建话"就是其父

辈的语言,说着"福建话"的华人父亲与操马来语的母亲走到一起组建家庭,由于父亲负责在外讨生活,母亲就自然而然地肩负起养育孩子的任务,这也使得其后代土生华人在语言选择上,首选的就是"母语"(如马来语)而非"父语"(福建话)。

先来看看菲律宾土生华人的语言使用情况,由于"美斯蒂佐"的同化程度较高,其特色是直接融入当地族群中,导致如今我们对其知之甚少。根据舒哈特(Schuchardt)的论断,菲律宾菲华混血族群的混合语在19世纪80年代就已经是一种正在死去的语言,"任何一种今天仍然存在的语言都不能重建它"。19世纪研究土生华人语言的学者曾使用"华菲西混合语"(Chinotagalospanische)一词来描述它①。这个合成词里华族因素被摆在最前面,可以看出其构词成分里汉语(方言)的比重应该是最大的。同样,弗雷克(Frake)研究菲律宾的混合西班牙语时,也没有注意到土生华人族群的语言,可能是因为华菲混合语的西班牙再生词导致一些土生华人的后裔被纳入说甲米地语的方言族群②。虽然对菲律宾土生华人的混合语知之甚少,但最有可能的情况是,马尼拉地区的土生华人混合语是混杂福建话和他加禄语发展而来,而来自吕宋岛中部的土生华人移居到菲律宾其他岛屿时,随着他加禄语取代其他菲律宾方言,出现了大量的再生词,同样有很多是借自闽南方言。在土生华人的他加禄语混合语里,某些词是根据闽南方言的发音直接拼读,如 bimpo(面布)、kuyao(膏药)、tokuwa(豆干)、puthaw(斧头)等等。同时,菲华族群使用的闽南方言也常常出现变异,和福建当地使用的闽南话存在一些差别,掺杂很多土语词③。

在新马等地,明清时期的峇峇族群可分为两类,即槟城的峇峇和马六

---

① Hugo Schuchardt, "Kreolische Studien Ⅳ, Ueber das Malaiospanische der Philippinen", *Sitzungsberichte der Philosophisch-Historischen der Kaiserlichen Akademie der Wissenschaften* 105 (1884), 146.
② Charles O. Frake, "Lexical Origins and Semantic Structure in Philippine Creole Spanish" in Hymes, *Pidginization and Creolization*, 223.
③ 关于闽南方言变异的更多论述,可参阅陈恒汉《语言的流播和变异——以东南亚为观察点》,社会科学文献出版社,2016,第114~115页。

甲/新加坡的峇峇。槟城的峇峇仍操已本地化的"峇峇福建话"（Hokkien，即闽南话），混合语也以闽南话为基础。马六甲的峇峇则在日常生活中操"峇峇马来语"（Melayu Baba）和英语，很少会讲华语（闽粤方言或普通话）。由于19世纪之前的南来华人多与当地非华裔妇女（如马来人、泰人等）通婚，她们肩负养儿育女的任务却不会讲华语，导致所生的儿女很自然地讲峇峇马来语（母语），反而不会或不大会讲华语（父语）。加上后来殖民时期很多人把子女送去英文学校，其中很多人成为"操英语的华人"（English-speaking Chinese）。即便如此，峇峇社群的混合语保留了相当多的福建话借词，源于福建话的词汇主要集中于宗教、商业和家庭事务方面，在语法上峇峇马来语往往剔除了其他马来语方言中的词首和词尾，简化了马来语的句法结构，这很显然是受福建话的影响，这种语法迁移的另一个典型例子就是所有格的句法：在福建话里，"他的房间"的构成法是"他"后面跟一个表示所有格的"的"再加上"房间"，峇峇混合语的词语顺序是相同的，即dia（"他"）punya（"拥有"，用作所有格单位）bilik（"房间"），短语"dia punya bilik"和标准马来语"bilik dia biliknya"是非常不同的①。笔者在新马等地参观了几个土生文化博物馆，有机会得以聆听其神韵，在馆藏的音像资料里，峇峇马来语听起来语调顺口、活泼调皮，看一群娘惹围在一起眉飞色舞、七嘴八舌，既有类似侨乡女性的人情味，也有一种东南亚女性的活力②。

印尼的土生华人族群使用的混合语则更为复杂，并随着时代的发展而演变。早期的研究者估算，"博拉纳坎"社群最初的词语大约有60%来自马来语，20%来自福建话，其余的则来自荷兰语、葡萄牙语、英语、泰米尔语和各种印尼方言。在爪哇北岸的城市中，根据斯金纳1956～1958年在南望

---

① 〔美〕威廉·斯金纳（G. William Skinner）：《东南亚的混血化华人社会》，李雯译，《南方华裔研究杂志》2007年第一卷，第194页。译自 Sojourners and Settlers. *Histories of Southeast Asia and the Chinese*, ed. Anthony Reid, Sydney: Allen & Unwin, 1996, pp. 51 – 93。
② 峇峇娘惹专题论述可参阅陈恒汉《从峇峇娘惹看南洋的文化碰撞与融合》，《沈阳师范大学学报》2011年第3期。

(Rembang)和图班（Tuban）①的田野调查，他访问一些上了年纪的印尼土生华人，发现所有超过60岁的女性被调查者仍然操着被称作"中华马来语"（Malayu Tionghoa）的古老混合语，有点类似海峡华人的马来语，存在大量来自福建话的词语，也有对福建话句法结构的选择性保留。例如，他们使用特殊的混合人称代词——来自福建话的"我"（gua）和"你"（lu）被用于第一和第二人称，而dia则被用来表示第三人称。在远离爪哇北岸的地区，从巴达维亚（Batavia）到格雷西（Gresik），土生华人的语言基础最初表现为爪哇语、马都拉语而非马来语。而随着印尼土生华人社群分化以及19世纪马来语教育的加强，马来语取代爪哇语、马都拉语或其他方言，大量的再生词也接连出现。

由此可见，关于语言使用，无论是美斯蒂佐、峇峇娘惹，还是博拉纳坎，在每个例子中，族群内部日常使用的语言往往是一种以本土语言为基础的混合语言，华人因素和本土因素在语言上的混合，都固化为一种"传统"，表现在明显受到汉语源语（parent language）语法和词汇的影响，也充满特殊的马来语词汇的简化和讹误，但这是族群中出生的所有孩子的母语，这种浓厚混血特质的语言和土生华人的族群生活如影随形，并在日后族群的命运浮沉中走向不同的境遇，它们是特定历史条件下语言接触和语码混杂的生动例证。

（二）文字出版

虽然土生华人在语言上操以当地语言为主的混合语，文字书写和出版印刷等也以马来语或英语等为主，但涉及一些社团活动或生活仪式，往往会有一些应用性的文字，如"记""序""跋"等，汉字仍是首选，多用于碑文。在姓氏承袭、祖宗祭祀、社会礼仪、婚丧嫁娶等方面依照华族古制，每逢建会馆、办学校、立祠堂需要添置公用设施，或是举办各种慈善

---

① 位于爪哇岛北岸的港口曾经繁荣一时，之后随着航海贸易日趋集中于泗水（Surabaya）和三宝垄（Semarang），这样的大型港口日益衰落。

福利活动等，都会按照传统"作文以记之"，并篆刻碑文以求千古流芳。华人建造的庙宇中所悬挂的匾额、对联和碑铭，悉以中文书写，如青云亭、天福宫等，里面的汉字碑文、记录等是研究南洋华人社会的重要史料。

华人在菲律宾居住延续了几个世纪，对当地文化产生了重要影响，尤其是对16世纪末开始发展起来的印刷业起了重要作用。有学者考证，在菲律宾第一个传播印刷术的就是一名叫龚容（Keng Yong）的土生华人，其英文名为 Juan de Vera，曾受到神甫布兰卡斯（Francisco Blancas de SanJose）的教导，并洗礼成为基督教徒，菲律宾最早出版的立本书《基督教义》（Doetrina Christiana）就是1593年由龚容印刷和装订的，该书出版地点为马尼拉唐人街 Parian 市场，这里是当时华人华侨和华裔聚居的中心①。

在英国统治时期，马来亚峇峇社群的"海峡华人"大都亲英国政府，英文也是峇峇的书写文字，他们的儿女往往接受英文教育，峇峇也以马来文出版报纸和杂志。例如，新加坡的峇峇于1894年出版的《土生华人新闻》（Surat Khabar Peranakan），就是马来文和英文的双语报纸，也是马来亚第一份以拉丁字母马来文报道新闻的报纸，因为当时的马来人还在用爪夷文（Jawi）——以阿拉伯字母书写马来文。林文庆（Lim Boon Keng）和宋旺相（Song Ong Siang）主编的《海峡华人杂志》（The Straits Chinese Magazine）于1897年创刊。峇峇马来文杂志也先后推出，如袁文成（Wan Boon Seng）出版的《博拉纳坎之星》（Bintang Pranakan）和《华丽博拉纳坎》（Sri Pranakan）。马六甲的峇峇出版过英文报纸《马六甲卫报》（Malacca Guardian）。槟城的峇峇出版过英文杂志《马来亚华人评论》（Malayan Chinese Review），等等。此外，峇峇社群也出版马来诗作，主要以马来班顿（Pantun）为主。

在印尼群岛，18世纪的华人就开始开设自己的印刷厂，出版发行华人

---

① Edwin Wolf 2nd, *The First Book Printed in the Philippines Manila* 1593, Washington：Lessing J. Rosenwald Collection, Library of Congress.

读物，福建籍的土生华人对中国传统文学在印尼的传播发挥了至关重要的作用，也对后来的华文教育影响深远。中国通俗小说的马来文版之出版，一直延续到第二次世界大战前。葡萄牙殖民东帝汶时期，越来越多的华人迁居到此。19世纪初，东帝汶华人社会形成。笔者在海外考察时和专门研究东帝汶问题的学者交谈中了解到，东帝汶华人男性中，近四分之一与当地土著女性通婚，落地生根。土生华人社会文化自成体系，同样保留了中华特色，至今尚存的关帝庙、观音堂和始建于清朝同治年间的华人墓地就是无可辩驳的明证。最值得一提的是，葡萄牙国家海外银行在当地正式发行的不同面额法定货币纸币上，同样印有汉字，如500厄斯科多面值的纸币上，就印有"伍佰厄斯科多"六个汉字，这在外国法定货币中是极为罕见的，这也间接说明了华人和汉文化对当地的影响（见图1）。

图1　葡萄牙国家海外银行在东帝汶发行的华币

资料来源：| 东帝汶 | 帝力 | 华人_ 新浪网，http：//k.sina.com.cn/article_ 6421293367 _ 17ebd2937001009r0v.html？cre = tianyi&mod = pcpager_focus&loc = 8&r = 9&doct = 0&rfunc = 100&tj = none&tr = 9。

（三）翻译改编

马华族群交流的早期，海外移民出于维持生计的需要，编著了多种类的华马双语词典，使得随后的翻译成为可能，对土生华人而言，既想亲近中华文化，又只有阅读马来语的能力，唯一的办法就是把大量中国的传统文学作品翻译成马来文，以满足其联结故国文化的精神需求。因此，成规模的翻译是一种社会活动，有一定的历史文化背景。资料证明，"有许多中国章回小说和历史故事等，被土生华人有计划和有系统地翻译成罗马化的马来文。由1889年至1950年，前后翻译了不下七八十种书目……"①。这些来自中国的故事和传奇大大丰富了当地华人社群乃至原住民的文化生活。

由于峇峇马来语是马来亚土生华人的主要通用语，而峇峇社群又对华人的传统文化与小说有浓厚的兴趣，在翻译这些中国通俗小说的过程中，出现了一批土生华人翻译家，他们大都是福建籍的，如陈谦福、林福济、蓝天笔、曾锦文等等。土生华人译者翻译了大量的中国历史、神怪、言情、侠义、公案等文学作品，如《聊斋志异》《西游记》《封神演义》等等，在海峡殖民地，来自槟城的曾锦文（Chan Kim Boon）翻译了《三国演义》（Sam Kok，共30册，1892～1896年出版）和《水浒传》（Song Kang，《宋江》，共19册，1899～1902年出版），以及《西游记》等等。这类翻译文学多在新加坡出版，使得峇峇社群的翻译活动日趋成熟，参与峇峇马来文翻译文学的人可以分几种角色，包括译者（translator）、编者（editor）、插图画师（illustrator）、助手（helper）、中文文本口述者（Chinese reader）、罗马化马来文译者（Romanized Malay translator）等，分工合作，形成产业。

另外，据苏尔梦（Claudine Salmon）统计，印尼华裔（华人及土生华人）作家、翻译家计有806人，他们的作品包括原创小说1398部，中国文学翻译作品759部，诗歌183篇（部），数量十分庞大②。这些作品中出自土生华人的比重最大，这是因为大部分土生华人（尤其是福建籍的）都熟悉当地语言和汉语（闽南方言），所以贡献最大。例如，1859年，爪哇诗歌形式的《三国演义》出版，其中一部分在《马来号角》报上连载，成为最早翻译出版的中国通俗小说之一，其传播对象已经不仅是华裔，也受到其他阶层人们的喜爱③。后来还出现了马来语版本的译本，但因为译者大都是祖

---

① 杨贵谊：《华、马译介交流的演变》，新加坡，《亚洲文化》1987年第9期，第168页。
② Claudine Salmon, *Literature in Malay by the Chinese of Indonesia, a Provisional Annotated Bibliography*, Paris: Editions de la Maison des Sciences de l'Homme, 1981, pp. 115–116.
③ 孟昭毅：《东方文学交流史》，天津人民出版社，2001，第342～345页。

籍福建的华裔，且不说译作中的人名、地名直接用闽南方言进行音译，就连一些中华文化特有的物品（如玉玺），以及中国古代特有的官位职称等，往往也是直截了当地采用了福建话的译音，这些译作主要有《梁山伯与祝英台》《陈三五娘之歌》《琵琶记》《西厢记》等①。根据梁友兰的描述，雅加达经常演出中国地方戏，把中国的一些英雄事迹故事搬上舞台；繁华闹市区或商业区就有说书人，手中拿着小鼓讲各种中国故事，而荷兰殖民政府限定华人必须聚居在指定的区域内，禁止他们与其他人种杂居，使得土生华人不从现实生活中攫取素材，而把注意力转向中国古典文学②。因此，即便身处来自英语、荷兰语等影响的多元语境，这些只是略懂华南方言的土生华人依然乐此不疲地挖掘中国的传统小说，并加以翻译推介，其译作基本上囊括了中国古近代通俗小说的各种类型，包括历史演义、公案小说、侠义小说和志怪小说等等。

从现代翻译的角度看，土生华人社群的译者所做的工作有浓厚的时代和族群特色，他们往往会在小说发行时在篇首附上一篇导读文字或时事杂文，或者在文中加注，书末附带介绍中国文化，引起读者的持续兴趣。有时还在翻译中就人物心理、行为观念进行评点，这和中国古典小说中叙述者对作品人物事件进行道德评价是一脉相承的，也是土生华人在优越的社会地位下又未能完全异化而趋于认同本源民族文化的表现。他们在文化碰撞或冲突的场景下，却能创造性地运用中华传统所蕴含的智慧，来平衡、协调、化解各种文化危机或冲突，这是土生华人在特定的环境和历史条件下，面对多元的社会环境所采取的一种生存策略③。中国传统的英雄侠义故事，恰好与华裔混血族群对中国的想象相符，也契合了侨生们对中国文化"重义"的理解与期待。因此，这些翻译小说成为南洋流传的中国文

---

① 王烈耀、孔祥伟：《"重写"记忆中"情爱的中国"——印尼土生华人文学的一种流行叙述》，《暨南学报》2004年第4期。
② 参阅许友年《印尼华人马来语文学》，花城出版社，1992，第25页。
③ 莫嘉丽：《"种族、环境、时代"：中国通俗文学在东南亚土生华人中传播的重要原因》，《暨南学报》1999年第2期。

学作品的主流，成为华人社群引以为豪的文化传承。很多侨生人手一册，竞相翻阅，借此了解遥远而亲切的祖宗故事，一解这种莫名的乡愁情结和寻根意识。

（四）文学创作

据苏玛尔佐（Jacob Sumardjo）考证，土生文学最早是在爪哇岛发展起来的，土生华人作家大多生活在爪哇北部的沿海城市[①]。早期流落南洋的华人多为下层移民，当时的文学需求更多的是一种口头文学，如"讲古"（kongko，一种口头文学）、"说书"之类以说唱的形式在民间传播，以及社会习俗所需要的一些碑文识记，往往按中国古典散文的格式写作，大多由当地华侨文人所作。文学创作先是以手抄形式，继而以印刷形式出现。尤其是当土生华人这个特殊社群由于享受到种种政策优惠，成为经济领域的受益者而无衣食之忧时，寻求精神食粮和文学创作就是很自然的事了。他们从一开始对中国传统文学的好奇心，到套用中国小说改写、扩写的模式，再到重写、自创模式，其中描写中国风情、跨族婚姻等的情爱故事更成为土生华人文学的一种"流行叙述"。

通过对中国文学文本的翻译和模仿，土生华人社群和祖籍地文化之间的联系得到加强，这促使他们进一步以中国文学为参照，形成属于自己的文学意识，在另一个空间书写异质文化夹缝中成长的感受，对于土生华人来说，实用的基本层面的生存需求得到满足之后，潜意识里的阅读需求和构建自身文化特性的需求相辅相成，使得他们通过文学创作进行集体无意识的"回归"。印尼土生华人作家和新闻记者被教授"正规的"马来语，用马来文写作，在他们努力接触印尼土生华人族群以外的读者后，这样的情况越发普遍。后来随着西式教育的普及和广泛被认可，华人也尝试用多种语言写作。对土生华人文学作了总体或专题研究，包括苏尔梦、廖建裕、杨启光、苏玛

---

① 〔印尼〕雅各布·苏玛尔佐：《印尼土生马来文学研究》，林万里译，获益出版事业有限公司，1998，第88页。

尔佐等，或与原住民文学进行比较研究，也有将其作为镜像来观照印尼社会、历史、观念等。许友年曾以一种更为广阔的视野对印尼土生华人文学进行了拓展，将其放到世界移民文学的范畴进行比较研究，进一步弄清了其源流与特性及其在文化交流中所起的作用[1]。对其进行研究，我们也可以从中看出一个远离故土的少数民族是如何和祖籍地互相关联，又是怎样重新塑造自己的文化的。

在新马等地，当一些来自中国的历史故事、章回小说等陆续在南洋流传之后，很多本地作家也从中受到启发。但从所得资料整理的结果来看，峇峇马来语的书面创作量不及翻译文学，但由于峇峇社群在经济上处于优越的地位，从事文学创作的精力特别旺盛，早期的峇峇社会非常热衷于马来语诗歌的吟诵或创作，但诗文通过口耳相传，多属民间即兴创作、劳工口头传播，也较少以书面语呈现，后来他们通过私塾授课传播、社团活动记志乃至创办报纸出版书籍等，在出版业尚处于萌芽状态时就有能力出版文学作品。此外，峇峇社群除了以峇峇马来语创作，更有以其他语言写作的事实，包括汉语文学作品和英语文学作品，这也为后来新马文学的整体发展打下坚实的基础。

而菲律宾的情况则有些例外，大概是因为土生华人被同化的程度较高，或由于西班牙人把高度发达的教育制度带到殖民地，使得这个社群的文人学士过去常用西班牙语写作，而土著语言的创作则几乎没有。正如苏尔梦指出的："但奇怪的是至今仍未找到中国文学对菲的影响。或许可以用来解释华人及其后代知道最近采用土著语言来写作的一个理由。"[2] 但正是由于17～18世纪土生华人社群的形成奠定了基础，才有19世纪之后中国古典小说和诗歌传入菲律宾群岛，使得"美斯蒂尔"和当地人开始了解中国文化，以及再后来独树一帜的菲律宾华文文学的发展。

---

[1] 杨启光：《近年来印尼土生华人文学研究介绍》，《八桂侨刊》1993年第3期。
[2] 〔法〕克劳婷·苏尔梦主编《中国传统小说在亚洲》，颜保等译，国际文化出版公司，1989，第108页。

四　混血文化举证：从居家到民俗

明清时期是中国文化在东南亚传播的重要时期，土生华人成为中华文化在海外流播、融合和变异的重要载体。华人的文化属性也在和当地人的长期互动中产生了变化，并受到南洋多种文化源流的影响，形成了跨越民族隔障的混合型文化。探讨土生华人物质文化和社会文化，很显然其独特性就在于这种混合的特性，即土生华人既保留了根深蒂固的中国传统，又深受东南亚本土因素的影响，通过互动和交流所产生的差异形成别具一格的文化特色，并体现在居家和民俗等基本层面，下文分别从饮食服饰、家居物品、宗教民俗和戏曲艺术等四方面展开叙述。

（一）饮食服饰

民以食为天，饮食承载了一个族群的生活传统，与族群文化的关系非常密切。在饮食方面，土生华人创造了闻名遐迩的"娘惹美食"，采用马来香料结合中国菜的烹饪方法，兼有多个种族的饮食特点，各取所长，精致特别。土生华人经常以传统中式食物的多样原料为主材，一般中餐的猪牛羊鸡鸭肉、各种蔬菜、海鲜乃至当地的菠萝、椰浆都会用到（不像印度人有牛肉禁忌，马来回教徒有猪肉禁忌），然后与南洋常用的各种香料调配（如咖喱叶、黄姜粉、芫荽粉、酸柑、辣椒油、黑果、亚参膏、峇拉煎、楠姜、红葱、石古仔、香茅等等），以求色香味俱全，内在和外表兼备，加上精心研究的烹饪手法，饮食口味酸甜而微辣、香浓而艳丽。时至今日，新马等地依然有主打风味独特的"娘惹菜"餐厅。

在饮食方式上，为特别日子举办的"长桌宴"（Tok Panjang，该词中Tok 是闽南方言，意为"桌子"，而 Panjang 是马来语，意为"长"），就是峇峇社群邀请亲戚朋友一起在家中"办桌"（即闽南方言"宴请"之意）。由于长桌宴并没有特别的规定，大家可以入乡随俗，凭自己的喜好，用筷子、用叉（西餐用具）或汤匙，乃至像印度人那样用手抓饭，这种融华人、

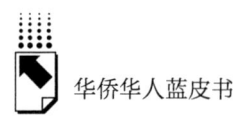

马来人和西方餐饮文化于一体的社群宴会形式,常见于寿宴或婚宴,甚至其名称本身也是一种混合的生动体现。土生华人的饮食承载了不同的文化,菜肴的名称通常来自福建话和本土语言,但有许多福建人和原住民都不知道的特殊菜色。有的传统食品不仅是人们日常生活中的必需品,还具有仪式献祭的功能,能借由食物与超自然世界或祖先的神灵取得沟通。因此,这些仪式和食物是土生华人社区的共同语言,往往变成一种族群标志和文化遗产传承了下来。

在服饰方面,土生华人社群也不尽相同,并随时间的推移而变化,最引人注目的莫过于娘惹服饰。娘惹的服饰源自明代汉服的遗风,又具有马来人和印尼人的色彩,典型的上衣卡芭雅(Kebaya)和下装沙笼(Sarong)在制作上都极为讲究,娘惹们以传统马来衣料为基础,印上中式风格的图案,再加上西洋风格的衬肩、花边等,剪裁充分显示腰身,穿戴时无带无扣,婀娜娇媚,显现华贵清新的南洋气质。娘惹服饰色彩传承了中国传统的大红及粉红,也往往带有马来人所崇尚的土耳其绿,并且经常用中国传统的花鸟鱼虫、龙凤呈祥等图案加以点缀,甚至还细心运用欧洲的蕾丝、中国的手绣和镂空法,使得服饰的内在质地与外表之美得到完美配搭。而那些早期在贸易行当买办的男性土生华人,则是中西并举,既穿长衫马褂、留长辫,或对襟立领疙瘩祥的汉服和中式裤,同时又会适时适地穿正宗西服或洋人的便服,或者有时就干脆衬衫加长裤。到了近代,着装的西化倾向就更为明显。

确切地说,娘惹着装是结合了明朝的凤冠霞帔和清代的马面裙,又在马来、西洋文化的调和中进行选择性借鉴而成,并在族群认同感的建立中得到强化和传承,从而成为一个社群女性的标志。此外,在服装的配饰上,珠绣作为汉民族传统"女红"的一部分,也是一项独特的传统手工艺,在峇峇社群中具有特别的意义。要嫁得好婆家,非得有一手好手艺不可,因此珠绣也是娘惹们不可或缺的手艺。娘惹珠绣的手工精细,构图讲究,珠绣图案多为花鸟虫鱼,还有八仙、十二生肖等。有的珠绣图样以中国风为底蕴,还带上了维多利亚风格情调。许多娘惹喜欢在缝制服饰时用欧洲的切割珠,这种珠子有一定的倾角,能使整个作品产生立体感。她们往往把缝制的"珠绣鞋",跟其他用珠子串织成的腰带(马来服装特有的配饰)、腰包和头饰一起,陈列在新房的玻璃橱柜中并向亲友展示,成为女子贤惠的重要标志。

(二)家居物品

家居是记忆的场所,更是文化的容器,而建筑则是一个社群留给大地的痕迹和礼物。印尼土生华人、海峡华人和华菲混血儿的住宅可以追溯到19世纪中期或更早,典型符合改进后的中国式设计,带有一个中心庭院。根据斯金纳的实地观察,马尼拉地区、新加坡和槟榔屿以及爪哇北岸沿线多个城镇中有这样的住宅,因此,来自福建话的术语被用于称呼待客室、开放的庭院、楼上、内部楼厅、卧室、阳台等[①]。

在新马等地,峇峇民居深受闽南建筑文化影响,又兼具马来与欧洲风格。一方面,闽南建筑特点体现在中式造型门窗上,屋内有天井以便于阳光雨水进入;另一方面,很多房子都有马来式屋檐以及欧风浓厚的梁柱雕饰,形成了辨识度极高的峇峇建筑。笔者在马六甲看到的峇峇祖屋的屋顶也是闽南建筑屋顶形式中的马鞍脊,只不过其直线造型比闽南的"燕尾式"更加简洁硬朗。在室内装饰上,峇峇社群的家具设计多为古朴典雅的木制品,将中西风格和当地元素融合在一起,饰物也采用寓意吉祥的中国传统图案。很多人家的厅堂和闽南人一样,也摆放神台,供奉观音、土地公和祖先牌位,门两边挂贴汉字对联,有的墙上还雕刻蝙蝠,寓意"福"到。

另外,家庭用品也是峇峇日常生活和隆重仪式的重要角色,如瓷器就寄托着峇峇人的思乡思祖情怀。在陶瓷研究中,"娘惹瓷"(Nonya ware)特指晚清时期马六甲海峡华人订制的中国南方生产的专供峇峇娘惹使用的粉彩瓷器,又称"南洋器"或"海峡中国瓷"(Straits Chinese porcelain),以装饰华丽、色彩鲜艳为特点。在博物馆参观其展示的餐盘、茶壶、花瓶、水罐等

[①] 〔美〕威廉·斯金纳(G. William Skinner):《东南亚的混血化华人社会》,李雯译,《南方华裔研究杂志》2007年第一卷,第195页。译自 Sojourners and Settlers, *Histories of Southeast Asia and the Chinese*, ed. Anthony Reid, Sydney:Allen & Unwin, 1996, pp. 51 - 93。

各种瓷器用品,笔者可以看到凤凰、牡丹等中国传统图案一再出现,似乎在艳丽和热烈的背后隐约流露出离散的惆怅与思乡的执着,也隐喻、暗含了土生华人对"故国"(China)的文化想象——一个凤凰盘旋、牡丹绽放的瓷器(china)之国。同时,娘惹瓷偏爱花、叶纹样,但很少出现汉民族习惯用的人物和山水,这是一种入乡随俗的改变,以示对马来文化的尊重,因为伊斯兰教不使用人物作装饰。

(三)宗教民俗

一般来说,土生华人非常注重宗教信仰和习俗的传承,他们大都秉持中国式的信仰,如儒家、道家和佛教,在"中华马来语"中,就有许多词语是有关宗教和信仰的,如 Poasat(菩萨)、KwamIm(观音)、Toapekong(大伯公,即福德正神)、bio(庙)、huisio(和尚)等[1]。这充分体现了土生华人对祖先故土宗教信仰的传承和移植。尽管他们对佛祖、观音、灶神以及"天公"(闽南地区对"玉皇大帝"的俗称)耳熟能详,但并非所有人都了解他们所祭拜的对象,甚至会犯张冠李戴的错误[2]。然而,这并不妨碍或降低他们的虔诚,也充分说明在当时的社会环境下,对儒道释以及自家祖先等这些古圣和先贤的崇拜,支撑着土生华人的精神生活,也寄托了他们对故土的怀念,具有浓厚的精神支持和心灵安慰色彩。

新马等地峇峇社群的祖先大多数是福建人,同样有类似闽南民间的多神崇拜,这是一种融合儒道释的信仰,祖先崇拜是其核心部分。土生华人的很多家庭习俗礼节都沿袭了闽南一带的传统,在家祭祖和拜神,祀奉观音、大伯公和关帝圣君等神明,其中以观音最重要。他们也会在家里设置神龛,逢年过节"供祖先"或"请祖先",有时还要去华人寺庙祭拜。土生华人建立的庙宇,也多为中国宫殿式的构架、雕工,有的甚至连建筑材料也专程从中

---

[1] 周一良主编《中外文化交流史》,河南人民出版社,1987,第201页。
[2] 〔马来西亚〕哈纳菲·忽辛著《峇峇娘惹的祖先崇拜与祭祀饮食:一项关于马六甲海峡土生华人的研究》,王斯译,《楚雄师范学院学报》2016年第10期,第14页。访谈对象:格蕾丝太太,地点:马六甲怡力区。时间:2014年2月。

国运至。每逢中国的节日庆典，土生华人也会进行庆祝和纪念，他们比较重视的节日包括"年兜"（春节）、冬至、中秋，以及清明、"普度"（农历七月中元节）、祖先忌日等，这些节日都要上祭拜供祖先，也有和闽南一样的点香、烧纸环节。

社会习俗在土生华人的生活中扮演着极为重要的角色，某些仪式和活动成了土生华人区别于其他族群的典型特征，也是土生华人社群成员之间互相联系的纽带，源自闽、粤、客华人的红白喜事礼俗也在华人族群和土著族群的互动中起到至关重要的作用。例如，峇峇娘惹社群在婚俗上的"梳头"（Chiu Thau）和"纳彩"（Lap Chai），"梳头"是婚礼前的一个重要仪式，亦是新郎与新娘的成年礼；"纳彩"是新郎与新娘两个家庭在婚礼前互换结婚礼物的仪式，均是源于闽南风俗。峇峇人结婚同样讲究"门当户对"，婚礼以旧式为荣，新郎头戴瓜皮帽，身穿长袍马褂，新娘则头戴凤冠、身穿霞帔裙褂。娶亲用花轿，甚至沿用三跪九叩的明清古礼，这都是汉民族传统的保留和遗传。至于说丧事，也大都是按照华人的仪式操办，披麻戴孝，守灵扶棺。根据一段实地访问，在印尼西加里曼丹，当地人的棺材制作和早期闽南一带的棺木十分相像，如今中国本土会制作这种棺木的已经十分罕见，但在印尼的一些部落却留存了下来[①]。笔者在新加坡土生文化馆里听到娘惹"哭丧"的音像资料，其情态语调都和闽南农村地区丧事上女性的哭诉几乎没有两样。

土生华人被同化后往往改宗教，尤其是南洋被殖民之后。例如，西班牙殖民者把天主教带到菲律宾（后成为菲律宾的国教），17世纪土生华人把基督教的教义印刷出版，不仅在菲律宾国内传播使得大部分土生华人成为天主教徒，也在人员流动中促成了天主教在华南的传播。新马地区的峇峇社群则受到英国殖民的影响，有的土生华人家庭改信了基督教，印尼一带的土生华人也有改信基督教或伊斯兰教以便获得相应的便利。应该说，这是一种文化适应的需要，但即便如此，他们仍然讲究孝道，长幼有序，注重华人的风俗传统。

---

① 周堃：《17~18世纪中国文化在东南亚的传播：以语言、生产技术和宗教等为例》，广西民族大学硕士学位论文，2016。

（四）戏曲艺术

长久以来，戏曲艺术一直是闽粤民众日常生活的一部分，伴随着华人"下南洋"的生活足迹，这些民间曲艺也在南洋扎下根来。例如，明末清初菲律宾马尼拉的南音传播、新加坡的"布袋戏"（pote-hi）等就是来自闽南，变成华人社群喜闻乐见的日常活动。即使是街头游行表演，也往往伴有乐曲说唱，广为各界人士喜闻乐见。

除了南音，一些中国的民族乐器也辗转到了南洋。菲律宾土生华人有一种非常流行的崇拜，就是把安蒂波洛航行平安圣母像（the Virgin of Antipolo，即旅行者的保护神）认同为福建人尤其是船员的保护神妈祖。在节日中，宗教队列经常辅以华人传统仪式中燃放的烟花，并且还有一队演奏中国民族乐器的人[1]。早在17世纪，福建的木偶戏（以泉州布袋戏为代表）就开始流行于西爪哇万丹和雅加达等地，它是由闽南移民带入印尼的，并用"中华马来语"进行加工或再创造。在雅加达庙会或节日聚会时，常有布袋戏的戏班表演。例如，1771年三宝垄华人把观音亭的神像迁到新寺院时，按照闽南的习俗请来巴达维亚的戏班，进行了长达两个月的表演酬神。印尼的布袋戏大部分仍用闽南方言表演，有的则用马来语演唱[2]。

我们再来看一条来自英国人的文字记载：1703年，曾有五名来自昆仑岛的英国人因在柔佛海岸覆舟失事而停留当地，他们见证了那时当地华人的生活。他们目睹600名华人身佩宝剑和盾牌，"游行表演中国的戏剧，然后舞剑"。这说明18世纪初，在马来亚柔佛一带，已有大型的中国民间艺术活动[3]。到了

---

[1] 〔美〕威廉·斯金纳（G. William Skinner）：《东南亚的混血化华人社会》，李雯译，《南方华裔研究杂志》2007年第一卷，第196页。译自 Sojourners and Settlers. Histories of Southeast Asia and the Chinese, ed. Anthony Reid, Sydney: Allen & Unwin, 1996, pp. 51–93。转引自 Wickberg. Chinese in Philippine Life, 第193页。

[2] 孔远志：《中国印度尼西亚文化交流》，北京大学出版社，1999，第214页。

[3] 莫嘉丽：《中国传统文学在新马的传播——兼论土生华人的作用》，《华侨华人历史研究》2001年第3期。转引自〔英〕浮凡《新东印度公司来自昆仑岛5英人于柔佛小王国覆舟失事历险记》（伦敦：1714），巴素、郭湘章：《东南亚之华侨》，"国立"编译馆，1974。

18~19世纪，新马一带华人演出的"地方戏"蔚然成风，而且不再是土生华人专有的，已经从原先的槟榔屿、新加坡和马六甲这些重要城市传播到马来亚腹地的广大城乡地区。

另外，闽南民间的"民谣""讲古"等，在土生华人社群中也很受欢迎，菲律宾的闽籍华人还保留了许多福建民谣，并传给子女。例如，马尼拉流行过的《十二生肖歌》，促进了中国生肖文化在海外的流传。因为有的土生华人从事体力劳动，只能通过劳动之余听听"讲古"的方式来消遣，"讲古"往往讲的正是来自故国的民间故事、爱情传奇等，成为那个时期土生华人乃至当地人文化生活的一部分。

五　离散视野下的土生华人

通过上文关于语言文字和文化层面的分析，可以看出语言、服饰和饮食上的一种入乡随俗，土生华人表现出较多的马来特色，而在宗教、信仰和习俗等方面，土生华人则保留了较多的中华传统。甚至从细节上也有一些很有意思的发现，很多并不是我们所想的那样。例如，马六甲峇峇说马来语的居多，但奇怪的是他们的饮食文化却保持着更多的闽南传统。实际上，土生华人的文化不是中华文化在另一片土地上的复制，也不是中华传统文化和南洋本土文化的简单组合，而是一种交错纠缠的关系，这也体现在土生华人作为一个矛盾的综合体而存在。

一方面，出洋在外的华人男性不再像在本土那样支配着女性，但封建家长制使得土生华人社群里男性依然在家庭中占主导地位，也使得土生华人后代对自己父辈的故乡念念不忘。虽然多数土生华人操本土语言和英语的混合语，但他们在福建话失去主导地位时保留了一种和当地语言有所区分的标记，而且对中华文化依然保持了某种程度的忠诚。另一方面，明清时期中国封建朝廷实行严格的海禁政策，禁止民众移居海外通贩外洋，也严禁私自下海者的回归。其直接后果是海外华人移民被视为"弃民"，使海外华侨滞留当地并繁衍后代，由此"加速了海外华侨社会的发展和与当

地人民进一步同化融合的过程",更重要的是,"深层影响则是使他们近乡情怯,视归国为畏途,只能望着归不得的故乡兴叹,久而久之,便是故乡情结的淡化以及离心力的产生和地缘认同的弱化"①。而当原住民排挤他们、殖民者也把他们看作外人时,土生华人的民族认同就只能一直处于游离或离散的状态。

因此,就研究的视角而言,我们可以遵循离散族群(diaspora)理论框架对土生华人进行研究。"Diaspora"一词原指流散于世界各地却又心系家园的犹太人,近年来重新进入人们的视野,成了"四海为家""普世情怀""世界主义"等的代名词,激发人们关注离散族群的流动、离散、灵活等特质。借鉴国际移民的这一研究体系,探讨土生华人是更宏观、更有创造性的方法,毕竟这不是一个国内或区域的话题,更是一个国际话题,需要放在全球视野的大框架下进行,这与中国学界进行华侨华人研究的传统途径刚好相反,却往往能在比较中得到意外的发现。在东南亚做"田野工作"时,笔者在新马等地参观过几个土生华人文化博物馆(见图2),包括新加坡的"土生文化馆"(Peranakan Museum)、槟城的"侨生大宅"(Peranakan Mansion)以及马六甲的"峇峇屋"(Baba House),它们所宣称的宗旨都如同里面的牌匾所写——"追远"②。这也是一种"寻根"式的文化保护,当这种融合了中华、本地和外来等多种元素的混合文化越来越被现代文明所稀释,相信也只是有心人士在传统文化严重流失的境遇下采取的挽救动作,这些文化馆、祖屋大宅、博物馆等真实地再现了土生华人社群在明清时代的生活场景,使得我们能够一览他们曾经有过的风光,并探讨有利于文化遗产资源传承和保护的有效路径。

从离散族群的视角看,经过了三代以上的东南亚土生华人,已经落地生根("三代成峇"),完成了从客到主的转变。在政治和文化心理上,都和

---

① 施雪琴:《中菲混血儿认同观的形成:历史与文化的思考》,《南洋问题研究》2000年第1期。
② 更多田野工作记录可参阅陈恒汉《走读亚细安——境外田野工作11地》,中国言实出版社,2015。

东南亚华裔混血族群的文化传承调查

图 2　新加坡土生文化馆门口的指路标

资料来源：2010 年 4 月 4 日笔者拍摄。

"父国"渐行渐远了。之所以"离散"会成为一种"情结"，在于从一开始迫于生计或对现状的不满之出走和离散，到后来由于寓居海外反而对家国更生怀念和忠诚，成了一种非常矛盾的纠结。因此，斯金纳在分析土生华人的心路历程时罗列了一些特例，如低阶层或乡村的单身华人（杂货店主）与当地妇女婚配并居住在她的族群里，就很难阻止其后代被本土社会同化。来自田野调查中被调查的华人描述的许多个案则显示，一些当地出生的华人，在性情上不适合华人社会的竞争和工作伦理，通过娶妻加入原住民家庭，并采纳本土的生活方式。此外，华人受到通常喜欢儿子的影响，偶尔会把女儿交给原住民夫妇抚养，或者当婚姻破裂或男子要回中国而分居时，儿子随父女儿随母，也导致女性的本土认同更高[①]。因此，当我们站在一个更"在地的"（local）角度，利用国际学界关于移民和族群的术语表达，以及人类学的"在地化"田野工作进行深入探讨，才能更加"旁观者清"，不至于"感情用事"，产生很多想当然的结论。

---

① 〔美〕威廉·斯金纳（G. William Skinner）：《东南亚的混血化华人社会》，李雯译，《南方华裔研究杂志》2007 年第一卷，第 189 页。译自 Sojourners and Settlers. *Histories of Southeast Asia and the Chinese*, ed. Anthony Reid, Sydney：Allen & Unwin, 1996, pp. 第 51～93 页。

华侨华人蓝皮书

六 结语

长期以来,土生华人作为一个社群,处在南洋本土文化和华人文化的中间地带,其存在和境遇非常特别。明清时期中国本土统治者闭关锁国无暇他顾,而后近现代以来的关注重点也一直是南洋的"华侨""华人",混血社群往往不受待见;西班牙、英国、荷兰等殖民者也被华人和土著之间的种族差异所困扰,只是认为土生华人可以在殖民地经济中发挥作用,并没有真正将他们视为自己的一部分;而南洋纯粹的华人社会也认为土生华人在殖民文化影响下认同已经缺失,是西方殖民宗主国为方便管理而强制进行的人种分类,很多南洋华人对其殖民文化观持排斥、否定的态度,认为是被殖民观念所挤压的扭曲的畸形文化。可见,土生华人在很长的一段历史时期里都是一种比较尴尬的存在。

然而,站在一个更宏观的视野,从"郑和下西洋"和早期华人开拓南洋,到"地理大发现"后西方对南洋的殖民染指,再到独立建国和民族意识的觉醒,在南洋这片土地上,你方唱罢我登场,土生华人在和其他族群的交往中慢慢分散,他们的许多特性或排他性,也在多元文化的交融、互动中渐渐消失,他们承载的语言和文化一直是动态演化的,某些习俗和仪式逐渐淡化,甚至代代相传的语言也慢慢消融。菲律宾的土生华人因为地位较高、生活水准更高,也被同化得最为彻底,"去华化"导致其很快和原住民融合形成现代菲律宾社会。新马等地的土生华人经历了漫长的兴起和"海峡华人"时期的发展并随着殖民者的退场而衰落消散,而印尼群岛的土生华人社群则因为无法继续"荷兰化"或"再华化",变成一个少数族群在印尼群岛继续书写属于自己的族群历史。透过历史的滚滚洪流,今天我们已经很难找到固守自己传统不受外界影响的文化,土生华人的文化特征也被岁月越拉越薄,成为一个历史和时代的传奇,一个文化碰撞、磨合、包容、变异的传奇。

但无论如何,土生华人是中华文化在异国土地上结出的一朵奇葩,生活在封建社会和殖民社会的边缘,又是最早接触西方观念的族群,是华人中最早国际化、拥有"无国界"精神的族群。如今虽然时过境迁,但其发展、演变的过程,涉及语言混杂和文化传承的方方面面,依然是值得我们认真探究的样本。对土生华人进行专门的调查或深入的研究,可以让我们了解中华文化"走出去"所遭遇的融合或离散,了解处在多元语境里华裔混血族群的跨文化适应,并借由追溯他们的语言使用、文学活动、生活习俗和社群发展的演变,从中一尝文化接触和文明互动历史的沧桑与荣光。

参考文献

Anthony Reid, ed. *Sojourners and Settlers: Histories of Southeast Asia and the Chinese*, Sydney: Allen & Unwin, 1996.

Claudine Salmon, *Literature in Malay by the Chinese of Indonesia, a Provisional Annotated Bibliography*, Paris: Editions de la Maison des Sciences de l'Homme, 1981.

D. J. Steinberg, *In Search of Southeast Asia*, New York: Praeger Publishers, 1971.

Edwin Wolf 2nd, *The First Book Printed in the Philippines Manila 1593*, Washington: Lessing J. Rosenwald Collection, Library of Congress.

Frake, Charles O. "Lexical Origins and Semantic Structure in Philippine Creole Spanish" in Hymes, Pidginization and Creolization.

Hugo Schuchardt. "Kreolische Studien Ⅳ, Ueber das Malaiospanische der Philippinen", *Sitzungsberichte der Philosophisch-historischen der kaiserlichen Akademie der Wissenschaften* 105 (1884).

陈恒汉:《从峇峇娘惹看南洋的文化碰撞与融合》,《沈阳师范大学学报》2011年第3期。

陈恒汉:《语言的流播和变异——以东南亚为观察点》,社会科学文献出版社,2016。

陈恒汉:《走读亚细安——境外田野工作11地》,中国言实出版社,2015。

〔马来西亚〕哈纳菲·忽辛著《峇峇娘惹的祖先崇拜与祭祀饮食:一项关于马六甲海峡土生华人的研究》,王斯译,《楚雄师范学院学报》2016年第10期。

〔法〕克劳婷·苏尔梦主编《中国传统小说在亚洲》,颜保等译,国际文化出版公司,1989。

孔远志:《中国印度尼西亚文化交流》,北京大学出版社,1999。

马欢著《瀛涯胜览校注》，冯承钧校注，商务印书馆，1935。

孟昭毅：《东方文学交流史》，天津人民出版社，2001。

莫嘉丽：《"种族、环境、时代"：中国通俗文学在东南亚土生华人中传播的重要原因》，《暨南学报》1999年第2期。

莫嘉丽：《中国传统文学在新马的传播——兼论土生华人的作用》，《华侨华人历史研究》2001年第3期。

施雪琴：《中菲混血儿认同观的形成：历史与文化的思考》，《南洋问题研究》2000年第1期。

王烈耀、孔祥伟：《"重写"记忆中"情爱的中国"——印尼土生华人文学的一种流行叙述》，《暨南学报》2004年第4期。

〔美〕威廉·斯金纳（G. William Skinner）：《东南亚的混血化华人社会》，《南方华裔研究杂志》2007年第一卷。

吴凤斌主编《东南亚华侨通史》，福建人民出版社，1993。

徐杰舜：《菲律宾的密斯蒂佐人——东南亚土生华人系列之五》，《百色学院学报》2014年第5期。

徐杰舜：《印度尼西亚的伯拉奈干人——东南亚土生华人系列之六》，《百色学院学报》2014年第6期。

许友年：《印尼华人马来语文学》，花城出版社，1992。

〔印尼〕雅各布·苏玛尔佐：《印尼土生马来文学研究》，林万里译，获益出版事业有限公司，1998。

杨贵谊：《华、马译介交流的演变》，新加坡，《亚洲文化》1987年第9期。

杨启光：《近年来印尼土生华人文学研究介绍》，《八桂侨刊》1993年第3期。

郑新民：《新加坡寻根》（增订本），新加坡，胜友书局，1990。

周堃：《17~18世纪中国文化在东南亚的传播：以语言、生产技术和宗教等为例》，广西民族大学硕士学位论文，2016。

周一良主编《中外文化交流史》，河南人民出版社，1987。

朱杰勤：《东南亚华侨史》，高等教育出版社，1990。

B.4 新马地区华侨华人文化传承现状调查[*]

马占杰 林春培 李义斌[**]

摘　要： 从文化层面看，多元共生策略是指各民族文化在交流过程中，努力保持文化认同与文化宽容的动态平衡，力争实现"美美与共"的文化共存格局。长期以来，新马地区华人积极践行这一策略，将"各美其美"作为核心理念和目标，以中华传统文化精髓作为共生载体，通过积极履行社会责任改善共生环境，努力培养传播主体的文化自觉意识，并采取斗争和沟通的方式，为中华文化的本土化传播争取权利，为中华文化的海外传播作出了突出贡献。未来，新马地区华人要善于吸纳和运用新思想、新方法，克服"重传统、轻当代"倾向，并要重视与国内官方和民间团体的合作，挖掘中华文化传播的经济价值，以扩大中华文化与其他民族文化共生载体的影响力，更好地从文化交流角度服务于国家"一带一路"建设大局。

关键词： 新马地区华人　中华文化　多元共生　海外传播

---

[*] 本文是华侨大学中央高校基本科研业务费资助项目"海外华商的国际化发展战略及风险规避研究"（批准号：14SKGC-QT09）的阶段性成果之一。
[**] 马占杰，管理学博士，华侨大学工商管理学院讲师，华侨大学华商研究院成员，研究方向为华商发展与企业管理。林春培，管理学博士，华侨大学工商管理学院副教授，华侨大学华商研究院成员，研究方向为华商发展与企业管理。李义斌，管理学博士，华侨大学工商管理学院讲师，华侨大学华商研究院成员，研究方向为华商发展与企业管理。

一 引言

2019年5月,习近平总书记在亚洲文明大会上强调:"我们要秉持平等和尊重,摒弃傲慢和偏见,加深对自身文明和其他文明差异性的认知,推动不同文明交流对话、和谐共生。"联合国教科文组织《世界文化多样性宣言》也指出:"文化多样性是交流、革新和创作的源泉,对人类来讲就像生物多样性对维持生物平衡那样必不可少。"事实上,从20世纪60、70年代"多元文化主义"已成为多个国家民族政策的主流。运用到中华文化海外传播上,共生理念成为中华文化海外传播的重要视角之一。因此,乐黛云教授指出,"中华文化最大的利益就是与世界文化多元共生,参与到正在形成的新的世界多元文化的格局中来"[1]。

共生的概念源自生物学,原指"不同种属的生物生活在一起,双方都可以获得利益",现已成为解决社会管理认知和行为边界跨越的桥梁[2]。从文化层面看,"多元共生"是指在全球化背景下,多种异质文化不是单一的开放或消亡,而是在日益强化的沟通交流过程中,文化认同与文化宽容保持动态平衡,最终形成相互尊重、相互承认、相互促进的平等共存文化格局[3]。其中,"多元"是指文化的多样性,"共生"是指文化的互生性和互进性。在全球化日益发展的今天,多元共生是多元文化中各民族文化共同发展和繁荣的必由之路[4]。著名学者弗朗索瓦·于连就是"多元共生"策略的倡导者,他认为,虽然每种文化都具有扩张性生存本能,但文化之间有"可

---

[1] 乐黛云:《关于中国文化面向世界的几点思考》,北京大学文史大讲堂(第15讲),2012年5月31日。
[2] Sarah. K, Jonathan. M, Ruth S. C, "Symbiont Practices Spanning: Bridging the Cognitive and Political Divides in Interdiciplinary Research", *Academy of Management Journal*, 2017, 60 (4): 1387–1414.
[3] 易佑斌:《多元共生:建构中的东亚共同体理念》,《岱宗学刊》2005年第4期,第7~10页。
[4] 伍柳氏:《和而不同 多元共生——略论全球化背景下中华文化发展策略抉择》,《湖南社会科学》2011年第5期,第181~183页。

理解性"与"可对话性",各种文化与思想在保持异质性的同时,可以在相互凝视与对话中碰撞出多样性、启迪性的火花,对话的过程应当"面对面,使用各自的语言,保持文化的相异性,跨越有间距的立场,追寻理解彼此"①。

在实践中,中华文化的海外传播就是中外文化形成共生机制的过程。长期以来,中华文化在新马地区传播过程中,涌现了一大批以林连玉、陈嘉庚、李光前等为代表的华侨华人,他们在各个历史时期坚持用"多元共生"的理念和策略处理中华文化与所在国文化的关系,依托所在国本土的政治、人文、社会等资源,在斗争与妥协中传播中华文化。经过几代人的努力,初步形成了丰富生动的多元共生文化格局:一方面,所在国的文化与传统已经对华侨华人产生了重要影响并融入了他们的生活;另一方面,越来越多的外国人开始重视中华民族的传统习俗,海外很多国家和地区掀起了学习汉语的热潮,中华传统文化艺术在海外也逐步受到青睐。

二 文化传播的多元共生策略:核心内容与实现途径

(一)多元共生策略的核心内容

根据郑一省等的观点,共生并非指各民族原生态的文化并存,还具有竞争和冲突的动态开放性特征,文化交流过程中参与方只有在相互尊重文化习俗、宗教信仰的基础上,共生单元才能更好地寻求自身定位,并扩大各自的共享领域②。文明因多样而交流,因交流而互鉴,因互鉴而发展。中华文化在与其他文化交流过程中,费孝通先生认为,我们要以发展、演进的观点去审视民族文化,不是单纯要"复归",也不主张"全盘他化",即"各美其

---

① 吴攸:《"多元共生"文化理想下的中西思想对话——以弗朗索瓦·于连的汉学研究为例》,《社会科学战线》2018年第2期,第197~206页。
② 郑一省、叶英:《马来西亚华人与马来人共生态势初探》,《东南亚南亚研究》2011年第2期,第20~25页。

美，美人之美，美美与共，天下大同"①。

文化传播行为是一个自我实现的预言，行为体行动的基础是共有的期望②，因而文化传播需要兼顾传播主体和客体两个端点。而文化共生的本质是通过传播主体和客体的协同与合作，建立以多元互补与彼此平等为基础的互惠共存、全面和谐的关系，即满足"为了谋求自己过得好，必须也让别人过得好"的共有期望。另外，文化具有"本土性"与"民族性"的特质，它与特定的民族历史记忆和社会共同经验息息相关③。因此，文化的共生状态是指，"传播主体在相互兼容、相互吸收过程中提升各民族文化的品位，在发展中保留各民族文化特色，在区域范围内呈现出相互依存、相得益彰、和谐统一的并进状态，即互相尊重彼此的价值观，了解对方文化的禁忌与喜好，如宗教敏感区、人文风俗等"④。

根据费孝通、丁龙召、易佑斌、伍柳氏、萨拉（Sarah.K）等学者的界定，我们认为文化海外传播的多元共生策略是"文化多元主义"与"和而不同"思想的有机结合，"美美与共"是该策略的核心目标。这就要求民族文化在海外传播的过程中，一方面，传播主体要突出"自己之美"，利用本民族优良传统和民族精神拓宽文化领域；另一方面，传播主体要通过树立"和而不同"的文化观欣赏学习其他文化，相互借鉴、吸收和融合，将自己的民族文化融入世界文化体系，并找到相应的位置与坐标⑤。传播主体既在民族内部反对文化的自我中心主义，又在民族之间反对单极的文化霸权主义⑥，主动"和"入世界，吸取其他国家和民族文化的积极成分，将与不同

---

① 费孝通：《反思·对话·文化自觉》，《北京大学学报》1997年第3期。
② 〔美〕温特：《国际政治的社会理论》，秦亚青译，上海人民出版社，2000，第379页。
③ 吴攸：《全球化背景之下的"文化例外"与文化复兴》，《华东理工大学学报》（社会科学版）2016年第4期。
④ 丁龙召：《认识中国民族关系的一个新视角：各民族共生态》，《内蒙古师范大学学报》2003年第12期。
⑤ 方光华、曹振明：《20世纪90年代以来的"文化自觉"思潮论析》，《人文杂志》2011年第9期。
⑥ 伍柳氏：《和而不同　多元共生——略论全球化背景下中华文化发展策略抉择》，《湖南社会科学》2011年第5期，第181~183页。

文化对话产生的外生性力量转化为本民族文化发展的内生性动力。根据多元共生策略的内涵，其核心内容如下。

第一，传播主体的文化自觉意识是多元共生策略的根基。费孝通认为："文化自觉是指生活在一定文化中的人对其文化有自知之明，明白它的来历，形成过程，所具的特色和它发展的趋向。"历史证明，文化具有民族根植性，唯有文化的个性化发展，才会呈现一个真实的、富有成果的全球化历史进程[1]，多元共生策略要求传播主体对中华文化有充分的自信，对其发展历程和未来有充分的认识，在各种异质文化面前要强调突出"自己之美"[2]。

第二，"美人之美"是多元共生环境改善的重要保证。根据中国社会科学院郑筱筠研究员的观点，多元共生作为一种文化格局，其内部各种次文化体系之间通过有序竞争产生的张力，在某种程度上可以转化为发展的动力和助推力。费孝通先生认为，"美人之美"从主张尊重文化多元性并从差异性的角度，旨在超越二元对立思维和分离主义的认知缺陷，能够降低其他民族的抵触心理，有助于将自己的民族文化融入当地文化体系中[3]。

第三，语言文字、文化艺术、风俗习惯等是实现多元共生策略的主要载体。根据符号学的理论，文化传播实质上是符号"编码—传输—接收—解码"的过程，文化信息的存储和传播是通过文字、语言和习俗等实现的。因此，中华传统文化中的语言文字、文化艺术、风俗习惯等，既是凝聚侨心、弘扬文化的重要纽带，也是他们向住在国展示祖（籍）国文化的重要窗口，是中华文化海外传播的重要共生载体。

第四，斗争与沟通是多元共生策略的必要手段。在跨文化交际的场域中，不同文化地位的不对等与不平衡性日益凸显，"弱势文化"的身份与

---

[1] 邹广文：《全球化进程中的哲学主题》，《中国社会科学》2003 年第 6 期。
[2] 吴攸：《全球化背景之下的"文化例外"与文化复兴》，《华东理工大学学报》（社会科学版）2016 年第 4 期。
[3] 费孝通：《费孝通文集》（第 14 卷），群言出版社，1999，第 197 页。

传统受到冲击便成为常态①。共生理论认为，面对文化冲突，除了斗争，还必须求得与他人、其他群体的妥协合作②，即少数族裔在争取本族群权益的过程中一定要注意与其他族群的交流与沟通③。多元共生与和谐文化相互渗透是多样性文化交融发展过程中的一种文化现象，异质文化相互间的沟通与交流、渗透与排斥、融合与重构，共同构成了一幅色彩斑斓的文化图谱④。

（二）多元共生策略促进中华文化海外传播的实现途径

海外华侨华人利用多元共生策略促进中华文化在海外传播，可以通过以下途径实现：传播主体要努力培养文化自觉意识，依据"美出于和"这一中华哲学美学的基本原理，发扬中华文化源远流长和博大精深的优势。通过传播主体和传播客体的充分互动，一方面利用"求同"策略强化共识并促进融合，另一方面利用"存异"展现各具魅力的独特文化。在这个过程中既要考虑国外受众对中华传统文化的接受程度，又不能以迎合和顺从国外受众作为传播的出发点。

1. 培养传播主体，提升文化自觉意识

研究表明，"中国故事"讲述者的文化自觉意识决定了文化传播的水平，共生主体的主观努力是共生策略实现的主要途径⑤。在海外，中华文化属于"弱势文化"，它蕴含的价值理念和文化传统受当地主流文化冲击便成

---

① Wang Ning, "Identity Seeking and Constructing Chinese Critical Discourse in the Age of Globalization", *Canadian Review of Comparative Literature/Revue Canadienne de Littérature Comparée*, 2011, 30 (3): 57.
② 丁龙召:《认识中国民族关系的一个新视角：各民族共生态》,《内蒙古师范大学学报》2003 年第 12 期。
③ 胡春艳:《马来西亚华教运动与华人权益争取：以政治社会学为视角》,《八桂侨刊》2014 年第 4 期，第 13~17 页。
④ 伍柳氏:《和而不同 多元共生——略论全球化背景下中华文化发展策略抉择》,《湖南社会科学》2011 年第 5 期，第 181~183 页。
⑤ Sonja. O, Victor. N, Hankan. JH, "Risk Aversion and Guanxi Activities: A Behavioral Analysis of CEOs in China", *Academy of Management Journal*, 2017, 60 (4): 1504-1530.

为常态[1]。根据文化的认同保护认知机制，非主流个体倾向于使自己的观点、态度、信仰与其参照群体中占主导地位的成员保持一致[2]。因此，要提升中华文化海外传播的效率，必须有一大批胸怀民族文化的认同感、自信心和责任担当的"灵魂型"传播主体，他们既有中华文明修养，也有对国外文明的把握；既有满腔的热情投入，还会站在科学角度对传播规律进行把握。培养其他传播主体以包容的心态和宽容的情怀进行跨文化传播，消除对外传播的自卑心态和自负心态。

2. 改善华侨华人的自身形象，营造多元共生环境

实践表明，广大华侨华人在居住国的形象会严重影响中华文化的传播环境。因此，广大华侨华人可以通过下列途径改善形象以营造共生环境：第一，按照"言忠信，行笃敬，虽蛮貊之邦行矣"的原则来约束自己的行为，努力做到"睦邻亲善"，平等对待当地居民，特别是下层原住民，尊重他们的传统习俗和宗教信仰；第二，为得到当地主流社会的关注与支持，华侨要积极消除铺张浪费、奢侈攀比行为，并积极开展慈善事业和从事社会活动；第三，充分利用华人媒体在塑造华人形象上的积极作用，通过介绍祖（籍）国的发展和华人的典型事迹，分享海外华人适应当地社会的经验和心路历程等，帮助华人树立积极的形象，让当地人认知、了解和认同华人和中华文化。

3. 利用共生载体，与海外受众双向沟通

对于其他国家民众来说，中国是"陌生"的国度，他们对中华文化缺乏足够的自觉意识，甚至存在误解和排斥心理[3]。而文化信息的存储和传递是通过文字、语言和习俗实现的。因此，华侨华人可以独特的中华文化为共生载体，从语言、文字、历法、哲学、文学、医学、建筑、饮食、音乐、绘

---

[1] Wang Ning, "Identity Seeking and Constructing Chinese Critical Discourse in the Age of Globalization", *Canadian Review of Comparative Literature/Revue Canadienne de Littérature Comparée*, 2011, 30（3）：57.

[2] Cohen. G. L, "Party Over Policy：The Dominating Impact of Group Influence on Political Beliefs", *Journal of Personality and Social Psychology*, 2003, 85：808 – 822.

[3] 曹波：《中华文化传播的三个意识维度》，人民论坛网，2017年1月9日。

画、戏曲等方面向住在国展示中国。例如,传统书画艺术历史悠久、博大精深,古筝唢呐、曲艺杂技等传统项目丰富多彩,这是实现文化多元共生策略的主要途径之一①。例如,在阿根廷华侨华人的努力下,"欢乐春节"庙会已成为布宜诺斯艾利斯一道亮丽的风景线,从2005年起纳入该市年度系列庆典名录,每年都会吸引数十万当地民众参与。

4. 从"播"到"生",实现互通共荣

华侨华人在海外构建中华文化共生体系,由"播"到"生"是中华文化实现从"走出去"到"融进去"的有效途径。一方面,多元共生策略的实现必须依靠"播",包括官方机构、民间团体和个体等传播主体要充分发挥主观能动性,华侨华人作为民间使者,积极与当地民众和政府进行沟通,并采用人际沟通的方式,以不卑不亢的姿态展示中国面貌,真诚地传播中华文化,用直观的方式提高中华文化在当地的曝光率和影响力;另一方面,多元共生策略也必须突出"生",可以用"加减法"思维,在多元化的社会中适应"文化冲突",对自身文化元素进行包装和整合,学习和借鉴当地文化,在相异文化的交流整合和互动中再造共有文化,让中华文化在海外生根发芽。

三 新马地区多元文化的构成与特征

(一)新加坡和马来西亚的区域关联性

马来西亚和新加坡是东南亚相邻的国家,由于地理位置相邻、相似的发展历史、大体相同的民族和宗教构成,尤其是两国在1963~1965年同属于马来亚联邦,因此在政治、文化和历史的相关研究中,经常将两个国家统称为"新马地区"。在近代,西方国家对新马地区有很长的殖民控制历史,这

---

① 伍柳氏:《和而不同 多元共生——略论全球化背景下中华文化发展策略抉择》,《湖南社会科学》2011年第5期,第181~183页。

些不同的殖民国家把它们的制度、文化和殖民经济体系注入马来半岛。

1. 发展历史的相似性

马来西亚（1965年独立前为马来亚）有较为悠久的历史。早期，印度文明起支配和主导作用，印度教和佛教文化开始影响该国。公元初期，马来半岛建立了羯荼国、狼牙修、古柔佛等古国。从7世纪到14世纪，马来半岛和婆罗洲的大部分地区开始受到三佛齐的影响。16世纪末以后，由于在马来西亚发现了丰富的矿产资源，欧洲殖民势力开始扩张。出于资源开发的需要，到了18世纪，阿拉伯人、印度人、华人移民开始涌入。第二次世界大战期间被日本占领，直到首席部长东姑阿都拉曼于1957年宣告马来亚联合邦独立，1963年英属的新加坡、沙巴州、砂拉越州加入马来亚联邦，1965年新加坡退出联邦独立。因此，目前的马来西亚由马来半岛（简称"西马"）、砂拉越和沙巴（称为"东马"）构成。

新加坡的发展历史与马来西亚有一定的相似性和关联性。在早期，8世纪的新加坡地区属室利佛逝，14世纪始属于拜里米苏拉建立的马六甲苏丹王朝，18~19世纪时也归属柔佛王国。而从1819年莱佛士在新加坡河口登陆开始，英国殖民势力开始在新加坡扩张，到1824年正式成为英国殖民地，第二次世界大战期间同样被日本侵占。到了1963年，新加坡脱离了英国的统治加入马来亚联邦，但由于新加坡华人数量过大，而马来亚一直强调马来人的主导地位，使得双方矛盾不断升级，于是在1965年8月9日独立成为新加坡共和国。

2. 人口与民族结构的相似性

由于历史发展和地理位置因素，马来西亚和新加坡都是多民族的国家，马来人、印度人、华人都是主要族群之一。其中，华人迁居新马地区数百年，其祖居地大多位于福建、广东、广西、海南等地，最多的是闽南人（约40%），其次为潮汕人、广府人、莆仙人（莆田人）、海南人，另外还有峇峇、娘惹等。

在马来西亚，"原住民族"包括尼克里多族、西诺伊族、雅贡族等，而马来人、印度人、华人则是主要族群，占总人口的90%以上。2018年数据显示，

马来西亚总人口3238.5万,土著(马来人及原住民)共2007.19万(61.98%)、华人共668.55万(20.64%)、印度裔共201.04万(6.21%)。在砂拉越,非马来土著占一半以上人口,在沙巴则已经超过三分之二①。

而新加坡人主要是由欧亚地区的移民及其后裔组成。从1819年开始,英国殖民当局在新加坡长时间实行自由放任和自由移民的政策,形成了以华人、马来人、印度人和欧洲人为主的多种族社会。截至2018年6月,新加坡总人口563.9万,其中包括华族(74.2%)、马来族(13.3%)、印度裔(9.1%)和欧亚裔(3.4%)等②。

(二)新马地区的多元文化版图

从地理位置来看,新马地区位于东西文化的重要通道上,即通过马六甲海峡可直达印度洋,通过南中国海可直达太平洋。同时,新马地区属于"第三汉文化圈",融合了中华文化中道家、法家诸学及儒学影响③,还处于印度文化和中华文化这两个亚洲最大的文明古国之间,使其成为东西方文化冲击、交汇和融合的桥头堡。另外,早期离乡背井到新加坡再创家园的移民将各自的传统文化带入新马地区。上述因素铸就了新马地区"兼存东西方、汇合百家文、流传千国语、容纳万种教"的多元文化基础,本土文化、移民文化、殖民文化和宗教文化的融合构成了新马地区多元文化的显著特征。

1. 新加坡的多元文化

英国殖民统治(1819~1959)给新加坡留下的遗产是新加坡社会的多元性。1965年新加坡退出马来亚联邦宣布独立后,在国内政治动荡、种族矛盾加深的严峻形势下,新加坡政府选择多元而非专制的统一政策,采用了

---

① 数据来源:《马来西亚人口:年龄、性别、族群分类(2018)》,马来西亚统计局,2018。
② 数据来源:《2018年新加坡人口简报》。
③ 胡礼忠、汪伟民:《东亚文化圈:传承、裂变与重构——"东亚汉文化圈与中国关系"国际学术会议暨中外关系史学会2004年会述评》,《国际观察》2004年第2期,第74~80页。

"四M原则"：多元民族（Multiracialism）、多元语言（Multilanguage）、多元文化（Multiculturalism）和多元宗教（Multireligion）原则，使得文化多元性得以延续。

在宗教方面，新加坡被称为"世界宗教大观园"，各类宗教的信奉者占全国人口的80%以上，他们中除了大量信奉基督教、天主教、佛教、伊斯兰教和道教的信徒以外，奢那教、锡克教、犹太教、拜火教、天理教和巴亥教等也有数量不少的信奉者。主要宗教中，新加坡佛教和道教是全国第一和第二大宗教，占总人口的40%以上，境内寺庙林立，四马路观音堂也是新加坡香火最鼎盛的庙宇之一。基督教徒（新教和天主教）占总人口的18%，伊斯兰教教徒占总人口的15%。

在语言方面，新加坡是语言结构最复杂的国家之一。独立之后的新加坡有华文、英文、马来文、泰米尔文四种不同"源流"的学校，这四种语言并用，而且还有多种方言融合其中。从1987年开始，政府规定中小学以英语为第一语言。近年来，为适应中国的改革开放形势，同时使广大华人华裔兼具中华民族的语言与文化优势，新加坡政府开始逐渐认识到华文的重要价值，于是开始了一系列"华语推广运动"。1999年，时任新加坡副总理李显龙在国会发表政策声明："母语使我们认识自己的文化传统，使我们更具有平衡的、与英语世界相辅相成的世界观，所以华文教学，不只是听说读写的教学，更重要的是灌输华族文化与传统价值观。"

因此，新加坡不仅拥有亚洲的儒家文化、穆斯林文化、印度文化，而且还有西方的基督教文化以及其他亚文化等世界主要文化，它们彼此交织融合，形成了多姿多彩的共生文化现象。正如新加坡官方年鉴文化部分所描述的那样："不同的民族汇集在一个空间很小的现代化国家里，赋予新加坡一个具有浓厚趣味的传统性兼现代性的文化……保存这多种文化传统，创造一个优良环境以追求艺术的至善。"

2. 马来西亚的多元文化

在马来西亚，阿拉伯文化、中华文化、印度文化和西方文化等共同存在，不同族群的文化习俗虽然各有不同，但每一种文化都得到充分体现，每一种

文化既保持原有的特色，又融进了新的内容。例如，华人主要认同中华文化，主要讲华语，穿华人服饰，重视孝道和家族血缘关系，基本没有饮食禁忌，信仰佛道教。而马来人讲马来语，信仰伊斯兰教，尊奉《古兰经》，有严格的饮食禁忌，过伊斯兰教教历的古尔邦节和开斋节等节日，实行教内通婚。

文化多元性可以从生活中的许多方面说明，其中一项主要的依据是种族人口比例。从人口地理分布来看，马来西亚的华人集中在马来半岛的西海岸，尤其是槟城、霹雳、雪兰莪、马六甲和柔佛。相比之下，在华人聚居地之外的华人，人数比例可能小得被其他族群淹没。譬如，在吉兰丹，当地华人在马来人为主的社区生活，触目所及都是马来人、马来文化、马来世界。而在东马的沙巴州，人口仅约300万，其中华人华侨仅占10%左右。在该地区，虽然华人数量不多，但中华文化很好地融合到当地人的生活当中，中文随处可见，从各种招牌、广告牌到报纸杂志，中文几乎覆盖了沙巴州的每一个角落。

（1）马来文化

马来族是马来西亚的第一大族群，主要信仰伊斯兰教，具有阿拉伯文化的明显特征。他们使用马来语，尊崇苏丹，马来主权和马来人至上是其文化的最突出特征，在服饰、饮食、建筑等方面都含有印度文化的特征，其民间习俗和家庭制度也拥有穆斯林传统形式的部分特征。由于暹罗族是古代移居马来亚的暹罗人及其后裔，大多数人属于泰国的泰族，他们普遍信仰佛教，至今保持着传统佛教的出家习俗，而有泰族文化的古代形式到今天仍然存在，如用棕榈叶串成的浮雕和古代书籍、镶嵌图案的铜银器、驱鬼治病的巫术、祈求丰收的祭祀等。

（2）印度文化

大量印度人因英国殖民统治而移民马来西亚，根据语言文字、生活习俗和宗教信仰的不同特征，印度系民族又可细分为锡兰族、锡克族、泰米尔族和齐提族等民族，他们的生活和宗教活动密不可分。例如，凡在他们聚居的地方，他们都会集资修建一座印度教神庙，哪怕个人少买一块地皮或一幢房子，他们也要捐款兴建神庙，作为他们日常朝拜神灵和节日集会的神圣场所，而且他们隆重庆祝大宝森节、屠妖节和踏火节等节日，其隆重的仪式和盛大的场面，都受到其他民族的高度关注。

(3) 华人文化

19世纪中叶，中国人大量迁徙南洋，在马来半岛各地形成了华人聚居的社区。他们把中华文化融入日常生活中，把文化扎根在马来西亚，成为本土多元文化的重要组成之一。由于华人人数众多，而且中华传统文化中的语言文字、风俗习惯对华人有较强的吸引力，逐渐形成了今天在马来西亚具有一定影响力的华族，他们主要信仰中华文化中的儒、佛、道等。德教提倡"五教同宗"，把道教、佛教、儒教、基督教和伊斯兰教等融合为一体，起到了联系乡谊、保持和传播中华文化、济危扶困等方面的作用。因此，当德教创始人李怀德在马来西亚建立第一个德教组织"紫新阁"后，德教在华族中拥有较大影响力。

(三) 新马地区多元文化的融合

从文化人类学的角度看，一个族群的文化适应倾向主要取决于主流社会的政策与态度。虽然每种文化都是独立的文化系统，但在一定条件下各种文化系统之间可以实现融合。个体对群体的认同并不完全是由共享的文化与血缘等族群自身的特征所导致的原生情感[1]，更是缘于群体间的互动行为而产生的社会与文化边界[2]。华人对当地文化的适应未必一定导致同化，反而可能会产生混合型文化，既保留华人文化，又大量接受当地文化[3]。因此，马来西亚和新加坡政府正是在认知上打破了之前不同民族社会不互相往来的沟通状况，增强了民族之间的理解，促进了多元化文化的融合和民族关系的发展[4]。

---

[1] 克利福德·格尔茨著《文化的解释》，韩莉译，译林出版社，1999，第307~308页。
[2] Fredrik Barth, "Introduction", in Fredrik Barth (eds.), *Ethnic Groups and Boundaries*, Norway: Universitets forlaget, 1969, pp. 9-38.
[3] 曹云华：《变异和保持——东南亚华人的文化适应》，中国华侨出版社，2001。
[4] 蒋炳庆：《多元文化背景下的民族和谐实现——基于马来西亚族群关系观察》，《贵州民族研究》2015年第8期，第137~140页。

尤其值得一提的是，"狮身鱼尾"式文化就是新加坡以中国儒家文化、马来文化、印度文化和西方文化等的"共同价值观"为基础创造出来的。马华文化是中华文化传播到马来西亚本土后扎根在马来西亚并在马来西亚的客观和生活条件下经历调整与涵化历程之后发展起来的华族文化[①]，被认为是马来西亚多元文化融合的典范。它是马来西亚华裔公民为适应马来西亚的社会环境，以中华文化为基础，经过几代人长期的继承、扬弃、改造之后产生的宝贵精神成果[②]。它由早期来自我国广东和福建的移民组成的华人社群，在与其他民族的文化自然互动过程中，相互调适、融合与吸纳而形成。

1. 马来西亚的文化融合

促进文化的融合一直是马来西亚政府努力的方向。1970年，马哈蒂尔在撰写的《马来人的困境》一书中提出了"马来西亚民族"的概念，他认为多元民族、多元文化的共存与包容是马来西亚社会发展的关键，所谓"马来西亚民族"是指各民族还信奉自己的宗教信仰，各自的语言文化不改变，即华人在家中讲华语，马来人在家里仍然讲马来语，不同的只是大家要想到都是同一个国家的成员，要互相容忍和接纳，不要再严格分彼此。

作为马来西亚国民重要组成部分的广大华人，在促进中华文化传播的过程中，还在努力汲取当地主流文化以及当年殖民者遗留的西方文化等的精华，不断补充新鲜血液，使中华文化在新马地区具有多元融合的特征。其中，最突出的例子之一是吉兰丹的土生华人文化和马六甲的眷眷文化，它们是已被高度涵化的华人文化，虽然还保留着中华传统文化中对祖先的祭拜及对神灵的膜拜，以及中国人传统的婚丧仪式及节日庆典，但这两种文化在服饰、语言与饮食方面受泰人文化的影响，目前几乎都已经马来化。

在马来西亚，在城镇上可以看到肤色和服装各异的马来人、华人、印度

[①] 饶尚东：《东南亚华人的文化认同问题》，载《东南亚：文化冲突与整合国际学术研讨会论文集》，马来西亚中华大会堂总会，1999，第45～47页。

[②] 《马来西亚华人文化资料集》，2001，第251～252页。

人杂居相处,多元文化融合的现象已经比比皆是,巴基斯坦族与马来族都信仰伊斯兰教,因此两个民族来往密切,他们可以同往一个清真寺礼拜。例如,马来人在见面时的传统礼节是用双手握住对方的双手互相摩擦,然后将右手往心窝点一点。见到不熟悉的女士时,男士应该向女士点头或鞠行礼,并且主动以口头进行问候,而不可随便伸手要求女士握手。但现在西方文化中的见面握手礼节在马来西亚应用得最普遍,在华人、马来人和印度人之间都可通用无阻[1]。在民间信仰方面,有些华人也相信马来法术"贡头",也会拜马来神"拿督公",甚至对吸血人妖也能够津津乐道[2]。

在民俗融合方面,马来族至今还保留着与中国西南少数民族类似的古俗,马来人的服饰与中国西南地区苗族的长裙和宽袖上衣有很多相似的地方,而马来族的"弄迎舞"与中国西南地区苗族的"摇马郎"颇为相似,马来人染制纱笼花纹的传统蜡染方法,也早见于中国西南的仡佬族。在东马的沙巴洲,早期的卡达山人信仰万物有灵,他们的生活中充满了各种仪式,自从基督教进入卡达山人的生活以后,纪念仪式的音乐文化也融入了西方文化的因素。例如,在沙巴丰收节庆典现场看到的库林当安乐队,锣的数量已达到24面,可以任意演奏西方12平均律的半音关系,其节奏、风格带有西方摇滚的某些特征。

另外,马来西亚多元文化融合的特征在建筑物上也得到充分体现。各民族建筑物的分布鳞次栉比,庄严肃穆的马来人清真寺、雕梁画栋的华人庙堂会馆与金碧辉煌的印度人教堂分布错落有致,还有殖民地时期西方人留下的荷兰街、基督教堂等夹杂其中。例如,对于国教为伊斯兰教的马来西亚,庄重而圣洁的清真寺是灵魂所系与文化所载,位于马六甲的荷兰红屋是荷兰殖民者留在远东的历史最久远的建筑物,红屋旁边的"圣保罗教堂"是为了纪念被誉为东方使徒的"圣芳济"在16世纪为天主教传入东南亚作出重大贡献。

---

[1] 资料来源:《中国公民赴马来西亚须知》,中华人民共和国外交部,2018。
[2] 王琛发:《马来西亚华人民间信仰的外族鬼神祭祀》,《人文》2001年第10期。

2. 新加坡的多元文化融合

在新加坡，为进一步促进多元民族间的和谐相处，在学校、武装部队等组织集体活动、公众活动时，新加坡人一般都会共同宣读国民信约，核心内容是："我们是新加坡公民，誓愿不分种族、言语、宗教，团结一致，建设公正平等的民主社会，并为实现国家之幸福、繁荣与进步，共同努力。"因此，新加坡对多元文化的追求已经融入当地人的生活，正如李光耀所强调的，"东方和西方的精华，必须有力地融汇在新加坡人身上"。在实践中，他们利用东方文化强调国家和社会的中心地位、注重传统伦理道德等的理念优势强化凝聚力，利用西方文化在法律秩序、行政管理、市政建设和教育等方面的优势进行社会管理。

另外，新加坡政府官方文书和新闻媒体都以华语、马来语、泰米尔语和英语四种官方语言公布或发布，按照全国的族群比例安排租屋区和新镇的不同族群人口比例等措施，有效实现了多元文化的融合。根据政府规定，在每个邻区华人不能超过84%、马来人不能超过22%、印度人不能超过10%，在每栋楼房华人不能超过87%、马来人不能超过25%、印度人不能超过10%。因此，由于新加坡华人与其他种族混合居住，在政府提倡不同族群要相互尊重彼此文化的背景下，马来料理、中国料理、印度料理以及娘惹料理等各族饮食被大家广泛接受。而且，华人与各种族的子女在同一所学校读书，华人与各种族人们共同欢庆彼此的节日，实现了其乐融融的融合状态。即使在家庭内部，新加坡华人对家庭成员宗教信仰的选择也相对包容与自由，呈现越来越多元化的特征，甚至出现了诸如父母亲是佛教徒而儿女们则信仰基督教等情况。

四 新马地区华侨华人推动中华文化传播的多元共生策略

东南亚是海外华人的大本营，为了实现"你中有我，我中有你"的多元文化共生状态，新马地区华侨华人孜孜以求。在历史上各个时期，无论是

"一代"还是"后裔"、"侨民"还是"公民",新马地区都有一大批致力于推动中华文化海外传播的仁人志士,他们依托广大华人社团组织、华文教育机构、华文报纸杂志、华裔家庭,积极践行多元共生策略,带领并团结广大华侨华人,在各自领域内举办活动来推介、传承和发扬中华文化,不仅为中华文化的海外传播作出了突出贡献,同时也促进了当地多元社会的健康发展。

(一)"美美与共"是新马地区华侨华人践行多元共生策略的一贯目标

文化的多元共生策略反对文化的单极化及由此产生的文化霸权。长期以来,虽然与其他族群在信仰方面并不统一,新马地区华人与当地各民族和睦相处,彼此接受与吸取对方的优秀文化,不同的宗教信仰并没有成为相互间和谐人际关系的障碍,很好地实现了相互尊重彼此的宗教信仰,在节庆即风俗习惯上努力实现彼此尊重。

例如,在吉兰丹等一些马来人聚居的地区,华人则主动"退让"。在华人中,饮酒和吃猪肉是普遍的饮食习惯,但伊斯兰教义严禁上述行为。因此,吉兰丹政府一方面严禁穆斯林饮酒,但另一方面也尊重华人的饮食习惯,未将伊斯兰教法令实行于华人,对华人的生活方式不加干涉,华人饭店可以卖酒,华人可以在饭店和家中饮酒[1]。而华人为了尊重马来人的风俗习惯,从不把猪肉摆到市场上去,只在华人圈子内相互买卖。另外,尽管大部分华人对印度宗教认识不多,但在马来西亚如槟城等一些地方的华人,虽然不是信徒,他们在经过印度庙前时会稍停下脚步并合掌膜拜。

1. 独立前的殖民统治时期

在早期,作为移民的新马地区华人只是将这片土地作为暂居之所,但由于地理、气候因素以及生存需要,作为移民而来的少数族裔,华人定居后便选择与各族群杂居在一起,自身的中华文化也逐渐与当地文化融合。因此,

---

[1] 《外州人看吉兰丹:"回教党"塑造亲民形象》,《星洲日报》2000年1月31日。

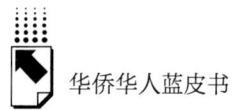

早在19世纪已有以叶亚来（1837~1885）、邱菽园（1874~1941）、陈嘉庚（1874~1961）等为代表的华人领袖带领华人积极融入当地社会，推动中华文化与本土文化的融合。例如，张弼士"初至荷属噶罗吧，见土地膏腴，最宜栽种，于是察商情，广结交，布信义，从事经营，创办裕和独赀无限公司，开辟荒地，种植米谷椰子"，很快融入当地社会。到了1927年1月，《新国民日报》在"荒岛"副刊创刊声明中更是提出了"要把南洋的色彩，放入文艺世界里去"的愿望。为突出强调彼此尊重与融合的重要性，1945年6月12日，李光前在英国《泰晤士报》发表的《未来的马来亚》一文，回忆了自己从小和马来西亚的小伙伴一起游玩、读书的情景，主张"所有马来人居住的地方，包括荷属印度尼西亚婆罗洲都可以组成更大的东南亚联邦……"。

在语言方面，为了实现"美美与共"，新马地区华人提出华文课本内容也应本土化。关于教材编写，马来西亚的林连玉在1952年就主张华文教材除了必须维护中华文化传统外，必须添加马来西亚本土的内容，他领导并参与重编华文教科书的过程中，改变之前完全由中国编纂、中国出版的格局①。在新加坡，华文教材的编选和组织注重本土化，在教材中以宣传本国的优秀人物事迹为基础，选择了许多新加坡本国华文作者的文章。例如，为配合"社区与国家"主题，选择了描写著名华人陈嘉庚、由新加坡作家韩劳达撰写的《陈嘉庚》，为了配合"家庭为根"主题，则选择了描写母女期盼相见之情、由新加坡作家林高撰写的《等待》。

为了实现"美美与共"的目标，华人社团组织、华文教育机构、华文报刊和杂志、华裔家庭，这些不同类型的社团组织通过在各自领域内举办活动来推介、传承和发扬马华文化。其中，新马地区的华人领袖发挥了重要作用。例如，李光前先生呼吁新马地区华人的心态应该从"落叶归根"转变为"落地生根"，而且为更好地自身生存与发展，华人还应与其他各民族亲

---

① 林连玉：《改编华校教科书》，载《风雨十八年》（上集），林连玉基金会，1990，第32~33页。

仁睦邻，和谐共处，"我是喜欢并赞美马来人的，要强迫一个文化系统的人民来接受另一个文化系统的生活方式，是不可能的……"。在1957年，李光前向政府承诺可以独资捐建新加坡最大的莱佛士图书馆，但附加条件之一是该图书馆必须分别购买用马来文、华文、印度文撰写的各种图书，该建议得到政府当局的完全赞同，于是多种文化藏书共存的新型图书馆最终建立。

2. 独立后的新时期

自从20世纪中叶马来西亚和新加坡摆脱殖民统治独立后，社会的种种变迁推动新马地区华人的身份认同逐渐发生变化，由早期对中国人身份的认同，到后来逐渐认同新加坡和马来西亚人的身份，同时"华侨文化"也逐渐向"华人文化"过渡。但是，广大华侨华人在推动中华文化传播时"美美与共"的目标始终没有改变。

目前，新马地区超过90%的华人是在当地土生土长的，据调查，在第三代马来西亚华人中，较少人把自己当成中国侨民，一般自称为华裔马来西亚人[1]。其中，有超过80%的马来西亚籍华人学生称自己热爱马来西亚，并且愿意为她做出必要的牺牲[2]。事实上，自独立以来，马来西亚的华人和马来人形成了事实上的共生状态，他们一起活动，阅读相同的报刊，欣赏共同的流行歌曲和电影，华人与马来人、印度人、西方人在衣食住行各方面等差异不大，甚至一些文化与思维是相通的[3]。相互间虽有族群间矛盾，但已基本上形成彼此忍让、相互共处的局面。从交际用语来看，马来语获得华人的重视和学习，也在华人和马来人接触的场合获得大量使用，这是华人文化适应和尊重国情的表现[4]。

根据洪丽芬和林凯祺的调查问卷，马来西亚华人对马来人和印度人处事文化的适应是以尊重为主，采取不干涉但也不实践的态度；在饮食和衣着方

---

[1] 何国忠：《马来西亚华人：身份认同、文化与族群政治》，华社研究中心，2002。
[2] 赵海立：《政治认同解构：以马来西亚华人为例》，《华人历史研究》2005年第4期。
[3] 周福泰：《大马华人与巫人的文化交流，当代马华文存（5）》（文化卷），马来西亚华人文化协会，2001，第220~235页。
[4] 洪丽芬：《马来西亚华人与当地马来人的交往和用语选择》，《八桂侨刊》2010年第1期，第29~34页。

面,华人比较能接受马来文化,华人对自己的传统不再执着,在不受强迫、耳濡目染的情况下,表层文化自动向当地文化慢慢靠拢,已不是完整地继承和保存源自中国的文化,而是糅合了当地文化①。新加坡国立大学李焯然教授指出,新加坡华人可能也会和中国人一样,崇拜同一个关公、同一个城隍、同一个妈祖,也会到同样的孔庙去参加祭祀,可能部分人还会有很强的"乡愁"或者"乡恋",但他们中的大多数既然"入乡随俗",便不再"落叶归根",对所在国制度的认同、对久居乡土的习惯、对同样生活在他乡的亲族的依赖,更容易让异乡成故乡②。

在1986年第三届"全国华团文化节"上,霹雳华堂主席张国林指出,"我们当然要爱护我们的文化,但同时也要尊重其他民族的文化,希望各民族文化均能纳入国家文化的主流实现公平发展"。工委会主席黄保生也提出倡议,"我们和友族同样献出精神和力量,当然和友族有权利分享其成果,本邦华、巫、印、伊班、卡达山等民族文化汇聚下,更能反映多元文化特征……"③。与此同时,马中友好协会前主席乌士曼阿旺认为:"随着中国日益强大以及大马与中国的友好关系加强,非华人如马来人都需要学习及了解中国历史。"④

在舞蹈方面,华族舞蹈不仅是中华舞蹈文化的继承者,还是外族舞蹈文化的接受者。华族舞蹈具有鲜明的马来西亚时代特色,在多元融合的氛围中获得了继承和发展。著名华人华族舞蹈家、马来西亚"舞蹈薪传奖"获得者刘其信说:"我们的民族舞蹈之所以能够发扬光大,是因为我们不仅教学生跳华族舞蹈,而且也教学生跳马来亚舞、印度舞、芭蕾舞。"⑤

---

① 洪丽芬、林凯祺:《马来西亚华人对马来和印度生活文化的适应》,《八桂侨刊》2015年第1期,第10~18页。
② 葛兆光:《中心与边缘、分歧与认同、离散与聚合——东亚文明互动与传播的历史样态》,《北京日报》2016年7月18日,第15版。
③ 黄文斌:《华人与国家文化建设:以全国华团文化节为例研究》,《华社研究中心论文集》,2007。
④ 引自:马来西亚《星洲日报》1994年11月8日。
⑤ 黄明珠:《多元交融中的马来西亚华族舞蹈》,载《欣赏与评鉴》,2002,第30~31页。

（二）利用华文教育，强化传播主体文化自觉意识

在新马地区语境下，新马地区华人把中国当作自己的根，而华文就是"根"的象征，华文学校则被视为维护母语教育的堡垒[1]。正如洛佩兹（Lopez）所说，马来西亚的华人和印度人都竭尽全力保护他们的学校，因为他们与马来人一样坚信"语言是民族的灵魂"[2]，是强化传播主体文化自觉意识的根基和基础。长期以来，为使子孙延续和发展中华文化，新马地区华人以自强不息的精神为华文教育提供了巨大支持，其中既有慷慨解囊的如陈六使等富商，也有捐出血汗钱的三轮车夫等体力劳动者。

目前，无论是在现代化都市，还是在偏远的乡村，几乎到处可以看到华文的招牌、听到华语的声音，这些成就的取得离不开新马地区华人长期以来对华文教育的坚守与执着。虽然新马地区的很多华人乡音已不再纯正，甚至不再记得宗祠，族谱也因各种原因被毁掉，但他们依然在支持着华文独立小学、中学，他们说："因为这里是马来西亚，所以更要把根留住。"马来西亚也成为除中国大陆、台湾、港澳地区以外唯一拥有小学、中学、大专完整华文教育体系的国家，华文教育系统保持得非常完善，这与马来西亚华人100多年来对华文教育的坚守与执着分不开。

1. 独立前的殖民统治时期

新马地区的华文教育可追溯到18世纪中叶，当时的英国殖民政府放任华文教育自生自灭。1893年，薛福成（1838～1894）在日记中这样写道："槟榔屿城建屿之东北，英人名卓耳治城。……英设义学四十二所，教华文者一，教英文者五，教巫来由者三十二。"[3] 1886年，邹代钧（1854～1908）访问新加坡时也有类似看法："华人居此者……其衣冠语言、礼仪风

---

[1] Collins. A., "Chinese Educationalists in Malaysia: Defenders of Chinese Identity", *Asian Survey*, 2006, 46 (2): 298-318.

[2] Lopez. C. C., "Language is the Soul of the Nation: Language, Education, Identity, and National Unity in Malaysia", *Journal of Language, Identity, and Education*, 2014, 13 (3): 217-223.

[3] 薛福成：《出使日记续刻》，收于钟叔河编《出使英法意比四国日记》第9卷，岳麓书社，1985，第874页。

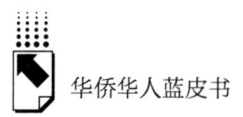

俗，尚守华制，惜文教未兴，子弟之聪俊者皆入西塾，通西文，圣经贤传竟不与目。"

当时，新马地区华人就已经开始重视华文教育，1889年出版的《叻报》指出："今日之英文，固为时尚，有志者实不可以不学，然身为华人，则当为之兼习中西文字，固不宜徒习西文也。"[1] 1897年，林文庆在《海峡华人杂志》上发表社论："一个民族与另一个民族的不同特性，主要在于生活上的三个方面，就是文化、宗教与语言。如果这个民族中的任何成员失去了这个特性，他就等于失去了民族特征。单纯接受英语教育的华人就会迅速走向'民族离心化'"。

新加坡首任领事左秉隆任职期间（1881～1891）积极倡办私塾学校，大力支持王会仪、童梅生等人创办的诗社"会吟社"。清政府派驻新加坡的首位总领事黄遵宪于1891年上任后，继续为会吟社每月举行的征联比赛出题，还取用庄子《逍遥游》中"鹏之徙于南冥也……风之积也不厚，则其负大翼也无力……而后乃今将图南"之意，将左秉隆创设的会贤社改名为"图南社"，以加强海外华人对中国的认同及效忠意识。图南社的影响甚至远及中国："其拔取前茅者，粤之中西报，上海之沪报，辗转钞刻，互相传诵，南离文明，于兹益信。"左秉隆和黄遵宪都是前期有文化使命感的官员，其中《叻报》对左秉隆掌管新加坡时作了这样的报道："叻中书塾，除自请儒师以及自设讲帐者外，其余义塾，多至不可胜言。"[2] 黄遵宪任满之时，《星报》这样形容他："莅任以来，筹赈灾黎，振兴文学，保护华民。"[3]

接下来，张弼士于1904年创办了马来亚第一家华文学校槟榔屿中华学校、陆佑在吉隆坡创办了第二家尊孔华文学校、吴雪花女士1908年在吉隆坡创办了第三家华文坤成女校。李光前先生深知："要在新马社会中

---

[1] 《叻报》1889年1月19日，引自陈育崧《椰阴馆文存》第2卷，南洋学会，1984，第227页。

[2] 《叻报》1890年3月13日，引自陈育崧《椰阴馆文存》第1卷，南洋学会，1984，第123页。

[3] 《星报》1895年3月11日，转引自叶钟铃、黄遵宪与图南社，《亚洲文化》1991年第15期，第121～127页。

倡导多元文化共存的思想观念,最有效的途径莫过于从教育入手,在新马社会的一代新人中从小播下教育平等、种族和谐的幼苗。"因此,他一方面反对当局对华文教育的限制,一方面为发展华文教育和文化设施全力以赴,积极奋斗,在东南亚的捐资助学中多次强调种族平等、多元文化共存的思想。

2. 独立后的新时期

自马来西亚独立以来,虽然绝大多数华人都加入了马来西亚国籍,从以前认同中国转为认同马来西亚,但对华文教育的支持一直延续到今天。华文小学也一直是华裔家长的首选学校,根据马来西亚教育部统计,2010年有93%的华裔报读华文小学,对培养华裔的文化自觉意识起到了重要作用。

这项成果不是与生俱来的,是源于新马地区华人爱护华教的愿景,为华教在本地区发扬光大而持续努力。马来西亚中华大会堂总会长林玉唐先生说:"现在全球兴起汉语热,在马来西亚,我们华人社团一直在为华语教育努力。"马来西亚侨领陈国庆说:"在逆境中自强不息,是马来华人的精神。一点点去做,一步步去做,为的就是让新生代华裔认识自己的文化。"例如,在马来西亚扬名国际的马六甲鸡场街,分布着福建会馆、雷州会馆、海南会馆、茶阳会馆以及潮州会馆等知名会馆。在新时期,它们在继续联系乡谊的同时,逐渐把支持和推动华文教育发展、传承中华文化视为重要的社团功能[①]。

在支持华文教育的过程中,独立以来的新马地区涌现了一大批杰出侨领,他们团结华侨华人,依托华社组织支撑着庞大的华文教育体系。例如,杨忠礼先生为马来西亚华文教育发展作出了卓越贡献,"塞班王"陈守仁在东南亚等地捐建多所大学、中学和小学的华文学校及会馆,支持菲律宾、关岛、塞班及马来西亚等国家和地区开展华文教育。新加坡的陈江和先生多年

---

① 李世康、许明阳:《马来西亚地缘性百年侨团的当代角色与功能》,载吕伟雄《海外华人社会新视野》,香港社会科学出版社有限公司,2008,第199页。

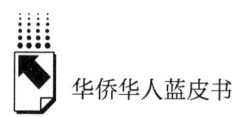

来为推动华文教育事业的发展不遗余力,支持海外华文教育培训及派遣华文教师志愿者项目,还采购了中国义务教育教科书、语文知识手册和思想品德教育等中文教材,带到旗下企业所在国家和地区,探索以更有效的教学方式来推动华文教育。马来西亚华人古润金深切体会到推广华文教育的重要性,多次向中国华文教育基金会捐资,截止到2017年5月,古润金所领导的完美公司共捐款7500万元人民币支持华文教育。

(三)积极培育中华文化的多元共生载体

长期以来,新马地区华人以中华传统文化与习俗为共生载体,通过对舞龙舞狮、赛龙船等传统活动的坚持和发展,以及对祖先的祭祀、对神灵的供奉等途径,努力在当地实现中华文化"从播到生",使其他族群的人们逐渐认识、接受和欣赏中华传统文化。很多已经不会讲汉语、不认识华文的马来西亚土生华人"峇峇",即使已经改信其他宗教,却依然保留祭祖等中国的传统节日习俗①。具体来讲,这些载体包括如下方面。

第一,中华传统节日及仪式。新马地区华人为了让后代子孙牢记自身的文化根基,他们非常重视中国传统节日的庆典仪式,如春节、清明节、冬至、端午节、中秋节等仍然是最为重视的中国传统节日,春节尤其隆重。节日期间的文艺节目演出、武术表演、猜灯谜、中华传统画展、中华传统服装展等丰富多彩的活动彰显了中华文化的特色,也吸引了其他族群的广泛关注。研究表明,在马六甲与槟城,在重要节日,华人借由义冢的祭祀传统,凝聚社会认同,重建伦理纲常与传承文化意识,是当地华人得以在海外重构华人世界与延续华夏传统的载体之一②。

第二,传统民俗。新马地区华人的婚礼和葬礼仪式是展示华人风俗的重要窗口。对于婚礼,新马地区广东广宁籍华人在结婚当天,男家要挑礼物到

---

① 刘文丰:《推广华族文化纳入国家主流》,载《中国华侨历史学会、中华文化交流与合作促进会》,《华侨华人报刊资料剪辑》1997年第5期,第71页。
② 马来西亚东西方生死学研究基金会:《从墓园祭祀延续儒家"仁"道教化——兼谈马来西亚华人殡葬的礼仪传承》,《民俗典籍文字研究》2017年第2期,第47~64页。

女家"过礼",结婚当天或第二天,新郎和新娘要到女家"做郎"(又称"回门"),如此婚嫁习俗几乎与当下广东广宁乡下婚嫁传统仪式一个模样。另外,在华人的出殡仪式中,仍然保留着许多中国古老的形式,如采用三牲献祭、沿途分发银宝、道士念经开路、家族成员作为孝男孝女披麻戴孝,而且扶框号哭等。直到今天,新马华人通过报纸登载讣告"昭告天下"丧事已成为一种约定俗成的丧葬文化。

第三,饮食文化。广大华人在新马地区生根繁衍后,由于气候环境和风俗习惯等因素的差异,他们在口味、原材料选取、烹饪方法、饮食习惯等方面悄然发生改变,他们努力推进与当地饮食文化的融合,既保留家乡的传统特色,又积极与当地风格结合,形成了新马地区特有的饮食,如"肉骨茶""鱼生""海南鸡饭"及多种糕饼等,这种融合既丰富了中华饮食文化的形态,也使其更容易被当地民众所接受。在马来西亚诗巫每年举行的婆罗洲文化节上,新马地区华人也会积极推介中华传统美食,让不同地区、不同族群的人感受和了解基于中华传统的饮食文化。

第四,艺术文化。从20世纪80年代开始,新马地区对中华文化富有使命感的华人团体纷纷创建各种协会,将中华传统艺术作为文化共生的载体。例如,舞蹈表演艺术创造了高桩舞狮和二十四节令鼓,其中"高桩舞狮国际比赛"被马来西亚政府于2007年正式列为国家文化遗产,二十四节令鼓则提升了中华传统鼓文化的欣赏价值和在新马地区的地位。正如二十四节令鼓创始人之一陈再藩所说:"老祖宗留下的传统文化丰富多彩,二十四节令鼓就是对中华文明的一种继承和创造。"[1] 潮州会馆醒狮团自1976年以来便在马来西亚国内外参与武术比赛且获奖无数,时常受邀到各地演出助兴[2]。

---

[1] 《大马华裔二十四节令鼓创始人:用现代方式传承文化》,新华网,2012年12月4日。
[2] (马来西亚)林秀美、祝家丰:《马来西亚马六甲鸡场街华人地缘性组织初探》,《八桂侨刊》2018年第3期,第3~13页。

（四）充分利用沟通与斗争的实现手段

在新马地区，文化的多元化意味着差异与冲突共存，而取与让一直是新马地区族群政治的特色。长期以来，沟通与斗争一直是新马地区华人实现多元文化共生的两种重要手段。

1. 沟通

沟通一直是新马地区华人争取中华文化传播的重要手段。早在19世纪末期，中华传统文化中的儒家思想就开始在新马地区植根并兴盛流传，由华人领袖领导的民间性文化再生运动，是一种根的失落与追寻的历程。为加强与当地政府和民众的沟通，当地有影响力的华人通过新闻媒体为中华文化在新马地区的合法传播争取社会支持。例如，1946年，李光前先生在陈述民族和文化的系统观点时说，"华侨居住在殖民地，如果硬叫他们放弃中华文化传统，那么请问他们去接受什么？这里是不是有一个东西叫作马来亚本体文化的？是不是英文学校所施行教育就可称为一种本体文化呢？好多反科学、反常识的设施，如果按照科学的眼光来看，是会令人莫名其妙的"①。

从沟通媒介来看，从1881年薛有礼出资创办《叻报》以来，华文报业一直是早期新马地区华人进行沟通的主要渠道。早期的华族领袖如林文庆和邱菽园等除了发表演讲外，更主要的就是通过《海峡华人杂志》（1897～1907）、《天南新报》（1898～1905）和《日新报》（1899～1901）等报纸杂志评介有关中华文化的英文著作，如《中国历史》《中国名人辞典》《中国瓷器》《中国评论》《当代评论》《帝国之路》《中国贸易的方式和策略》《中国历史概要》《中国内部》等，以此为中华文化传播争取社会支持。

从独立到中马建交前（1970～1974），马来西亚华人在中马文化互动沟通中扮演了重要角色。其中，在冷战期间中马无正式外交关系的情况下，李引桐与新上任的敦拉萨达成共识，于1971年以个人身份请求中国红十字会向吉隆坡水灾捐款，使得中国政府最终通过中国红十字会向马来西亚灾区提

---

① 引自《星洲日报》1946年10月20日。

供50万元人民币捐款①,中方伸出的友谊之手对马来西亚政府产生了较大影响②。接下来,由李引桐开拓的社会文化互动在1970年至1974年频繁展开,有效拉近了两国民众的心理距离,为中华文化的传播奠定了良好基础。因此,1993年6月5日,中华人民共和国国务院授予李引桐先生"共和国一等功臣"的称号。在捍卫华文教育权利的过程中,马华公会的领袖主张采取沟通协商的方式与巫统处理族群权益。在他们看来,任何提案都应以国家的稳定为前提,各民族的和谐才是最重要的,因为"在一个多元种族的社会,没有一个民族可以永远为所欲为"③。

进入新时期以来,新马地区华人仍在积极推动文化的沟通与交流。2008年马来西亚华社首位"国家文化人物"奖获得者陈徽崇、马来西亚紫藤茶艺创办人林福南,还有享誉国际的著名书画家、马来西亚"现代艺术教育之父"钟正山等,都在为中华文化的对外沟通奉献自己的力量。另外,在当地华人的支持下,马来西亚雪兰莪州举办了"2014中国·马来西亚伊斯兰文化交流会暨中国伊斯兰文化展",主题为"传承丝路情谊,共创美好未来"。马来西亚华人古润金为让更多的马来西亚人了解、喜爱中华传统文化,于2016年主导主办了"时间的船——2016马中文化交流艺术盛典",并助力在马来西亚举办以"文化中国·四海同春"为主题的海外春晚④。

2. 斗争

说华语是定义华人的关键因素之一,语言是华人认同的重要组成部分⑤。马来西亚独立后,华人从保存中华传统文化的角度,强烈主张将马来语、华语、泰米尔语同时列为马来西亚的国语。但是,马来西亚有关的教育

---

① 钟启章:《马中建交功臣李引桐传奇,第一篇:巧媳作红娘重系马中情》,《南洋商报》1997年8月18日。
② 郑荣江:《马中建交25周年(1974~1999):大马首个东合国与中国建交》,《星洲日报》1999年5月31日。
③ 引自陈修信《如被认为是华人团结的障碍,我准备随时隐退——敦陈修信演说词》,收录于《石在火不灭:沈慕羽资料汇编(2)》,马来西亚华校教师会,1996,第196页。
④ 《马来西亚侨商古润金:民心相通"润物细无声"》,中国新闻网,2017年5月16日。
⑤ Wong. Z. – H. K., Tan Y. – Y., "Being Chinese in a Global Context: Linguistic Constructions of Chinese Ethnicity", *Global Chinese*, 2017, 3 (1): 1–23.

政策与以前的一脉相承,明显向马来文至上的单元政策发展。1970年,马哈蒂尔在撰写的《马来人的困境》一书中虽然批评了马来人的懒散、缺乏进取精神等,同时又坚决捍卫马来人作为土著居民的特权,提出"只有马来人才是马来西亚的合法主人,外来移民是客人,只有当外来客人放弃他们过去的语言和文化,讲马来语,被当地融合吸收,才能成为这块土地的主人"。1971年举行的马来西亚国家文化大会甚至提出,在建设国家文化时要遵循"国家文化应以土著文化为核心"的原则,实质上是对华人文化、印度人文化等非土著文化的排斥。

自20世纪50年代以来,马来西亚华人为争取华文教育和中华文化传播的权利,在以董教总为首的华社领导下,一大批华人团体和华人精英为争取本民族的权益进行积极抗争。1987年的华小高职事件把华教运动推向高潮,各种华教团体、华人政党、华文报刊都积极参与其中,热情和力度空前,并取得一定成效,这是今天马来西亚华人文化能与马来文化共生的主要原因之一。

在斗争的过程中,涌现了一大批捍卫华文教育的华人,如被誉为"族魂"的林连玉、"族英"的沈慕羽以及陆庭谕等,这些华文教育斗士领导整个华社与当局展开历时数十载的斗争,他们的思想理念、个人修养、斗争立场及领导风格对华文教育在海外推广产生了显著影响。例如,林连玉据理力争,在为华文教育争取权利的过程中绝不妥协,最后甚至导致其公民权被掠夺,教师证也被吊销。而对于沈慕羽而言,则是用"服务一生,战斗一世"的无私理念来引领他实现争取华文教育权利的理想,他曾在一次演讲中讲道:"我是一介布衣,没有很高的学历,没有官禄,没有雄厚的资产,受到推崇,真是受宠若惊,其实我是一个华文教育的苦行僧!"他所留下的"华文教育尚未平等,同道仍须努力"激励着新马地区一代又一代的华侨华人争取华文教育的权利!

林晃生还认为,"华社提出多元文化要求,旨在行使民主权利",而"这个民主的基本权利就是文化最重要的组成部分"[①]。他们在谈及基本民族

---

① 林水檺:《创业与护根:马来西亚历史与人物(儒商篇)》,马来西亚华社研究中心,2003,第354~355页。

母语教育与文化权益时提出,必须秉承"超越政党,不超越政治"的"政治立场","……为了华教与民族的利益,我们介入了大选,如今大选已过,我们将尽量保持本身的独立性,避免卷入党争的旋涡,以便更广泛地团结各党各派的人士,继续扮演民间压力集团的角色,为华教及民族权益做出更大的贡献"①。

(五)履行社会责任,积极改善多元共生环境

长期以来,为了给多元文化共生创造良好的社会环境,新马地区华人努力实现与各族人和谐相处,共同肩负起建设新马地区的责任。第二次世界大战之后,殖民主义不愿轻易退出历史舞台,帝国主义的冷战政策和反共浪潮影响巨大,李光前先生审时度势,认为在这种情势下"华侨意识"已不合时宜,提出多元文化共存的主张,并强调对所在国的国家认同。他一再向华人社会呼吁:"希望侨居在南洋的华侨,一心一意地参加当地的政治、经济、教育、文化建设工作,谋求地方事业之发展,增进人类福利。"②

新马地区华人除了在经济领域做出突出贡献以外,还积极践行"仁义""向善"的中华核心文化价值观,通过捐款、社会服务以及建立学校、庙宇、会馆、医院等形式履行社会责任,成为推动当地公益事业的主要力量,这也是其他族群感知华人形象和中华传统文化的重要窗口。在早期的新加坡,在当地政府和民众出现困难时,有许多华人领袖会挺身而出,被后世景仰者奉为"先贤",如早期的陈笃生、余有进、胡亚基,较后期的有金声、余连城、陈若锦、章芳琳、颜永成,20世纪以来的陈嘉庚、胡文虎、李光前、高德根、陈六使等,他们在扶贫济困、兴学办校等不同领域都作出过积极贡献。2019 年 6 月,为纪念新加坡开埠 200 周年,在新加坡金融管理局推出的 20 元新纪念钞上,正面是新加坡首任总统尤索夫·伊沙克(Yusof Ishak)的肖像,背面则印着 19 世纪初到新加坡的 8 位先驱人物,其中著名

---

① 引自《对介入大选及今后动向的声明》,《董总卅年》中册,第 430~431 页。
② 见《星洲日报》1946 年 10 月 20 日。

华人领袖陈嘉庚赫然在列,成为出现在新加坡钞票上的首位华侨面孔。

著名侨领李光前向医疗、教育、科技、文化等事业提供了巨额款项,他资助过的学校遍布新马地区,如南洋大学、马来亚大学、新加坡大学、拉曼学院等20余所,于1952年设立的李氏基金捐赠成立的新加坡国立大学李光前自然博物馆、南洋理工大学李光前医学院、新加坡图书馆的李光前参考图书馆、南洋艺术学院的李氏基金礼堂等,都是对华人领袖的最好缅怀。1992年,李光前之子李成义获得新加坡总统授予的"公共服务星章",1993年又获得新加坡国家福利理事会授予的最高荣誉奖"余炳亮"奖。

在马来西亚,华人会在春节期间践行公益活动,包括推进华语教育、救助弱势群体以及赈灾等,这些公益活动可以提升其他民族对中国的好感度,让华人春节更容易被他们认可和接受①。另外,很多华人领袖的慈善活动改善了华人的形象,如杨忠礼为发展繁荣马来西亚经济和社会公益事业作出了贡献,在1983年马来西亚雪兰莪州苏丹殿下颁赐拿督勋街,1996年晋封拿督斯里勋街,1985年最高元首颁赐丹斯里勋街。著名华人领袖林梧桐在各个工业领域为马来西亚经济贡献良多,马来西亚执政联盟国民阵线的华人执政伙伴黄家定认为:"林梧桐将荒山野岭开发成为旅游胜地,同时创造了许多就业机会,林梧桐是大企业家,走过的路和贡献值得马国人民,尤其是华族引以为荣,感谢林梧桐对慈善和教育所作的重大贡献。"

因此,改革开放40多年来,中国的崛起也在一定程度上推动着华人新移民群体族群意识的提升,使得海外华人更关注中国的外交和国家形象,他们甚至呼吁和鞭策自我素质形象的提升,以此作为途径优化"中华形象"②。

五 未来展望

习近平总书记指出,中华文明是在同其他文明不断交流互鉴中形成的开

---

① 陈佳杰:《马来西亚华人春节习俗研究——以武拉必新村为个案》,拉曼大学,2017。
② 曾筱霞、冰凌:《中华认同与中华形象》,中国新闻网,2011年9月16日。

放体系,促进中华文化的海外传播,既是实现中华民族伟大复兴的重要使命,也是全球化时代中华文化"走出去"战略的必然选择,对于我国的国际形象提升具有重要意义。如前文所述,在几代人的努力下,新马地区华人利用多元共生策略在中华文化传播方面取得了一定成就。

目前,在"一带一路"建设背景下,基于政治目的、现实利益和文化冲突的考虑,部分西方舆论仍然对中华文化的海外传播进行抹黑。另外,随着社会的变迁,新马地区华人对中华民族和中华文化的认同度逐渐减弱,华社组织的"会馆老人院"现象比较严重。在此背景下,如何利用多元共生战略提升中华文化在新马地区的传播效果,未来可以从以下方面进行突破。

第一,客观看待新马地区华人对中华文化的认同感变迁。从侨民到公民,马来西亚华人所经历的文化适应还在继续。虽然客居心态已经完全消失,华人也接受当地的语言和文化,但是并未全盘接受和融入当地的文化,也未抛弃中华文化。因此,社会变迁对华人文化认同造成一定的冲击和改变是必然的,我们提倡积极构建海外华人华侨民族文化认同的同时,并非要一味强化他们的中华民族文化认同,更不是以此为理由削弱其对所在国的国家认同,而是希望海外华人华裔不要抛弃其固有的华人身份和对中华文化应有的情感,平衡好所在国和中华文化认同的关系,从而成为增进中外交流的桥梁和使者[1]。

第二,进一步扩大共生载体的影响力。根据暨南大学华侨华人研究课题组的分析结果,对于华裔而言,书法、功夫、旗袍与长城是最受认可的代表中华文化的符号,但是他们的熟悉程度远远低于他们的认可度[2]。新马地区华人可以扩大中医药、武术、美食、节日民俗及其他非物质文化遗产等代表性项目的国际影响力,打造一批具有中国传统文化特色的标志性人文交流品

---

[1] 丁和根:《海外华语传播与中华民族文化认同的构建》,《新闻界》2017年第9期,第76页。
[2] 陈奕平、宋敏锋:《关于马来西亚华人与中国形象的问卷调查分析》,《东南亚研究》2014年第4期,第64~74页。

牌,用华裔、"峇峇"和当地土著等听得懂和喜欢听的语言,讲好中华文化的品牌故事,增进他们对中华文化的熟悉程度。

第三,要善于吸纳和运用新思想、新方法。文化实质上是社会信息交流的过程,是在历史长河中不断发展和积累起来的,因此中华文化海外传播的方法需要广泛借鉴吸收多个学科理论和方法的养分[①]。随着移动互联传播技术的出现与普及,当前文化交流的范围、强度、速度和多元化程度都远远超过了以往的规模。因此,海外华人要创新传播方法和理念:一方面,要充分利用现有的传播手段,深入挖掘各种舆论工具的影响效果,继续大力弘扬中华文化的实践和价值观;另一方面,文化作为一种独特资源,不仅构建了国家和民族的"信仰体系",还具有相应的经济价值。因此,新马地区华人在推动中华文化传播时,还可以借助中华文化中心的平台尝试打造海外中华文化综合体,针对当地生活习惯,推出相应的文化产品。

第四,要克服"重传统、轻当代"倾向。改革开放以来,中国共产党带领团结全国各族人民,充分利用有利的国际国内条件,取得了举世瞩目的发展成就。从某种意义上讲,中国的崛起本身就是伟大的文化创造,充分吸引了海外民众的目光。新马地区华人未来在推进中华文化海外传播过程中有助于树立文化自信,摈弃文化自卑感,在重视中华优秀传统文化传播的同时,更要加强当代中华文化传播,在新马地区华人和热爱中华文化的国际友人中塑造传承和传播中华文化的自觉。

第五,要重视与国内官方和民间团体的合作。近几年,为深入推进"一带一路"建设过程中的"民心相通",我国官方对中华文化的海外传播进行了顶层设计,全方位的文化政策和方向性的措施指引,建立了许多跨境文化交流平台,并提供了强有力的人力和物力支持。新马地区华人和社团组织可以通过官方、媒体、智库及其他社会组织等多元主体,在当地开展丰富多彩的文化交流合作,拓宽国际文化产业合作领域。

---

① 张恒军、曹波:《中华文化海外传播应形成三方面共识 提高文化走出去的能力》,《人民日报》2018年5月9日。

参考文献

Sarah. K, Jonathan. M, Ruth S. C., "Symbiont Practices Spanning: Bridging the Cognitive and Political Divides in Interdiciplinary Research", *Academy of Management Journal*, 2017, 60 (4).

Wang Ning, "Dentity Seeking and Constructing Chinese Critical Discourse in the Age of Globalization", *Canadian Review of Comparative Literature/Revue Canadienne de Littérature Comparée*, 2011, 30 (3).

Cohen. G. L., "Party over Policy: The Dominating Impact of Group Influence on Political Beliefs", *Journal of Personality and Social Psychology*, 2003, 85.

Fredrik Barth, "Introduction", in Fredrik Barth (eds.), *Ethnic Groups and Boundaries*, Norway: Universitets forlaget, 1969.

Collins. A., "Chinese Educationalists in Malaysia: Defenders of Chinese Identity", *Asian Survey*, 2006, 46 (2).

Lopez. C. C., "Language is the Soul of the Nation: Language, Education, Identity, and National Unity in Malaysia", *Journal of Language, Identity, and Education*, 2014, 13 (3).

Wong. Z. -H. K., Tan Y. -Y., "Being Chinese in a Global Context: Linguistic Constructions of Chinese Ethnicity", *Global Chinese*, 2017, 3 (1).

林水檺：《创业与护根：马来西亚历史与人物》（儒商篇），马来西亚华社研究中心，2003。

何国忠：《马来西亚华人：身份认同、文化与族群政治》，华社研究中心，2002。

黄文斌：《华人与国家文化建设：以全国华团文化节为例研究》，《华社研究中心论文集》，2007。

薛福成：《出使日记续刻》，收于钟叔河编《出使英法意比四国日记》，岳麓书社，1985，第9卷。

李世康、许明阳：《马来西亚地缘性百年侨团的当代角色与功能》，载吕伟雄《海外华人社会新视野》，香港社会科学出版社有限公司，2008。

邹广文：《全球化进程中的哲学主题》，《中国社会科学》2003年第6期。

费孝通：《反思·对话·文化自觉》，《北京大学学报》1997年第3期。

费孝通：《费孝通文集》（第14卷），群言出版社，1999。

克利福德·格尔茨著《文化的解释》，韩莉译，译林出版社，1999。

林秀美、祝家丰：《马来西亚马六甲鸡场街华人地缘性组织初探》，《八桂侨刊》2018年第3期。

陈修信：《如被认为是华人团结的障碍，我准备随时隐退——敦陈修信演词》，收录

于《石在火不灭：沈慕羽资料汇编（2）》，马来西亚华校教师会，1996。

陈奕平、宋敏锋：《关于马来西亚华人与中国形象的问卷调查分析》，《东南亚研究》2014年第4期。

徐德峰：《跨东西方文化的学术对话和理论建构——读〈多元共生的时代——二十世纪西方文学比较研究〉》，《北京大学学报》（哲学社会科学版）1994年第2期。

马海龙：《身份认同、社会资本与商业拓展——马来西亚的中国回族商人个案研究》，《华侨华人历史研究》2017年第2期。

易佑斌：《多元共生：建构中的东亚共同体理念》，《岱宗学刊》2005年第4期。

曹云华：《变异和保持——东南亚华人的文化适应》，中国华侨出版社，2001。

伍柳氏：《和而不同　多元共生——略论全球化背景下中华文化发展策略抉择》，《湖南社会科学》2011年第5期。

赵海立：《政治认同解构：以马来西亚华人为例》，《华人历史研究》2005年第4期。

吴攸：《"多元共生"文化理想下的中西思想对话——以弗朗索瓦·于连的汉学研究为例》，《社会科学战线》2018年第2期。

郑一省、叶英：《马来西亚华人与马来人共生态势初探》，《东南亚南亚研究》2011年第2期。

温特：《国际政治的社会理论》，秦亚青译，上海人民出版社，2000。

吴攸：《全球化背景之下的"文化例外"与文化复兴》，《华东理工大学学报》（社会科学版）2016年第4期。

方光华、曹振明：《20世纪90年代以来的"文化自觉"思潮论析》，《人文杂志》2011年第9期。

胡春艳：《马来西亚华教运动与华人权益争取：以政治社会学为视角》，《八桂侨刊》2014年第4期。

丁龙召：《认识中国民族关系的一个新视角：各民族共生态》，《内蒙古师范大学学报》2003年第12期。

蒋炳庆：《多元文化背景下的民族和谐实现——基于马来西亚族群关系观察》，《贵州民族研究》2015年第8期。

王琛发：《马来西亚华人民间信仰的外族鬼神祭祀》，《人文》2001年第10期。

洪丽芬：《马来西亚华人与当地马来人的交往和用语选择》，《八桂侨刊》2010年第1期。

洪丽芬、林凯祺：《马来西亚华人对马来和印度生活文化的适应》，《八桂侨刊》2015年第1期。

文平强：《马来西亚华人文化——传承与创新》，《东南亚纵横》2013年第7期。

袁年兴：《民族多元共生的基本逻辑：一个理论分析框架》，《中南民族大学学报》（人文社会科学版）2012年第5期。

陈肖英：《信任与海外华商族群网络研究——来自田野的调查与思考》，《华侨华人历史研究》2017年第2期。

金虎雄：《全球化与多元共生时代的文化发展战略》，《延边大学学报》（社会科学版）2008年第2期。

王宁：《林文庆在新加坡的早期报刊活动及其思想透视》，《八桂侨刊》2006年第4期。

周聿峨、胡春艳：《浅析马来西亚国家文化下的华人文化——兼论多元文化的建设》，《世界民族》2008年第5期。

李天锡：《试述多元文化对李光前企业经营管理的影响》，《八桂侨刊》2008年第1期。

洪彩真：《李光前先生"多元文化共存"思想探究》，《贵州民族研究》2008年第3期。

赵虹：《新加坡多元文化的成因》，《云南师范大学学报》2000年第1期。

B.5
加拿大华人的中文学习与文化传承现状研究[*]

王嘉顺[**]

摘 要： 语言对海外华人的文化认同和价值观有重要影响，世界不同地区海外华人的语言使用呈现不同特点。本文使用2016年加拿大人口普查数据对加拿大华人的语言使用概况进行了整体性的描述分析，同时对具备不同特征的华人的语言使用进行了列联分析。研究发现，虽然能够使用加拿大官方语言的华人有所增多，但是大部分加拿大华人认为自己的母语是中文。加拿大华人的年龄阶段、地理分布、移民身份和祖先来源对其语言使用有显著影响。本文最后提出帮助加拿大华人父母及其子女学好中文尤其是普通话的建议。

关键词： 加拿大华人　语言使用　中文

语言是文化系统的重要内容，它可以帮助人们进行交流沟通；语言也是民族的重要特征，包含并传播该民族特有的文化及其价值观。掌握一门或者多门语言并不是与生俱来的本能，而是一项需要不断练习和实践的重要技

---

[*] 本文系华侨大学"华侨华人研究"专项经费资助项目（项目编号：HQHRZD2018-01）的阶段性成果。
[**] 王嘉顺，华侨大学社会学系副教授、华侨大学社会科学调查与数据研究中心副主任，社会学博士，研究方向：人口社会学、社会心理学、华侨华人研究等。

能，它首先需要语言学习者决定选择哪一门或者哪几门语言。这对单纯语言环境中的人来说不构成一个问题，但对多语言环境中的人来说则是一个重要且艰难的选择，如对生活在文化和语言环境迥异的海外移民来说尤其如此。中文作为中华民族的重要文化符号，随着华人在世界范围内的迁移而广泛传播，但是海外华人学习和使用中文并不是自然而然的事情，这个过程受到多个层次不同因素的复杂影响，其中所在国家或地区的语言政策应是主要影响因素之一。由于历史和地理因素，海外华人有几个较为集中的分布地，如东南亚和北美，这两个区域的华人面临的语言政策就很不相同。北美地区的加拿大在历史上曾经是华人重要的移入地，在中国改革开放后更成为中国人移民的热点国家。加拿大是一个多元文化并存的国家，1988年颁布的《多元文化法案》使得多元文化共存成为整个国家的治理目标和政策导向。在语言使用方面，除了英语和法语两门官方语言，各族群可以自由地使用其母（祖）语（mother tongue）。表面看来，加拿大华人所处的语言政策环境更加宽松和自由，这会不会让他们的中文学习和使用更加自然和顺利呢？在这种政策环境下，加拿大华人的语言使用特别是中文使用，将体现怎样的特征？本文使用加拿大人口普查数据对该问题进行分析和回答。

一 海外华人语言使用概述

（一）东南亚华人的语言使用

海外华人总量保守估计已超过5000万人，其中分布在东南亚的华人占全球海外华人的73%左右[①]。改革开放以来，来自中国的新移民迅速增加，这部分群体估计有1000万人以上，而且绝大部分前往东南亚之外的区域，

[①] 庄国土：《世界华侨华人数量和分布的历史变化》，《世界历史》2011年第5期。

尤以北美、欧洲和大洋洲为主①。正是由于移民数量、移民历史以及移入国的文化、法律等差异，东南亚和东南亚之外的海外华人在语言使用上呈现不同的特征。东南亚的华人由于人数众多、移民历史悠久，他们的语言使用尤其被学术界所关注。新加坡由于超过76%的人口是华人②，新加坡华人的语言态度及其对语言使用的影响格外受到学界关注。在新加坡独立以前，众多华人的母语基本是中文，但大都是福建、广东地区的汉语方言。新加坡独立以后，新政府在全国实施双语战略，即官方语言（第一语言）和非正式语言（第二语言）。由于新加坡独立之前曾长期作为英国殖民地或自由邦而存在，英语已经是事实上的行政语言，新加坡继续将英语作为官方语言不会给民众造成较大的语言使用困难和障碍。但是说到第二语言，新加坡人尤其是新加坡华人面临比较大的语言学习挑战，新加坡官方向公众提供了一门接近中国普通话的语言，他们称之为华语，这跟大部分华人在家里所使用的福建方言、广东方言很不一样③。经过一段时间的推广学习和使用，新加坡华人对华语的掌握和态度已经发生了较大变化。据学者陈松岑和徐大明1996年在新加坡开展的"新加坡华人语言态度与语言使用情况调查"，受访者无论是从感情方面还是文化传统方面对华语的评价均超过了英语，但是在评价语言的社会地位和实用功能时，又认为英语要超过华语④。所以，语言使用不仅受到文化和情感因素的影响，还受到功利性因素的影响，特别是全球经济发展的影响。进入21世纪以来，中国国力不断增强，经济发展对全球的影响与日俱增，与之相伴的是世界范围内学习和使用中文的人数也在不断增加。

除新加坡之外，印度尼西亚（以下简称"印尼"）和菲律宾等东南亚国家，也分布着数量众多的华人，他们的语言使用也呈现独特的一面。印尼的

---

① 庄国土、张晶盈：《中国新移民的类型和分布》，《社会科学》2012年第12期。
② 依据2015年新加坡综合住户调查数据计算。
③ 陈松岑：《新加坡华人的语言态度及其对语言能力和语言使用的影响》，《语言教学与研究》1999年第1期。
④ 陈松岑：《新加坡华人的语言态度及其对语言能力和语言使用的影响》，《语言教学与研究》1999年第1期。

情况较为复杂,在1965年以前,印尼华人在语言使用上不太受政府的管束,但是在此之后,印尼政府禁止华人使用中文,不论是口头或者书面使用,而且也不论是在家庭内部还是外部,这种严苛的政策持续了30多年,对华人的语言使用造成了重大影响。可以说,印尼政府实行的华人同化政策客观上阻碍了中文在家庭内部的代际传播①。据学者对国内某高校印尼华裔学生的调查,整体上85%的受访者表示其家庭经常使用的语言是印尼语,而15%的受访者表示其家庭有时使用的语言是印尼语,而更经常使用的是汉语方言②。调查还发现,许多受访者能够分别使用印尼语、中文(包括普通话和汉语方言)以及英语,但是其中文使用能力仅限于听力。在与父母、祖父母、长辈交流时能够使用汉语方言的差不多占调查对象的60%,但是表示能够使用印尼语进行交流的则高达90%③。

菲律宾华人的语言使用,特别是中文使用情况可能要比印尼更乐观一些。基于对500多名来华的菲律宾新生代华裔的调查,有学者发现,菲律宾华人家庭各成员普遍具备多语种的听说读写能力,这些语言包括普通话、汉语方言、英语和菲律宾语。菲律宾华人家庭内部尚存在使用汉语方言的语言环境,但是家庭成员间的内部日常交际用语和家庭成员对外的主要用语、民族文字应用与阅读喜好等方面均有所不同④。此外,调查还发现,大多数受访者的家庭都能较为熟练地使用菲律宾语和英语进行沟通交流,研究者据此认为菲律宾华人与菲律宾主流社会、与英语社会的语言交流障碍已基本去除⑤。总体上,东南亚华人的语言使用呈现以下

---

① 沈玲:《印尼华人家庭语言使用与文化认同分析:印尼雅加达500余名新生代华裔的调查研究》,《世界民族》2015年第5期。
② 王爱平:《汉语言使用与华人身份认同:对400余名印尼华裔学生的调查研究》,《福州大学学报》(哲学社会科学版)2006年第4期。
③ 王爱平:《汉语言使用与华人身份认同:对400余名印尼华裔学生的调查研究》,《福州大学学报》(哲学社会科学版)2006年第4期。
④ 沈玲:《认同转向之下菲律宾华人家庭民族语言文字使用研究:基于500多名新生代华裔的调查分析》,《华侨华人历史研究》2016年第12期。
⑤ 沈玲:《认同转向之下菲律宾华人家庭民族语言文字使用研究:基于500多名新生代华裔的调查分析》,《华侨华人历史研究》2016年第12期。

特点：第一，学校教育是学习和实践中文的主要方式；第二，儿童时期和青年时期是中文习得的主要阶段；第三，东南亚华人社区要比欧美华人社区更多地使用汉语方言；第四，东南亚华人对以汉语方言为主的华语感情深厚；第五，所在国官方用语在东南亚华人的语言使用中占据越来越重要的位置①。

（二）加拿大华人的语言使用

从19世纪40、50年代开始，来自中国的移民开始进入北美地区，其中美国和加拿大是最热门的移民目的地。这些国家的华人从移民历史、构成和数量来看，都有不同于东南亚华人的特点，这些特点可能会影响他们的语言使用。除此之外，这些国家对待移民的政策，特别是文化和语言方面的政策也有别于东南亚国家。历史不长的加拿大虽然并不总是对华人持开放和友好的态度，但是在华人的语言使用方面没有直接的歧视性政策，如严禁华人使用中文等，而且在1988年颁布《多元文化法案》后，鼓励和支持加拿大境内的不同族群使用本民族的语言。虽然加拿大资源丰富，但是整体上地广人稀，政府出于长期稳定发展的考虑，较为积极地吸纳外部移民，虽然在不同时期推出过松紧程度不同的移民政策，但是加拿大的华人数量始终稳步增长②。如果聚焦于加拿大的合法华人移民，在1980年至2000年，共有80万华人移民到加拿大，其中85.1%的人来自中国，具体有27.7%的人来自中国大陆，有45.6%的人来自香港地区，有11.8%的人来自台湾地区③。该时期到达加拿大的华人新移民普遍具有较好的教育背景，但是至少58%的华人移民在移居加拿大前不懂英语，懂法语的更低至1%，不过由于新移民整体比较勤奋，到20世纪90年代已经有约45%的华人新移民能讲英语或

---

① 郭熙、李春风：《东南亚华人的语言使用特征及其发展趋势》，《双语教育研究》2016年第2期。
② 黄昆章：《近年来加拿大移民政策的演变及对华人的影响》，《八桂侨刊》2007年第4期。
③ 徐丹：《论加拿大华人移民人口结构的变化》，《世界民族》2007年第6期。

法语①。

英语和法语是加拿大的两门官方语言,在官方场合或者大部分的工作场合,官方语言是首先被使用的,因此语言对移民的融入有相当重要的作用,如果不能很好地掌握至少一门官方语言,华人在职场上将遇到比较大的障碍,而且还会妨碍他们获取社会和健康服务以及接受进一步的教育和培训的机会②。长此以往,华人会面临社会排斥和社会阶层下移③。所以整体上与其说是政策在发挥作用,还不如说是加拿大劳动力市场对语言形成了偏好,华人必须决定是否要很好地掌握英语或者法语。除了官方语言之外,华人的母语也是其语言使用中不可忽视的重要方面。出于生存和发展的需要,加拿大华人的中文使用随时间演变呈现多样的形态,有学者通过调查发现,初到加拿大生活半年以内的华人更多地使用中文;生活半年至2年的华人使用中文的频率开始减少,而且使用英语的频率明显增多;生活2年至8年的华人的中文表达受英语语法的影响非常明显④。

除了英语和法语两门官方语言之外,加拿大华人主要使用中文,但是由于加拿大华人的历史构成原因,不同时期华人移民的中文使用也有所不同,使用普通话或汉语方言(主要是广东话)的人数都不少。因此在什么场合使用什么语言,是否让自己的子女习得中文,这些重要问题都需要华人深思熟虑。就加拿大华人子女的母语习得来看,华人父母的态度是相当重要的,至少在子女幼年时期,华人父母决定了是否要教授其子女习得母语,无论母语具体是普通话还是汉语方言⑤。作为在加拿大生活多年的华人学者,李国芳发现语言替换和语言流失广泛存在于华人移民家庭中,中文作为母语往往

---

① 徐丹:《论加拿大华人移民人口结构的变化》,《世界民族》2007年第6期。
② 郭世宝、万晓宏:《加拿大二线城市华人新移民经济融合研究:"三重玻璃效应"与移民向下层社会流动》,《华侨华人历史研究》2014年第4期。
③ 王奕轩、陆毅茜、宗力:《从统计数据看当代加拿大华侨华人的人口特征》,《华侨华人历史研究》2014年第4期。
④ 刘娟、朱耀顺:《多语言接触下的文化认同:以加拿大温哥华华人语言使用和文化认同为例看汉语国际传播》,《赤峰学院学报》(汉文哲学社会科学版)2017年第10期。
⑤ 王丹青、玛丽·考特兰:《加拿大华人儿童的母语传承》,《江苏技术师范学院学报》2005年第1期。

不能得到有效维系,而且在不同代际的华人间也不能有效传承①。她和她的合作者还发现,加拿大的华人父母首先要衡量英语、法语和中文对于他们的重要程度,还要权衡每种语言对他们子女获取社会经济、政治资源方面的作用,由此导致英语优势、双/多语优势以及母语优势等不同的语言使用态度或感知模式②。如果将中文使用置于家庭环境下,加拿大华人家庭可能存在四种中文使用策略,即零中文使用、中文作为过渡语言、使用多种语言以及中文作为唯一语言③。

二 加拿大华人的语言使用及其特征

(一)问题、数据及方法

通过对海外华人语言使用的简要概述,可以发现东南亚华人和加拿大华人在语言使用上存在诸多差异,而且两个群体面临的语言环境和语言政策也很不相同,较多研究关注到东南亚华人的语言使用,但有关加拿大华人语言使用的研究相对较少,特别是缺乏总体性的描述和分析。除此之外,加拿大华人的内部构成也较为复杂,这主要体现在华人的祖先起源、移民世代、移民来源构成的多样性,由此探讨华人构成的多样性在语言使用上是否也有所体现,以及在这种关联中所体现的特征。

人口普查数据最适合用来对整体的描述分析,而且它通常包含不同层次的丰富信息,还可以用来进行群体间的比较研究。加拿大统计局于2019年2月份公布了2016年加拿大人口普查数据,该数据包含123个变量,其中包括性别、年龄、教育、种族和语言使用等信息,适合用来研究加拿大华人的语言使用问题。该数据从样本规模和时效性来看,也具有相当高的质量。本文以量化分析的方式来展现加拿大华人语言使用的基本面貌,主要通过描

---

① 李国芳、孙茁:《加拿大华人家庭语言政策类型及成因》,《语言战略研究》2017年第6期。
② 李国芳、孙茁:《加拿大华人家庭语言政策类型及成因》,《语言战略研究》2017年第6期。
③ 李国芳、孙茁:《加拿大华人家庭语言政策类型及成因》,《语言战略研究》2017年第6期。

述统计加以实现。对于不同特征的加拿大华人与语言使用之间的关系，主要通过列联表分析及其他相关分析的方法来实现。

（二）加拿大华人语言使用概况

在开始分析之前，首先对加拿大华人这个群体进行界定。众所周知，由于国籍和移民等原因，华人是一个构成复杂的群体，加拿大的华人也不例外，作为一个总体性的定义，本文所谓华人就是族群意义上[①]、有中国血统的人。我们先在此口径上进行分析，如涉及华人多样性的比较分析，则会根据需要对华人进行相应的分类。

1. 加拿大华人官方语言使用概况

加拿大虽然是一个实行多元文化政策的国家，不同族群拥有使用本族语言的自由，但在官方场合或其他正式场合需要使用官方语言，所以使用官方语言的机会相当多。首先考察加拿大华人使用官方语言的情况，总体来看，有高达80.1%的华人掌握英语，能够较好地用英语进行对话，而掌握另一门官方语言——法语的华人占1.72%，同时掌握英语和法语的占1.96%，英语和法语都不掌握的华人占16.22%（见表1），可见加拿大华人掌握官方语言的比例较高，这同上次人口普查相比有较大提升。

除总体分析以外，进一步从华人祖先构成方面分析加拿大华人官方语言使用情况。加拿大华人的起源或者说祖先来源较为多元，如果以祖先是否都为华人来区分，可以分为祖先都是华人的华人和祖先中有其他族群的华人两类，其中后者是指祖先中有跨族通婚的情况。首先，如果祖先都是华人，则这部分华人中能够使用英语的比例为79.59%，使用法语的比例为1.64%，能够同时使用英语和法语的比例为1.96%，而不能使用英语和法语的比例为16.80%，这与华人总体水平相差无几。其次，如果祖先中有其他族群来源，则这部分华人能够使用英语的比例上升到

---

① 这里的族群兼具人种和地理的含义，加拿大人口普查将常见族群（population group）划分为白人、南亚人、华人、黑人、菲律宾人、拉丁美洲人、阿拉伯人、东南亚人、西亚人、韩国人、日本人或其他族群。

87.01%，能够使用法语的比例上升到2.84%，能够同时使用英语和法语的比例下降到1.87%，而不能使用英语和法语的比例下降到8.29%（见表1）。可以看出，如果祖先中有非华人族群，能够使用英语或者法语的比重大大提高，尤其是英语，因此也会同时减少不能使用英语和法语的比例。

表1 2016年加拿大华人官方语言使用分布（按祖先构成分）

单位：%

语言种类	祖先都是华人的华人	部分祖先是华人的华人	全部华人
英语	79.59	87.01	80.10
法语	1.64	2.84	1.72
英语和法语	1.96	1.87	1.96
非英语和法语	16.80	8.29	16.22
总计	100.00	100.00	100.00

说明：1. 祖先都是华人指祖先都是华人，没有其他族群来源。
2. 部分祖先是华人指祖先中有其他族群，不是纯粹的华人。
数据来源：Statistics Canada, Census of Population, 2016。

除了家庭背景之外，语言的使用场合对官方语言的使用也有很大影响。下文在区分祖先构成的基础上，再从家庭和工作两个主要使用场合来分析加拿大华人的官方语言使用。目前加拿大华人能够使用英语的比例较高，但是这需要区分场合。当询问英语是否是其家庭主要使用语言时，华人中有38.91%持肯定回答，同时还有1.49%的华人回答法语是其家庭主要使用语言；当询问英语是否是其家庭次要使用语言时，持肯定回答的比例下降到20.18%，而回答法语是其家庭次要使用语言的则有1.08%。当调查对象的祖先都是华人时，英语或者法语作为家庭主要使用语言的比重有所下降，但跟全部华人的相应比例接近；英语或者法语作为家庭次要使用语言的比重也与全部华人的相应比例接近，差别很小。当调查对象的祖先有部分是华人时，英语或者法语作为家庭主要使用语言的比重上升，其中英语作为家庭主要语言的比重更高达61.07%（见表2）。

表2　2016年加拿大华人家庭内部官方语言使用分布（按祖先构成分）

单位：%

语言种类	祖先都是华人的华人	部分祖先是华人的华人	全部华人
英语作为主要语言	37.28	61.07	38.91
法语作为主要语言	1.39	2.80	1.49
英语作为次要语言	20.62	14.26	20.18
法语作为次要语言	1.04	1.61	1.08

数据来源：Statistics Canada, Census of Population, 2016。

工作场合同家庭环境差别很大，对于多元文化的加拿大来说，在工作场所可能会遇到不同文化背景、使用不同语言的工作伙伴或者顾客，这样的场合更有可能需要使用官方语言。那么，加拿大华人在工作场合使用官方语言的情况如何呢？全部华人[①]中表示英语是其工作场合主要语言的比例为44.46%，如果将华人区分为祖先都是华人和部分祖先是华人两类群体，其比例分别是44.44%和44.72%，相当接近；英语作为其工作场合次要语言的比例更低，全部华人中只有3.30%，而两类细分的华人群体则分别是3.36%和2.5%（见表3）。就华人总体和祖先都是华人的华人来看，他们在工作场合主要使用官方语言（英语）的比例要高于在家中主要使用英语的比例，但是对部分祖先是华人的华人来说，这个数字可能比我们预想得要低，从而出现一个很有意思的现象，即这部分华人在家中使用英语的比例要比他们在工作场合中使用的比例高，考虑到这部分华人在工作场合主要使用法语的比例也只有2.20%，所以他们在工作场合更有可能主要使用官方语言之外的其他语言。这可能是由于为数不少的加拿大华人就在唐人街或者华人开办的企业机构里上班，从而在工作场合中可以使用中文或汉语方言。

[①] 具体指有工作并正在工作的加拿大华人。

表3　2016年加拿大华人工作场合官方语言使用分布（按祖先构成分）

单位：%

语言种类	祖先都是华人的华人	部分祖先是华人的华人	全部华人
英语作为主要语言	44.44	44.72	44.46
法语作为主要语言	1.57	2.20	1.62
英语作为次要语言	3.36	2.50	3.30
法语作为次要语言	0.66	1.19	0.70

数据来源：Statistics Canada，Census of Population，2016。

2. 加拿大华人中文使用概况

加拿大华人使用官方语言的整体水平较高，超过80%可以用英语进行交流，但英语并不是他们唯一使用的主要语言，中文也是他们在家中经常使用的语言。按照加拿大2016年人口普查设定的标准，中文包括普通话、广东方言（粤语）、客家方言、闽东方言、闽南方言、江浙方言（吴语）及其他，本文也沿用该划分类型，但为简化数据考虑，有些分析将分布较少的部分地区方言合并称为其他汉语方言。加拿大人口普查在调查过程中除了询问是否在家中经常使用官方语言之外，还询问是否经常使用除官方语言之外的其他语言，只要受访者认定使用频率跟官方语言一样或者更高，就可以说明具体使用的语言。

表4是按祖先构成分的加拿大华人在家庭内部使用中文的情况。首先观察全部华人的中文使用情况，如果将普通话、广东方言和其他汉语方言合并计算，会有高达68.52%的华人在家中经常使用中文。其中有35.14%使用普通话，29.99%使用广东方言，这同加拿大华人的来源有一定关系。改革开放前，加拿大华人以广东和香港的移民为主；改革开放之后，来自中国的新移民不断增加，对加拿大华人整体带来了一系列影响，其中之一就是使用普通话的人增多了。祖先来源的差异对华人在家庭内部使用中文情况有很大影响，从祖先都是华人的华人来看，他们无论中文使用比例还是具体汉语方言使用比例都同全部华人的相应比例差别不大。而对部分祖先是华人的华人来说，他们更有可能使用官方语言或者其他语言，使用中文的比例要比全部

华人低，其中普通话的使用比例相差 9.09 个百分点，广东方言的使用比例相差更大，达到 15.58 个百分点，但使用其他汉语方言的比例则比总体的略高，这可能进一步隐含了这部分华人的祖先渊源信息（见表 4）。

表 4 2016 年加拿大华人家庭内部中文使用分布（按祖先构成分）

单位：%

语言种类	祖先都是华人的华人	部分祖先是华人的华人	全部华人
普通话	35.80	26.05	35.14
广东方言	31.13	14.41	29.99
其他汉语方言	3.30	4.55	3.39
官方语言	29.00	50.39	30.46
其他语言	0.44	3.44	0.63
未知	0.33	1.16	0.39
总计	100.00	100.00	100.00

数据来源：Statistics Canada, Census of Population, 2016。

3. 加拿大华人的母语认知概况

前文的分析表明，语言使用需要视具体场合而定，而且华人祖先的不同构成可能形塑不同的家庭文化传统，进而影响语言的使用。我们已经发现大部分加拿大华人能够使用英语，而且在家中使用中文的比例也相当高，但是华人会不会将使用的语言同自己的族群身份联系在一起？假设由于华人的身份，他们可能会将中文视为自己的母语，但实际情况如何呢？首先，需要对母语的含义进行说明，以加拿大人口普查的标准来看，母语是指受访者童年在家中所学的第一门语言，而且在调查时仍然熟悉该语言，但是如果一个人不再熟悉所学的第一门语言，那么母语就是他/她所学的第二门语言。还有一种情况，对在童年同时学习过两种语言的人来说，母语则是这个人上学前在家里最常用的语言。

先考察全部华人对母语的认知情况。从表 5 看，有 40.05% 的华人认为自己的母语是普通话，有 37.79% 的华人认为其母语是广东方言，有 15.13% 的华人认为其母语是加拿大的官方语言，还有 5.59% 的华人认为其母语是其他汉语方言。如果祖先都是华人，那这部分华人中有40.62%认为其母语是普通话，有39.12%的华人认为其母语是广东方言，两者相当接近。如果祖先中有部分是华人，这部分华人中有高达32.89%认为其母语是加拿大官方语言，有32.29%认为是普通话，有19.67%认为是广东方言，还有8.77%认为是其他汉语方言（见表5）。

表5　2016年加拿大华人的母语认知分布（按祖先构成分）

单位：%

语言种类	祖先都是华人的华人	部分祖先是华人的华人	全部华人
普通话	40.62	32.29	40.05
广东方言	39.12	19.67	37.79
其他汉语方言	5.36	8.77	5.59
官方语言	13.83	32.89	15.13
其他语言	0.74	5.22	1.05
未知	0.33	1.16	0.39
总计	100.00	100.00	100.00

数据来源：Statistics Canada, Census of Population, 2016。

上述情况说明加拿大华人的母语认知较为复杂。一方面，祖先来源影响了家庭的文化传统和语言使用，这为后代的母语认知形塑了独特的家庭—文化交互环境；另一方面，加拿大人口普查对母语的定义较为宽泛，这一点也需要我们注意。有些华人家庭在其子女幼年时期同时在家中使用或者教授中文和英语，但是当子女上学后，有可能逐渐减少乃至终止使用中文，这种情况下母语会被认定为除中文之外的其他语言。李国芳等人的研究显示，加拿大华人在家中的语言使用有多样选择，而不同选择对子女的中文使用有不同的影响[①]。

---

① 李国芳、孙茁：《加拿大华人家庭语言政策类型及成因》，《语言战略研究》2017年第6期。

（三）加拿大华人语言使用的特征

了解了加拿大华人语言使用的基本情况后，下文继续分析具备不同特征的加拿大华人语言使用的具体状况，以此总结加拿大华人语言使用的特征。考虑到数据的可得性，我们将语言使用的场合限定为家庭，即关注加拿大华人在家庭内部的语言使用，尤其关注他们使用中文的情况及其特征，具体从人口特征、地理空间、移民世代和移民来源构成等方面展开分析。

1. 加拿大华人的人口特征与语言使用

这部分从性别和年龄角度来分析华人的语言使用特征。性别与语言种类的列联分析结果表明，性别不影响加拿大华人家庭内部的语言使用，包括不影响对普通话或汉语方言的选择（见表6）。

分更好地分析年龄对加拿大华人家庭内部中文使用的影响，我们对加拿大人口普查数据中的年龄变量重新进行分组，具体分为：0~6岁、7~17岁、18~39岁、40~64岁、65岁及以上，这种划分综合考虑了教育和职业层面的年龄意义。比如，0~6岁主要涉及学前儿童，这时的儿童主要在家庭内部接受语言教育，由其父母决定在家中主要使用哪些语言，华人父母可能选择中文，也可能选择官方语言或其他语言；7~17岁主要涉及小学和中学阶段，这时学生已经在学校内开始系统地学习官方语言，开始拥有选择使用哪门语言的权利，并逐渐从学校到家庭主要使用这种语言。当然，华人学生在家中能否实际使用中文还受多种因素影响[①]。18~39岁的华人，他们可能进入大学学习或者开始工作，他们这时的社交圈开始扩大，家庭外的语言使用可能会影响家庭内部的语言使用。但是，在0~6岁和7~17岁这两个年龄阶段，华人少儿的语言选择变得多起来，从而也会影响其在家中对中文的使用。

[①] 李国芳、孙茁：《加拿大华人家庭语言政策类型及成因》，《语言战略研究》2017年第6期。

表6 2016年加拿大华人家庭内部中文使用分布（按性别分）

单位：%

语言种类	女性	男性	总体
普通话	34.90	35.40	35.14
广东方言	30.24	29.70	29.99
其他汉语方言	3.54	3.22	3.39
官方语言	30.29	30.65	30.46
其他语言	0.61	0.68	0.63
未知	0.42	0.35	0.39
总计	100.00	100.00	100.00
相关性检验	Pearson chi2(13) = 16.6815　Pr = 0.214　Cramér's V = 0.0206			

数据来源：Statistics Canada, Census of Population, 2016。

重新分组后的年龄段同加拿大华人家庭内部中文使用相关性显著，而且相关度达到0.18，两者间有微弱的相关关系。两者的列联分析显示，有44.85%的0~6岁华人幼儿在家中使用普通话，该数字是其他年龄段普通话使用比例中最高的，还有17.85%的华人幼儿在家中使用广东方言，连同使用其他汉语方言的，共有64.14%的幼儿在家中使用中文，使用官方语言的则有35.54%。7~17岁的华人少儿中，在家中使用官方语言的比例最高，达到53.57%，而使用中文的比例则为45.85%[1]。18~39岁的华人中，在家中使用官方语言的有39.55%，使用普通话的有37.58%，但合计使用中文的比例达到59.59%。40~64岁的华人中，在家中使用普通话的比例最高，达到37.55%，其次是使用广东方言，占比36.33%，两者相差不大，而合并使用中文的比例为77.39%，另有21.37%使用官方语言。65岁及以上的华人中，使用广东方言的比例最高，达到55.70%，其次是使用普通话，比例为23.38%，合计使用中文的比例为86.48%，而使用官方语言的则有11.96%（见表7）。

基本年龄越大的华人使用中文的比例也越高，但是0~6岁、7~17岁

---

[1] 合计使用普通话、广东方言和其他汉语方言的百分比。

和18～39岁的华人有些许差异。具体来看，0～6岁使用中文的比例（64.14%）要高于18～39岁（59.59%），继而高于7～17岁（45.85%）。近年来，不断提升的中国综合实力让加拿大华人父母对中国有了新的认识，因此在学好官方语言之外，他们也要求子女在家中使用中文，努力掌握中文，为日后的更好发展做好准备。另外，近十多年来的华人移民大多来自中国大陆，他们及其子女使用中文的能力和意愿相对较强。因此，在40岁以下的华人中，反而是0～6岁的华人幼儿使用中文的比例较高。7～17岁的华人少儿在各类公立私立学校学习，有了更多的语言使用场合，尤其是在学校以使用官方语言为主，逐渐形成多语言使用习惯可能会降低其在家中使用中文的意愿。另外，40岁以上的华人在家中使用中文的比例大幅提升，而且其中使用广东方言的比例随年龄而增加，这与加拿大早期华人的移民来源地有关。

表7 2016年加拿大华人家庭内部中文使用分布（按年龄段分）

单位：%

语言种类	0～6岁	7～17岁	18～39岁	40～64岁	65岁及以上	总体
普通话	44.85	29.34	37.58	37.55	23.38	35.14
广东方言	17.85	14.76	19.54	36.33	55.70	29.99
其他汉语方言	1.44	1.75	2.47	3.51	7.40	3.39
官方语言	35.54	53.57	39.55	21.37	11.96	30.46
其他语言	0.32	0.58	0.33	0.95	0.89	0.63
未知	0.00	0.16	0.53	0.29	0.67	0.39
总计	100.00	100.00	100.00	100.00	100.00	100.00
相关性检验	Pearson chi2(52) = 5.3e+03　　Pr = 0.000　　Cramér's V = 0.1838					

数据来源：Statistics Canada, Census of Population, 2016。

2. 加拿大华人的地理分布与语言使用

本部分分析加拿大华人的地理分布与其家庭语言使用之间的关系，具体考察加拿大不同省份华人的语言使用情况。由于华人样本分布不均，加拿大的育空地区、西北地区和努纳武特地区不参与分析。卡方检验结果显示，加拿大华人的地理分布与其家庭语言使用有显著的关联，说明加拿大不同省份的华人在家中语言使用上有较明显的分布差异。除阿尔伯塔省之外，其余9个省的华人在家中使用比例最高的都是普通话，其中爱德华王子岛高达77.97%[①]，而使用普通话比例最低的阿尔伯塔省，只有29.20%。除普通话之外，广东方言是加拿大华人在家中使用居第二位的中文语言，其中不列颠哥伦比亚省有多达32.00%的华人在家中使用广东方言，安大略省紧随其后，在家中使用广东方言的比例为30.69%，然后是阿尔伯塔省，比例也达到29.54%。在家中使用官方语言的加拿大华人也不少，其中新斯科舍省有36.54%，其次是阿尔伯塔省，有35.84%，再次是纽芬兰与拉布拉多省，在家中使用官方语言的比例为34.62%（见表8）。

表8 2016年加拿大华人家庭内部中文使用分布（按省份分）

单位：%

语言种类	普通话	广东方言	其他汉语方言	官方语言	其他语言	未知	总计
纽芬兰与拉布拉多省	48.08	7.69	5.77	34.62	0.00	3.85	100.00
爱德华王子岛省	77.97	6.78	0.00	6.78	0.00	8.47	100.00
新斯科舍省	48.08	7.05	5.13	36.54	0.00	3.21	100.00
魁北克省	41.99	20.68	5.23	30.15	1.16	0.79	100.00
安大略省	35.20	30.69	3.05	30.09	0.73	0.24	100.00
曼尼托巴省	43.88	24.08	3.67	26.12	0.41	1.84	100.00
萨斯喀彻温省	48.59	16.67	5.65	25.99	0.28	2.82	100.00
阿尔伯塔省	29.20	29.54	3.98	35.84	0.91	0.53	100.00
不列颠哥伦比亚省	34.38	32.00	3.20	29.85	0.36	0.21	100.00
相关性检验	Pearson chi2(130) = 1.2e+03　　Pr = 0.000　　Cramér's V = 0.0553							

数据来源：Statistics Canada, Census of Population, 2016。

---

① 由于2016年加拿大人口普查允许受访者选择多于一种的家中常用语言，部分百分比数字相加会超过100.0%。

3. 加拿大华人的移民身份与语言使用

加拿大华人的构成较为多元，如果从移民身份来看，有些华人具有天生的加拿大国籍，他们不是加拿大人口普查所界定的移民；有些华人属于入境移民或者拥有加拿大的永久居留权，这部分人属于普查界定的移民，而且这部分人中有些拥有加拿大国籍；还有些华人既不是入境移民也没有永久居留权，而是持有工作或学习许可并且可以在加拿大停留一定时间，以上三类中的第二类就是具有合法身份的移民。下文分析具有不同移民身份的加拿大华人家庭语言使用的分布特征。

整体来看，移民身份的差异确实会影响加拿大华人在家中使用的具体语言种类。从卡方检验结果来看，两者的相关性较为显著，而且其相关强度达到0.27。从移民身份来看，生来就具有加拿大国籍的华人在家中使用官方语言的比例是最高的，达到63.81%，其次是广东方言，所占比例为18.02%，使用普通话的比例排在第三位，占比16.15%。对于移民来说，这部分华人当中有38.74%的人在家中使用普通话，有36.53%在家中使用广东方言，还有19.54%在家中使用官方语言。既不是移民也没有永久居留权的华人大多数是在加拿大留学、工作或者访亲探友，这部分人使用普通话的比例最高，达到66.55%，其次是使用官方语言的，这部分人占比17.74%，再次是使用广东方言的，这部分人也占到该类华人的10.68%（见表9）。

表9 2016年加拿大华人家庭内部中文使用分布（按移民身份分）

单位：%

语言种类	非移民	移民	无永久居留权	其他（未知）
普通话	16.15	38.74	66.55	42.70
广东方言	18.02	36.53	10.68	21.35
其他汉语方言	1.33	4.01	4.61	6.74
官方语言	63.81	19.54	17.74	16.85
其他语言	0.24	0.84	0.18	0.00
未知	0.45	0.34	0.24	12.36
总计	100.00	100.00	100.00	100.00
相关性检验	Pearson chi2(39) = 8.5e+03　Pr = 0.000　Cramér's V = 0.2679			

数据来源：Statistics Canada, Census of Population, 2016。

三 结语

(一)总结

本文使用最新的加拿大人口普查数据对加拿大华人的语言使用进行了初步的描述分析,并在此基础上针对不同情况的华人分析其语言使用的特征,得到以下结论。

第一,能够使用官方语言的加拿大华人比较多,相比上次人口普查,能够使用英语或者法语的比重有一定幅度的提高。如果考虑其祖先来源,祖先中有非华人的族群能够使用英语或者法语的比例大大提高,尤其是使用英语的比例。第二,加拿大华人在不同场合的语言使用有较大差异。每5名加拿大华人中差不多有2名在家中主要使用英文,如果华人的祖先只有部分是华人,情况将变为每5名此类加拿大华人中有3名在家中主要使用英文。在工作场合下,则有44.5%的加拿大华人主要使用英语。第三,加拿大华人在家中和工作场合广泛使用中文,在家中使用中文的比例更高,加拿大华人使用的中文主要包括普通话、广东方言和其他汉语方言。第四,大部分加拿大华人认为自己的母语是中文,其中认为是普通话的要比认为是广东方言的稍多。第五,加拿大华人在语言使用上没有性别的显著差异,而年龄越大的华人使用中文的比例越高,但是在少儿群体中有不同的表现。第六,加拿大不同省份的华人在家中语言使用上有较明显的分布差异,一般来说,华人比较多的地方,使用语言的种类也多一些,而且安大略、阿尔伯塔和不列颠哥伦比亚三省的华人使用普通话的比例与使用广东方言的比例比较接近。第七,移民身份会影响加拿大华人在家中使用的具体语言,具有正式身份的华人越有可能使用官方语言。相反,具有合法移民身份的华人要比出生就有加拿大国籍的华人更有可能使用中文。

（二）讨论和建议

语言不仅是交流沟通的工具，它还是文化内涵和特征的集中体现。使用不同语言的人往往表现出不同的思维方式和价值观，而且语言还形塑语言使用者的身份认同和文化认同，加拿大华人的语言使用表现及其特征就不同程度地印证了这一点。语言使用者选择何种语言是一个较为复杂的决策过程，宏观性的语言政策、族群文化的价值和影响力、家族和家庭的内部传承都会影响语言使用者的判断。由于加拿大奉行多元文化政策，加拿大的华人相比世界其他地区的海外华人有更自由的语言制度环境，所以此地的华人在语言选择上更多地受到社区、家族和家庭的影响。在华人聚居区，这里有更加鲜明的中华文化特色，以及相对更多的使用中文的机会，从而形成一个特定的中文使用环境。在家族构成层面，如果祖先都是纯粹的华人，那么中华文化的影响，特别是中文的使用会更容易实现。在家庭内部，家长在语言使用上的决定权，可以暂时给子女的语言使用作出一定安排，而这种安排可能随着子女开始学校学习而有所改变；当然，也有可能奠定了一个重要基础，从而对子女一生的语言使用产生深远影响。

加拿大之所以采取多元文化政策，是由国家的自然、社会和经济特性决定的。加拿大虽是一个幅员辽阔、资源丰富的国家，但是其人口数量在发达国家中居于末位，要想实现可持续发展，充足的人口以及优质的人力资源是必不可少的，所以世界上没有哪个发达国家像加拿大这样如此欢迎外部移民。具有华人血统的移民，尤其是一百年以来，来自中国内地、香港和中国台湾地区的移民不断增多，他们在努力融入新环境的同时，也没有丢掉身上的文化烙印，中文使用就是最明显的标志。近二十年来，中国的综合国力不断上升，从全球范围看，中国的经济发展活力可算是数一数二，几乎世界各国都想参与到中国的发展中来，共享发展成果，中国对此也乐见其成。具有独特优势的加拿大华人在中加两国的经贸和文化交往过程中必将发挥重要的作用，但是这种优势并不是自然而然的，如语言优势就需要有针对性的工作加以维持和扩大。

基于本文的分析和其他学者的研究，我们认为童年时期的家庭语言环境和语言选择策略是相当重要的，它可能会影响子女未来的语言使用，但是如何建构家庭语言环境，这又是一个比较复杂的问题，这里我们很难提出全面有效的对策，但是我们可以尝试提出建议帮助华人父母及其子女学好中文，尤其是学好普通话。熟练掌握一门语言，尤其是像中文这样博大精深的语言，离不开系统的学习。这种学习可以在家中进行，但这要求父母本身具有较高的中文使用能力，对于那些不具备熟练使用中文能力的家庭来说，中文学校是一个绝佳的场所，因此，我们可以针对中文学校下一番功夫。首先，中文学校要有科学的教材，这类教材不是中国学校使用的语文教材，而是针对加拿大华人的实际情况编制的中文教材。其次，中文学校要有一定资质的教师，仅有教材还不够，教师的作用更大。我国的相关部门可以有计划地培训中文教师，让他们具备必要的教学技能，掌握正确的教学内容。再次，通过短期交流的形式外派中文教师，直接将优质的中文教学送到华人社区。最后，通过专项交流的形式，定期组织华人青少年到中国参加语言夏令营、文化夏令营等丰富多彩的活动，全方位展示中华文化和语言的魅力。

参考文献

陈松岑：《新加坡华人的语言态度及其对语言能力和语言使用的影响》，《语言教学与研究》1999年第1期。

郭世宝、万晓宏：《加拿大二线城市华人新移民经济融合研究："三重玻璃效应"与移民向下层社会流动》，《华侨华人历史研究》2014年第4期。

郭熙、李春风：《东南亚华人的语言使用特征及其发展趋势》，《双语教育研究》2016年第2期。

黄昆章：《近年来加拿大移民政策的演变及对华人的影响》，《八桂侨刊》2007年第4期。

李国芳、孙茁：《加拿大华人家庭语言政策类型及成因》，《语言战略研究》2017年第6期。

刘娟、朱耀顺：《多语言接触下的文化认同：以加拿大温哥华华人语言使用和文化认同为例看汉语国际传播》,《赤峰学院学报》(汉文哲学社会科学版) 2017 年第 10 期。

沈玲:《印尼华人家庭语言使用与文化认同分析:印尼雅加达 500 余名新生代华裔的调查研究》,《世界民族》2015 年第 5 期。

沈玲:《认同转向之下菲律宾华人家庭民族语言文字使用研究:基于 500 多名新生代华裔的调查分析》,《华侨华人历史研究》2016 年第 12 期。

王爱平:《汉语言使用与华人身份认同:对 400 余名印尼华裔学生的调查研究》,《福州大学学报》(哲学社会科学版) 2006 年第 4 期。

王丹青、玛丽·考特兰:《加拿大华人儿童的母语传承》,《江苏技术师范学院学报》2005 年第 1 期。

王奕轩、陆毅茜、宗力:《从统计数据看当代加拿大华侨华人的人口特征》,《华侨华人历史研究》2014 年第 4 期。

徐丹:《论加拿大华人移民人口结构的变化》,《世界民族》2007 年第 6 期。

庄国土:《世界华侨华人数量和分布的历史变化》,《世界历史》2011 年第 5 期。

庄国土、张晶盈:《中国新移民的类型和分布》,《社会科学》2012 年第 12 期。

B.6
东南亚华裔青少年来华留学意愿调查报告*

吕 挺**

摘　要： 支持东南亚华裔青少年来华留学具有教育、统战及外交等多层次的重要意义。对东南亚800余位华裔与非华裔青少年来华留学意愿的比较分析显示，东南亚华裔青少年来华留学意愿并不强烈，教育质量与就业机会是其选择留学目的地的最重要影响因素，奖助学金的影响程度个体与国别差异显著，而语言文化相似性则影响程度微弱。未来一个时期，东南亚华裔青少年来华留学发展机遇与挑战并存。一方面，东南亚人口结构与经济形势良好，加之我国对该地区的留学吸引力日益增强，潜在来华留学意愿的华裔生源数量可观。但另一方面，近年来东南亚华文教育发展遭遇瓶颈、来华留学生增速趋于平缓、全球留学生源竞争加剧，对我国吸引该地区华裔青少年来华留学形成了不小挑战。未来可尝试通过提升在华留学体验、适当放宽在华就业门槛与精准投放奖助学金等举措，吸引更多东南亚华裔青少年来华留学。

关键词： 东南亚　华裔青少年　来华留学

---

* 本文是2018年华侨大学"华侨华人研究"专项经费资助一般项目"海外华裔新生代中华文化认知现状与培养对策研究"（项目编号：HQHRYB2018-06）与厦门市社科联、厦门市社科院资助的厦门市社会科学调研课题项目（项目编号：2019B38）的阶段性成果之一。
** 吕挺，华侨大学华侨华人研究院助理研究员，主要研究方向：华文教育、高等教育管理。

一 引言

东南亚是世界上华侨华人最主要的聚居区域之一，东南亚华裔青少年作为在该地区出生成长的35周岁以下第二代以上华人[①]，不仅代表着当地华侨华人社会的未来，也被视为增进中国与东南亚各国相互理解交融的重要纽带。

东南亚华裔青少年特有的族群身份及所处的地理区位，决定了发展其来华留学具有教育、统战及外交等多层面的重要意义。首先，东南亚是来华留学的传统生源地，华裔青少年作为东南亚来华留学生源中的重要组成部分，具有庞大的基数[②]与可观的增长空间，是推动来华留学[③]事业持续发展、不断提升我国高等教育国际化水平的重要支撑。其次，增进华裔青少年对中国的了解与情感是我国统战侨务工作的主要任务之一。吸引东南亚华裔青少年来华长期学习生活，使他们有更多机会寻根溯源、亲身感受当代中国的蓬勃生机，有助于增进该群体对中国和中华文化的认同感，重新建立起同祖（籍）国间的血脉联系。最后，东南亚地区是"一带一路"建设的重要枢纽。东南亚华裔青少年在当地出生成长，融入程度深，熟谙主流文化与社交网络，是参与和推动"一带一路"建设的重要潜在力量。吸引东南亚华裔青少年来华留学，通过有意识地教育引导，提升其投身"一带一路"建设的能力与动力，有助于该群体未来在贸易畅通、政策沟通和民心相通等方面

---

① "华裔"概念的界定参考张秀明《华侨华人相关概念的界定与辨析》，《华侨华人历史研究》2016年第2期。华裔青少年的年龄界限目前学界并无统一标准，本文参照我国《中长期青年发展规划（2016~2025年）》，将其定义为35周岁以下人群。

② 根据国侨办2015年相关数据，东南亚华侨华人总数为4200万，联合国发布的《世界人口展望（2017年修订版）》（United Nations, Department of Economic and Social Affairs, Population Division (2017). World Population Prospects: The 2017 Revision.）显示，2015年东南亚地区35岁以下人口占总人口比例为60.4%，在不考虑不同族群年龄结构差异的情况下粗略推算，东南亚华裔青少年总数可能达2500万。

③ 本文中"来华留学"参照国内表述惯例，在地域上限定中国内地，不包括台湾省、香港特别行政区和澳门特别行政区。

发挥更大作用。

但国际上的学生流动不能只是"一厢情愿"。吸引东南亚华裔青少年来华留学对我国固然有上述多重积极意义,可对东南亚华裔青少年自身而言,他们是否具有强烈的来华留学意愿呢?他们在选择留学目的地时的考虑因素有哪些?来华留学对其最大的吸引力何在?

目前国内学界对上述问题的探讨尚较为有限。陈奕蓉基于对厦门大学海外留学生(东南亚学生占主体)的调查分析,指出华裔留学生来华学习动因并不单纯出自文化认同,而是受个人、家庭、社区、国家环境及交流情况等多重因素影响①。其"多重动因结构"说在后续的相关研究中被普遍证实和采纳,只是在多重动因中,有学者更为强调东南亚华裔青少年来华留学动机的特殊性。例如,王爱平通过对华侨大学华文学院印尼华裔学生的调查,指出其对华人身份与中华文化的认同,是与实用性动机并驾齐驱的来华学习原因②。而李明欢对厦门大学东南亚华裔青少年的调查结果显示,"与东南亚华侨华人血浓于水的情缘纽带"是其来华学习择校的重要因素③。有学者则更为强调东南亚华裔青少年来华留学动机的普遍性,如陈文等基于两广地区15所院校的抽样调查数据与田野观察,指出东南亚华裔青少年"虽然拥有中国的血统或华人的身份,但留学中国的选择并非主要取决于华人的身份认同或对中国文化认同等情感性因素,而是取决于他们对个人未来事业发展的考虑以及对中国是否能够为其个人事业发展提供机遇的判断"④。

暂不论上述研究结论的差异,他们均以在华特定学校或地域学习的东南亚留学生为调查对象,这在一定程度上形成了"信息茧房",无法反映广大

---

① 陈奕蓉:《多重动因结构:华裔留学生来华学习影响因素分析——兼以与非华裔留学生对比》,厦门大学硕士学位论文,2007。
② 王爱平:《印尼华文教育定位问题的再探讨——从三百余名印尼华裔、非华裔学生语言文化背景的调查谈起》,《华侨大学学报》(哲学社会科学版)2005年第4期。
③ 李明欢:《期待与制约:东南亚华裔青少年来华学习择校因素分析》,《南洋问题研究》2009年第4期。
④ 陈文、李钊、邓禹:《东南亚华裔青少年来华留学的动因分析——基于两广地区15所院校的抽样调查数据与田野观察》,《世界民族》2013年第4期。

东南亚华裔青少年特别是那些未来华留学群体的真实意愿,其结论也可能因此存在一定的倾向性与局限性。本文依托华侨大学在东南亚的丰富办学网络,尝试突破以往研究在地域上的限制,直接以住在国华裔青少年为调查对象,并结合国际组织与各国政府近年来发布的相关宏观数据,更为全面地分析东南亚华裔青少年的来华留学意愿与前景,并在此基础上提出一定的对策建议。

二 东南亚华裔青少年来华留学意愿调查

(一)调查内容与对象

本文参考现有关于国际学生流动与留学生来华影响因素的相关成果[①],设计了"海外留学意愿调查问卷"。问卷主要分为三个部分:第一部分主要了解受访者的个人基本信息,包括家庭背景与在华人际网络等情况;第二部分主要了解受访者的留学意愿,包括留学首选专业、首选国家、来华留学的首要原因等;第三部分主要通过李克特5级量表,测量受访者选择留学目的地时的主要影响因素(包括经济成本、教育质量、生活环境、地理距离、语言文化相似性、录取可能性、学校排名、奖助学金与就业机会等)以及不同奖学金条件对受访者选择留学目的地的影响程度。

问卷初稿经华侨大学、厦门大学两校相关领域专家与东南亚国家华文教育从业者的评议反馈以及少量学生试测,进行了调整优化,最终问卷设有中文、英文与泰文3种语言版本。

问卷调查于2018年12月至2019年2月主要在泰国、菲律宾与缅甸3

---

① 白晓煌、袁本涛、杨晓平:《国际学生流动研究:分析框架、研究主题与影响因素——基于国外学者研究的视角》,《高教探索》2018年第10期。魏浩、袁然、赖德胜:《中国吸引留学生来华的影响因素研究——基于中国与全球172个国家双边数据的实证分析》,《教育研究》2018年第11期。杨晓平、王孙禹:《国际学生留学北京动机的实证研究》,《中国高教研究》2017年第2期。孙慧莉、李忠明:《来华学生择校影响因素及择校途径研究——以江苏省为例》,《高教探索》2017年第8期。

国展开，共回收有效问卷 836 份①，其中来自华裔学生问卷 434 份，占 51.9%，非华裔学生问卷 402 份，占 48.1%。在性别方面，男性 380 人，占 45.5%，女性 456 人，占 54.5%。在年龄方面，调查主体为 16 岁以上青少年，其中 16~18 岁共 415 人，占 49.6%，18 岁以上 273 人，占 32.7%。

（二）主要调查发现

1. 东南亚华裔青少年来华留学意愿有限

本次调查显示（见表1），东南亚华裔青少年首选的留学目的地前 5 位依次为欧洲（27.65%）、北美（20.05%）、中国台湾（11.75%）、其他②（11.52%）与中国大陆（11.29%）。中国大陆对东南亚华裔青少年的留学吸引力不仅与欧美等发达地域有较大差距，也略逊于我国台湾地区。

同时，华裔青少年首选留学目的地的国别差异显著，这在来华留学选择上表现突出。在泰国和缅甸，分别有 15.79% 和 16.44% 的华裔青少年将中国大陆视为首选留学目的地，但在菲律宾，仅有 1 位华裔青少年（占比 0.75%）作此选择，与该国首选赴台湾地区留学的人数比例（12.03%）存在鲜明反差。而在缅甸，香港地区表现出强大的吸引力，有 10.96% 的华裔青少年将其视为留学首选，明显高于泰国（6.58%）与菲律宾（2.26%）的同等人群占比。

值得关注的是，非华裔与华裔青少年在留学目的地选择上的整体性差异不大，且他们较华裔青少年呈现更为强烈的来华留学意愿。受访非华裔青少年将中国内地（13.86%）与中国香港（8.46%）视为首选留学目的地的人

---

① 泰国回收有效问卷 537 份，来自曼谷基督教学校、普吉中学、泰国农业大学本部及色军分校，菲律宾回收有效问卷 190 份，来自菲律宾嘉南中学、计顺菲华中学、马嘉智嘉南中学、晨光中学，缅甸回收有效问卷 109 份，来自福星语言与电脑学苑孔子课堂、庆福宫华文补习学校、勃生华文补习学校、毛淡棉华文补习学校、EMPS 学校、Kings 国际学校与 SKT 国际学校。泰国农业大学孔子学院、泰国普吉孔子课堂、缅甸福星语言与电脑学苑孔子课堂、华侨大学驻东南亚各国代表处、校内多部门及部分外派汉语国际教师志愿者对本次调查给予了大力支持。

② "其他"多为未作为单独选项出现的日本、韩国等国。

数比例均高于华裔青少年（分别为11.29%、5.99%）。在菲律宾，鲜有华裔青少年（0.75%）问津的中国大陆，却是7.02%非华裔青少年的首选。

表1 首选留学目的地数据对比

单位：%

	三国合计		泰国		菲律宾		缅甸	
	华裔	非华裔	华裔	非华裔	华裔	非华裔	华裔	非华裔
欧洲	27.65	34.08	33.33	38.19	24.81	14.04	15.07	30.56
北美	20.05	17.91	14.47	13.92	25.56	35.09	27.4	25
中国台湾	11.75	8.71	12.72	9.06	12.03	12.28	8.22	0
其他	11.52	5.72	9.65	4.21	13.53	14.04	13.7	5.56
中国大陆	11.29	13.68	15.79	14.89	0.75	7.02	16.44	13.89
东盟国家	6.91	6.47	2.63	3.88	13.53	17.54	8.22	11.11
中国香港	5.99	8.46	6.58	9.71	2.26	0	10.96	11.11
大洋洲	4.38	4.73	3.95	5.83	7.52	0	0	2.78

2. 东南亚华裔与非华裔青少年选择留学目的地的主要影响因素相同

本次调查设置问题："如果有机会出国留学，你在选择留学目的地时下列因素的重要程度如何？"要求受访者对经济成本、教育质量、生活环境、地理距离、语言文化相似性、录取可能性、学校排名、奖助学金与就业机会等9项因素作出评价，重要程度分为5级，从"1不重要"到"5非常重要"逐级递增。

结果显示（见表2），华裔青少年认为最为重要、均值在4分以上的4项影响因素依次是教育质量（4.433分）、就业机会（4.332分）、生活环境（4.272分）与录取成功率（4.108分），这4项的标准差也相对较低，具有较强的代表性。而受访非华裔青少年作出的评价结果竟与此基本一致，均值在4分以上的影响因素依次同样为教育质量（4.458分）、就业机会（4.44分）、生活环境（4.251分）与录取成功率（4.174分），不仅影响因素的重要程度排序完全相同，且每项影响因素的评价均值、标准差都与华裔青少年的对应数据十分接近，差距均仅在0.1左右。

表2 选择留学目的地的影响因素对比

	华裔		非华裔	
	均值(分)	标准差	均值(分)	标准差
教育质量	4.433	0.785	4.458	0.796
就业机会	4.332	0.879	4.44	0.886
生活环境	4.272	0.889	4.251	1.006
录取成功率	4.108	0.975	4.174	0.96
经济成本	3.859	1.042	3.905	1.095
语言文化相似性	3.634	1.038	3.552	1.096
奖助学金	3.604	1.328	3.714	1.158
学校排名	3.597	1.152	3.689	1.038
地理距离	3.424	1.163	3.522	1.163

相关统计分析还有以下两点值得指出的发现。

其一，人们一般认为华裔青少年可能会出于语言或文化上对祖籍国的认同，而更倾向于来华留学。但本次调查显示（见表3），语言文化相似性不是影响东南亚华裔青少年留学目的地选择的主要因素。该项影响因素对三国华裔青少年而言，重要程度都仅排在9项影响因素中的第7~9位。这与陈文等学者对两广地区东南亚华裔青少年的调研结论基本一致[①]。

表3 "语言文化相似性"影响程度对比

国 家	华裔/非华裔	语言文化相似性		
		均值(分)	标准差	影响因素排名
泰 国	华 裔	3.452	1.021	7/9
	非华裔	3.489	1.053	9/9
菲律宾	华 裔	3.887	0.959	7/9
	非华裔	3.895	0.976	8/9
缅 甸	华 裔	3.74	1.131	8/9
	非华裔	3.556	1.501	8/9

---

① 陈文、李钏、邓禹：《东南亚华裔青少年来华留学的动因分析——基于两广地区15所院校的抽样调查数据与田野观察》，《世界民族》2013年第4期。

其二，奖助学金对东南亚华裔青少年选择留学目的地的影响程度见表4，个体差异显著，其标准差是所有影响因素中相对最大的。而不同国别青少年对这一影响因素的评价差异更为突出，泰国华裔青少年认为奖助学金是最不重要的影响因素，缅甸华裔青少年却将其视为第二重要的影响因素，反差巨大，这应与不同国家的经济发展水平与国民收入差异密切相关。与此同时，各国非华裔青少年对奖助学金的重要程度评价均值要高于华裔青少年，这在一定程度上反映了东南亚华裔青少年家庭的经济优势，可以在选择出国留学目的地时较少考虑来自外部的资助。

表4 "奖助学金"影响程度对比

国 家	华裔/非华裔	均值（分）	标准差	影响因素排名
泰 国	华 裔	3.232	1.271	9/9
	非华裔	3.528	1.164	7/9
菲律宾	华 裔	3.955	1.065	6/9
	非华裔	4.386	0.861	4/9
缅 甸	华 裔	4.123	1.581	2/9
	非华裔	4.25	0.967	1/9

3. 教育质量与就业机会是吸引东南亚华裔青少年来华留学的主要因素

本次调查设置问题："如果来中国大陆留学，你认为最吸引你的地方可能在哪里？"要求受访者同样从经济成本、教育质量、生活环境、地理距离、语言文化相似性、录取可能性、学校排名、奖助学金与就业机会等9项因素中作出选择（见表5）。

三国华裔青少年的选择排在前3位的因素依次是就业机会（19.12%）、教育质量（17.74%）与生活环境（13.13%）。依国别而论，有多达24.56%的泰国华裔青少年将就业机会视为中国大陆最大的吸引因素，另有17.11%选择了教育质量，分列前2位。菲律宾华裔青少年同样将这两项

（教育质量20.3%，就业机会14.29%[①]）视为首选。而缅甸华裔青少年如上文所述，最为看重的是来自中国大陆的奖助学金机会（17.81%），位列第2位的则同样是教育质量（15.07%）。

表5　中国大陆留学吸引因素对比

单位：%

	三国合计		泰国		菲律宾		缅甸	
	华裔	非华裔	华裔	非华裔	华裔	非华裔	华裔	非华裔
就业机会	19.12	24.88	24.56	29.13	14.29	17.54	10.96	0
教育质量	17.74	20.65	17.11	21.36	20.3	21.05	15.07	13.89
生活环境	13.13	11.94	14.47	12.94	13.53	10.53	8.22	5.56
经济成本	12.67	12.44	14.47	12.94	9.77	10.53	12.33	11.11
语言文化相似性	10.83	9.95	10.09	8.74	11.28	10.53	12.33	19.44
奖助学金	10.14	5.22	5.26	1.62	14.29	12.28	17.81	22.22
录取成功率	6.45	4.98	7.89	5.5	3.01	1.75	8.22	8.33
学校排名	4.84	3.23	2.63	1.94	6.77	10.53	8.22	2.78
地理距离	2.76	2.74	1.32	1.62	4.51	1.75	4.11	13.89

对首选中国大陆作为留学目的地的受访群体的筛选分析发现（见表6），教育质量与就业机会的影响程度更为凸显。将教育质量（28.57%）与就业机会（26.53%）视为选择来华留学首要因素的华裔青少年人数占比之和超过半数，大幅超出其他影响因素。而在非华裔青少年中，首选这两项因素的人数占比同为21.82%，大幅超出居第3位的生活环境（12.73%）。

表6　中国大陆留学吸引因素对比

单位：%

	教育质量	就业机会	奖助学金	生活环境	经济成本	语言文化相似性	录取成功率	学校排名	地理距离
华裔	28.57	26.53	10.2	8.16	8.16	8.16	4.08	2.04	0
非华裔	21.82	21.82	5.45	12.73	9.09	7.27	9.09	3.64	3.64

---

① 奖助学金与就业机会并列，同为14.29%。

三　东南亚华裔青少年来华留学前景展望

东南亚华裔青少年来华留学发展在未来一个时期机遇与挑战并存。一方面，东南亚人口结构与经济形势良好，加之我国对该地区的留学吸引力日益增强，有潜在来华留学意愿的华裔生源数量可观。但另一方面，近年来东南亚华文教育发展遭遇瓶颈、来华留学生增速趋于平缓、全球留学生源竞争加剧，均对我国吸引该地区华裔青少年来华留学形成了不小挑战。以下将对上述前景作出具体分析。

（一）东南亚人口结构与经济走势良好，潜在华裔留学生源数量可观

从人口形势看，目前东南亚总人口约6.5亿，仅次于印度和中国，位居全球第三位，且其年龄结构与人口增长率均处于良好状态，0~19岁的高等教育潜在群体规模将长期稳定在2亿左右。而中国伴随出生率的持续下降与老龄化的加剧，高等教育潜在人口总数则将从2000年初的4.2亿锐减至2050年的2.5亿（见图1）。与此同时，东南亚是世界上最主要的华侨华人聚居区，生活有4000多万海外侨胞，约占全球总数的70%。在华侨华人数量排名前10位的国家中，东南亚国家占有7席多，其中印度尼西亚和泰国华侨华人达千万规模，高居全球第1、2位，马来西亚、缅甸、新加坡、菲律宾与越南的华侨华人人数亦均在百万以上（见表7）。不论从高等教育、统战侨务还是公共外交的视角看，为数甚多的东南亚华裔青少年都是来华留学可重点发展的对象。

从经济前景看，东南亚是目前全球经济发展最快的地区之一，并预期仍将长期保持5%以上的GDP年均增长率，在2050年可能超越欧盟和日本，成为世界第四大经济体。与之相伴的是东南亚中产阶级的迅速扩张[①]，其规

---

① 此处中产阶级指按购买力平价计算日均支出在10美元至100美元的家庭。

模预计将由2015年的1.35亿人增长至2030年的3.34亿人[①]，加之该地区华人家庭经济收入水平要高于平均水准，具备支持子女出国留学经济能力的东南亚家庭特别是华人家庭的规模颇为可观。

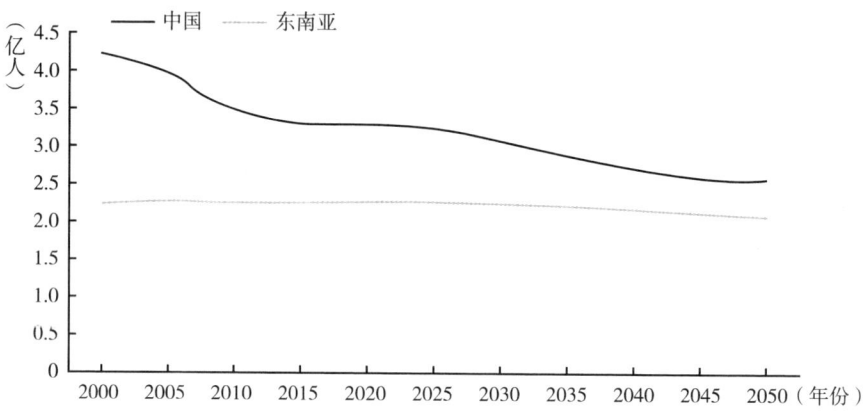

图1　中国与东南亚0~19岁人口规模走势

资料来源：World Population Prospect 2017. United Nations。

表7　东南亚国家人口、华侨华人数量与来华留学人数统计

单位：万人，位

国家	2017年人口总数	世界排名	华侨华人数量	世界排名*
印度尼西亚	26399.1	4	1600	1
泰国	6903.8	20	1000	2
马来西亚	3162.4	45	655	3
缅甸	5337.1	26	300	6
新加坡	561.2	114	300	7
菲律宾	1049.2	13	200	8
越南	9554.1	15	200	9
柬埔寨	1600.0	70	100左右	14

---

① East-West Center, Asean Matters for America, Asia Matters for America, https://asiamattersforamerica.org/uploads/publications/2017 – ASEAN – Matters – for – America. pdf.

续表

国家	2017年人口总数	世界排名	华侨华人数量	世界排名*
老挝	685.8	105	10以下	—
文莱	42.9	172	10以下	—
东帝汶	129.6	155	10以下	—
人数总计/世界占比	54376/7.2		4200/69	

注：* 排名限于华侨华人数量超过10万人的国家。
资料来源：Population Ranking, World Bank，国务院侨务办公室。

（二）来华留学比较优势日益显现，对东南亚华裔生源吸引力增强

本次调查显示，教育质量与就业机会是东南亚华裔青少年选择留学目的地时的主要影响因素。我国在这两方面的比较优势未来有望日益显现。

在教育质量上，我国已拥有全世界最大的高等教育规模和职业教育体系，且政府正通过强有力的经费投入和政策支持，积极推动其由外延式发展向内涵式建设转型。2012~2016年，我国财政性教育经费投入达13.5万亿元，超过前60年累计投入之和[1]。与此同时，"双一流"建设引领中国高校的国际竞争力取得了长足进步，跻身世界前列的高校数量增长迅速（见表8），未来可能吸引越来越多东南亚华裔青少年的关注。

表8 中国大陆与东南亚高校世界排名对比

单位：所

	中国大陆	东南亚
前100名	3	2
101~500名	11	1
501~1000名	50	17

资料来源：World University Rankings 2019, Times Higher Education。

---

[1] 叶雨婷：《教育部：我国高等教育在学总规模居世界第一》，中青在线，2017年9月29日，http://news.cyol.com/content/2017-09/29/content_16541688.htm。

在就业机会上，伴随"一带一路"建设的推进，中国与东南亚的经贸和人员往来越发紧密。中国已连续9年成为东盟第一大贸易伙伴，东盟则连续7年成为中国第三大贸易伙伴，双方于2018年底共同发布了《中国—东盟战略伙伴关系2030年愿景》，致力于打造面向未来的中国和东南亚命运共同体。如今每周有3800多个航班往返于中国和东南亚国家之间，双方年均人员交往近5000万人次。东南亚华裔青少年通过来华留学，将在已有先天优势的基础上进一步熟悉中国国情与文化，成为不可多得的跨文化人才，拥有强劲的就业竞争力和发展前景。

（三）东南亚华文教育发展遭遇困境，助推华裔青少年来华留学效果有限

东南亚华文教育有悠久的发展历史。为保持和延续华裔青少年的民族特性，广大东南亚侨胞自移民之初便自发出钱出力，兴办华文教育，将其视为不可或缺的留根工程，如泰国崇华新生华立学校、菲律宾侨中学院等都有近百年的办学历程，马来西亚更是建立起了从华文小学到大专院校较为完整的华文教育体系。

但伴随20世纪后半叶东南亚华侨社会向华人社会的转型，华文教育事业也遭遇了发展上的瓶颈。一方面，其教学对象主体多为在住在国出生长大的三代以上华裔，他们不论思想感情还是语言习惯都已与主流社会深度融合，缺乏对祖籍国的了解与情感，学习兴趣不高。另一方面，华文学校的办学经费、师资数量、教学资源等长期处于紧张匮乏状态，在部分国家还受到官方政策上的有意限制，难以得到质的改善。因此，东南亚华文教育近年来的发展举步维艰、效果难尽如人意。

许多东南亚华裔青少年对于中国的感受与非华裔青少年日趋接近，都将其视为在时间、空间及心理上相去甚远的跨文化对象[①]。本次问卷调查显示，华裔与非华裔青少年不论首选留学目的国家还是留学选择动因的统计结

---

① 吕挺：《论海外中华传统文化教学中的故事意识》，《世界华文教学》2017年第3辑。

果都极为相近，正是这一现象的自然反映。在可预见的未来，较难冀望会有大批东南亚华裔青少年出于文化或情感认同而将来华留学视为首选。

（四）东南亚来华留学生增长步入"新常态"，拓展生源增量难度加大

21世纪以来，我国来华留学事业得到前所未有的发展，来华留学生总数从1999年的4.4万人激增至2017年的48.9万人，其中在2002年到2013年长达十余年的时间里，东南亚来华留学生增速始终高于世界平均增速，是这一增长背后稳定的推动和保障力量（见图2）。

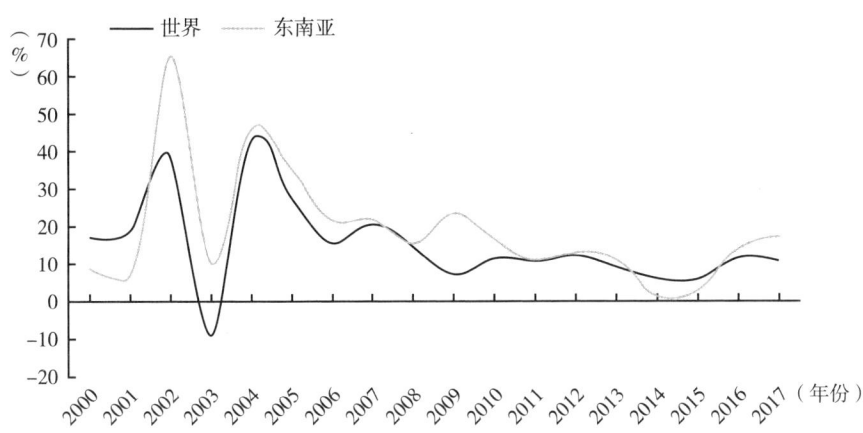

图2　世界与东南亚近年来华留学生人数增速对比

资料来源：教育部历年来华留学生简明统计。

近年来，因来华留学生规模已扩张至较大体量，难以继续维系常年高速增长，逐步进入稳中有升的"新常态"。在此发展转型过程中，东南亚来华留学生数量的波动尤为明显，2014年与2015年连续两年其来华留学生增速低于世界平均水平近5个百分点，分别仅为1.01%与2.84%，这也是自2002年以来东南亚增速首次低于世界平均水平。而我国一直致力于提高的来华留学学历教育人数，东南亚更是已连续5年低于世界的平均增速（见图3）。如何在稳定存量的同时开拓增量，将是未来东南亚来华留学事业发展面临的一大挑战。

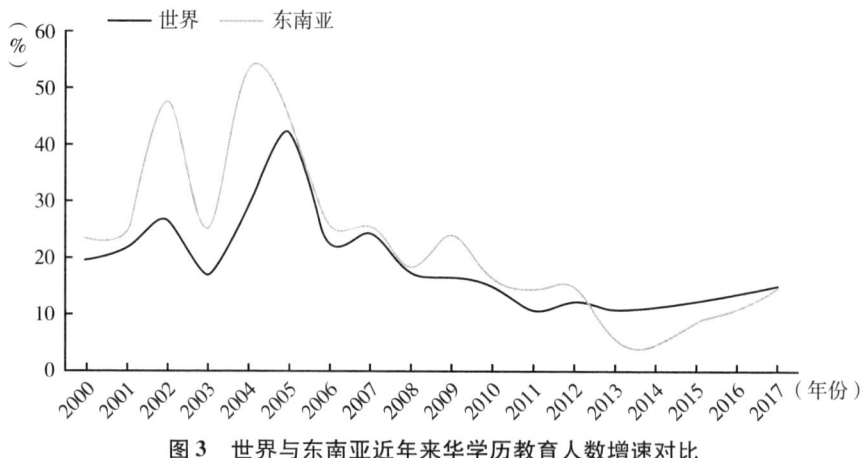

图3 世界与东南亚近年来华学历教育人数增速对比

资料来源：教育部历年来华留学生简明统计。

（五）全球留学生源竞争日趋激烈，对东南亚来华留学事业发展形成冲击

留学生比例不仅是衡量一个国家或地区高等教育国际化水平的重要指标，而且指向政治、经济、文化等更为广阔的舞台。近年来，世界各主要留学目的地均在加大力度吸引全球留学生源，也对我国在东南亚的来华留学事业发展形成了很大冲击与挑战。

以美国和中国台湾地区为例，美国素来注重同东南亚国家间的教育合作，积极吸引东南亚学生赴美留学，以此维系巩固其在该地区的战略影响力。在传统合作项目基础上，美国又于2013年推出了"东南亚青年领袖计划"（YSEALI），资助大量东南亚青年精英赴美参访。2015～2016学年，共有约55000名东南亚学生在美留学，为美国带来高达17亿美元的经济贡献[1]。台湾近年来致力于扩大与东南亚国家间的联系交往，于2016年起推出"新南向政策"。在教育领域，台湾不仅扩增了针对东南亚学生特别是侨

---

[1] East-West Center, Asean Matters for America, Asia Matters for America, https://asiamattersforamerica.org/uploads/publications/2017 - ASEAN - Matters - for - America.pdf.

生的奖学金名额，而且专门针对东南亚国家的产业需求与教育市场，开设了如专业技师培训、产学合作等定制化课程，并通过积极培植在台湾的东南亚新移民进行"娘家外交"等手段，力图扩大东南亚国家赴台湾留学规模①。

尽管中国大陆也在同期推出了"留学中国"计划，力图全方位多渠道加强来华留学工作，但在部分东南亚国家的生源竞争中仍处下风。例如，在越南，赴美留学生人数近年来一路攀升，从1999年的2266人增长至2017年的24325人，来中国留学生人数却由2011年的峰值13549人下降至2017年的11311人，同时越南赴中国台湾留学生人数近年来涨势凶猛，有后来居上的态势（见图4）。在马来西亚，台湾目前仍占有留学市场的领先地位，自2010年起每年均能保持千人以上的增长规模，而来中国大陆留学生数则连续多年在6000人左右徘徊，在2017年方有所突破，但同年马来西亚赴台湾留学生数为17079人，仍超过来中国大陆和赴美国留学生人数的总和，优势明显（见图5）。

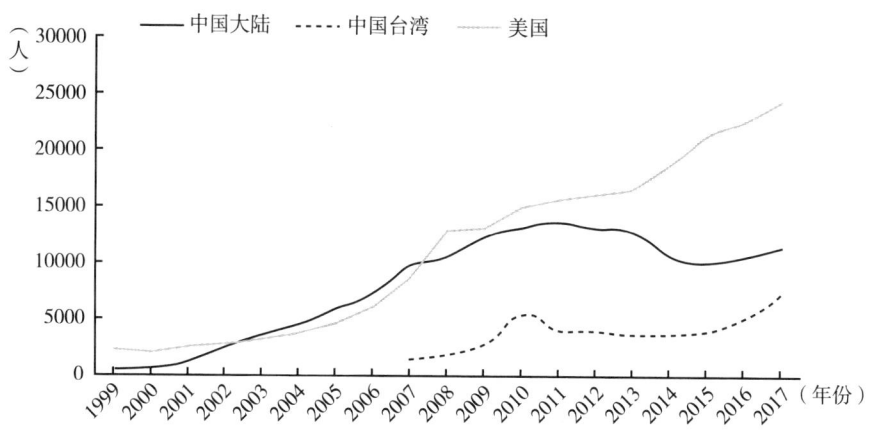

图4　越南赴中国大陆、中国台湾及美国留学生数对比

资料来源：教育部历年来华留学生简明统计。台湾"教育部"统计处。INSTITUTE OF INTERNATIONAL EDUCATION。

---

① 《"教育部"新南向人才培育推动计划》，"教育部"全球资讯网，2016年10月3日，https：//ws. moe. edu. tw/001/Upload/7/relfile/8053/51384/5fd31e54 - beb7 - 48c1 - b018 - 22ccf3de1e19. pdf。

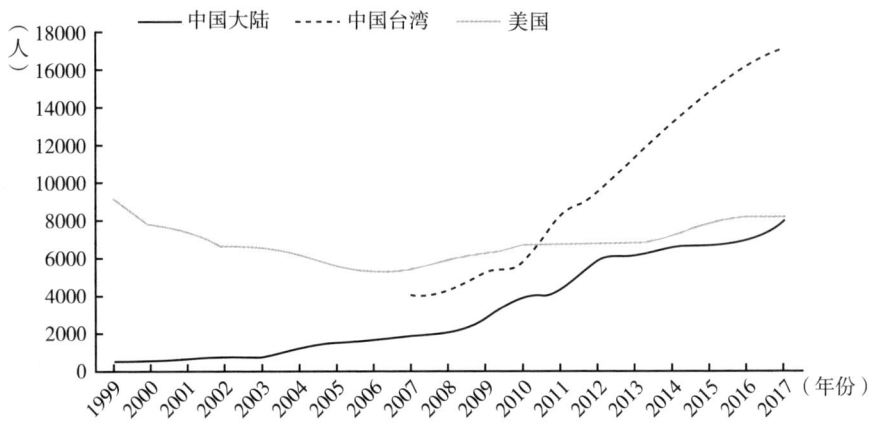

图 5　马来西亚赴中国大陆、中国台湾及美国留学生数对比

资料来源：教育部历年来华留学生简明统计。台湾"教育部"统计处。INSTITUTE OF INTERNATIONAL EDUCATION。

四　东南亚华裔青少年来华留学发展建议

如前文所述，东南亚华裔青少年来华留学发展机遇与挑战并存，其形势如逆水行舟、不进则退，需要我国主动作为，在针对东南亚华裔青少年的留学体验、就业政策与奖助学金等方面积极推陈出新，不断加强自身吸引力。

（一）着力提升在华留学体验

教育质量是东南亚华裔青少年选择留学目的地最为关注的因素。教育质量并不简单等同于课堂教学质量，它包括了一所大学及外部社会所能提供给留学生的整体教育环境和留学体验。有研究显示，在西方主要留学目的国，留学生对留学经历的整体满意度均超过80%，而在上海这一比例仅为67.1%。在来上海之前，有76.7%的留学生视中国为首选留学目的地，但在实际留学之后，仅有59.2%的留学生愿意把中国作为留学目的地推荐给他人[1]。这一现象需要引

---

[1] 丁笑炯：《高校来华留学生支持服务满意度调查与思考——基于上海高校的数据》，《高校教育管理》2018年第12期。

起我们的高度重视和充分反思。

笔者在同东南亚华裔留学生的常年接触中发现,许多时候他们的负面感受并非源于日常的教学质量或生活条件,而是留学环境的封闭以及由此而生的隔膜与误解。目前国内高校通常是将华裔与非华裔留学生一视同仁,纳入专门的海外教育学院,单独编班教学,并将其集中在特定的住宿生活区域甚至独立校区。从教学与管理的角度看,这一做法自有其合理性,但也在很大程度上切断了华裔留学生与境内生的交集。校方为促进境内外生交往,的确积极开展了各类活动,但这些被动式的活动参与度和实际效果并不理想。同时,我国高校与社会间保有一定的距离,不像西方国家存在大量社工组织、宗教团体与高等院校间的频繁互动,来华留学生相对缺乏走出校园、深入当地民众和生活的渠道。因此,许多东南亚华裔留学生虽然身处中国,但是不易结识到中国的同龄好友,又难以接触校园之外的广阔社会,这在很大程度上影响了他们的在华留学体验,也削弱了他们与中国间的情感联系,无从实现华裔青少年留学教育本应彰显的重要作用。

有鉴于此,国内高校可探索逐步增加混合住宿与统一授课的比重,为华裔学生和境内生建构更为紧密的学习生活共同体。东南亚华裔学生在生活习俗、学习风格等方面与境内生差异相对较小,具有更强的融合性。从短期看,这诚然会增添教学与管理上的一定难度,但从长远看,它既有助于增进东南亚华裔学生对祖籍国的归属感,也能为境内生带来国际化的教育体验,利大于弊。与此同时,各级涉侨部门和群团组织在与高校开展合作项目时,不要流于传统的夏/冬令营或奖助学金模式,可积极利用自身的平台优势,为华裔学生创造融入校外社区的机会,如为华裔学生提供精细化的寻根谒祖服务,帮助其重构祖籍记忆与联系,或提供各类实习机会,使其在增强自我实践能力的同时加深对中国社会的认知。

俗话说"金碑银碑,不如人的口碑",通过积极提升东南亚华裔学生的在华留学体验,形成良好口碑与良性循环,才可能从实质上扩大中国对东南亚华裔青少年的留学吸引力。

（二）适当放宽在华就业门槛

就业机会是东南亚华裔青少年选择留学目的地时的另一重要考虑因素。伴随中国与东南亚国家间经贸往来的不断升级，拥有来华留学经历无疑将在一定程度上提升东南亚华裔青少年的就业机会与竞争力。但若仅就在华就业而言，目前对来华留学生仍有相当高的门槛。

西方主要留学目的国家，对留学生就业居留通常持积极宽松的态度。以澳大利亚为例，国家不仅在制度上保障了留学生的工作权利，允许其在学期间每周工作 20 小时，并在留学生毕业后给予 2~4 年的签证时间供其寻找工作。同时，澳大利亚各级政府、教育机构与企业间建立了良好的沟通与合作机制，旨在共同为留学生积极创造实习与就业机会①。我国因自身劳动力资源丰富，长期面临严峻的国内就业压力，在留学生就业政策上不可能如澳大利亚等西方国家采取完全开放的姿态。根据我国原有的《高等学校接受外国留学生管理规定》，外国留学生在校学习期间仅可参加学校规定的勤工助学活动，不得就业、经商或从事其他经营性活动，而对于申请在华就业的外籍人员，又要求必须有至少两年的相关工作经历，这基本上限制了来华留学生毕业后在华就业的可能性。这一点很大程度上制约了我国在国际留学市场上的竞争力，也不利于各行各业汇聚全球人才资源谋求更快发展。

近两年，我国在深化国际人才来华就业体制机制方面做出了重大的探索尝试。2017 年，人力资源和社会保障部、外交部、教育部共同发布《关于允许外籍优秀高校毕业生在华就业有关事项的通知》，拟以配额管理的形式允许部分在中国境内高校取得硕士及以上学位且毕业一年以内的外国留学生在华就业。2019 年 7 月，公安部发布新闻发布会，拟在全国范围推广 12 条移民与出入境便利政策，其中就包括对毕业后在中国从事创新创业活动的国内重点高等院校本科以上学历外国优秀留学生提供办理签证和居留许可的政

---

① 杨洲、刘志民：《世界七大留学目的国留学生招收策略对比及启示》，《现代大学教育》2017 年第 6 期。

策支持和便利服务。

鉴于东南亚华裔学生在社会融入、文化认同等方面具备的独特优势,在上述政策具体落地过程中,可尝试以福建、广东、广西、云南等东南亚侨务资源集中的省份为试点,对东南亚优秀华裔毕业生在学历要求、毕业院校和配额指标上予以适当放宽,探索经验,评估效果。上述留学生就业政策释放的积极信号将有望极大提升东南亚华裔青少年的来华留学意愿。

(三)合理优化奖助学金配置

提供奖助学金看似是吸引东南亚华裔青少年来华留学最为简单易行的手段之一,但它并非多多益善,需要进行审慎的评估考量。

我国目前尚没有中央层面专门面向华裔学生的奖助学金项目,这在世界其他国家和地区并不鲜见。例如,印度政府设有离散儿童奖学金,资助海外印度人子女及印裔学生回国接受高等教育,以色列由政府和犹太人机构共同出资设有 Masa 奖学金,资助全球 18 岁至 30 岁的犹太裔青年前往以色列学习交流。台湾地区为吸引海外侨生赴台就学,不仅设有优秀侨生奖学金、清寒侨生助学金等项目,还于近年来不断增加投入、扩大资助名额。与此同时,我国现有来华留学奖助体系对东南亚地区的支持力度并不充分。根据笔者统计,近年来东南亚来华学生中获得中国政府奖学金的比例长期低于世界平均水平,中国政府奖学金每年给予东南亚的配额也长期低于当年该地区来华学生的全球占比。在此背景下,我国可考虑设立中央层面的华裔奖助学金项目,以此扶助、吸引更多海外华裔青少年特别是为数甚众的东南亚华裔青少年来华留学。

现有奖助学金看似并没有充分调动起东南亚华裔青少年的来华留学的意愿,效果欠佳。如本次调查显示,奖助学金对东南亚华裔青少年选择留学目的地的影响程度个体与国别差异极其显著。在配合本次调查所进行的访谈中,也进一步证实了该观点。印尼北苏拉威西省华文教育协调机构徐主席提及,2015 年前后当地省政府看到有越来越多的中国游客前来旅游观光,决定颁发 20 个奖学金名额给即将高中毕业的学生到中国学习汉语,参加报名

人数众多，但竟然无一位是华裔，因为许多华裔学生已由家长安排好前往西方国家留学。而国家汉办驻柬埔寨管理教师张老师则表示，从某种角度看，柬埔寨华裔学生并不缺乏前往中国留学的奖学金项目，除中国政府奖学金和孔子学院奖学金外，中国许多大学也有针对柬埔寨的优惠政策，但各类奖学金项目每年都会出现很多的空缺，这主要是由信息不对称、宣传不到位等因素造成的。

针对上述问题，在未来合理优化奖助学金配置要比单纯提升奖助力度更为重要。为此，我们一方面可尝试通过丰富奖助学金的类别与内涵，提升对东南亚华裔青少年的吸引力。借助"一带一路"的发展契机，吸引想要"走出去"的中资企业和"走进来"的东南亚侨资或外资企业参与资助，积极探索教育援助、人才培养与产业发展相结合的创新型项目。这类项目既能鼓励企业的资助热情，为其输出急需的国际人才，又能让受资助的华裔学生学有所用，觅得就业机会，项目本身就将成为推动"一带一路"建设发展的良好示例。另一方面，我们可积极发挥移民网络的作用，推动奖助学金在东南亚华裔青少年中的精准投放。传统以国内高校招生部门为主体的宣传方式，覆盖范围相对有限，很多有实际经济困难又有心来华留学的东南亚华裔青少年并不易及时获取到奖助学金方面的信息。东南亚华裔青少年与中国间本有着千丝万缕的联系，通过积极借助归侨侨眷、侨乡的海外关系，以及东南亚华裔留学生与校友的宣传作用，可以搭建起更为丰富立体的招生宣传网络，且其成本低、受众面广、接受度高，有助于提升奖助学金的实际投放效果，惠及更多真正有需求的东南亚华裔青少年。

五　结语

本文主要基于对东南亚泰国、菲律宾与缅甸三国800余名华裔与非华裔青少年调查问卷的比较分析，指出东南亚华裔青少年目前并不具备强烈的来华留学意愿，他们选择留学目的地的主要影响因素与非华裔青少年极为相似，均将教育质量与就业机会视为首要动因，奖助学金的影响程度个体与国别差异显著，而语言文化相似性的影响程度微弱。通过对国际组织及各国政府近年来发布宏观数据的综合分析，本文认为未来东南亚华裔青少年来华留学发展机遇与挑战并存。一方面，东南亚人口结构与经济走势良好，来华留学比较优势日益显现，有潜在来华留学意愿的东南亚华裔生源数量可观；另一方面，近年来东南亚华文教育发展遭遇瓶颈、来华留学生增速趋于平缓、全球留学生源竞争加剧，将对我国在该地区开展华裔来华留学工作形成冲击。未来我国可通过着力提升在华留学体验、适当放宽在华就业门槛与合理优化奖助学金配置等举措，进一步吸引东南亚华裔青少年来华留学。

受时间和精力等方面的限制，本文观点主要基于来自泰国、菲律宾与缅甸三国的调查数据。但正如文中指出的，东南亚华裔青少年在来华留学意愿上存在很大的个体和国别差异，未来研究还需进一步扩大调查范围，在区域上辐射更多国家，在数量上采集更多样本，以此获取更为全面的信息并进行比较分析。同时，未来还需对国内各级政府及高校的东南亚华裔学生招生与培养实践给予更多的跟踪关注，以此发现总结更具针对性的对策建议。

参考文献

陈强、文雯：《"一带一路"倡议下来华留学生教育：使命、挑战和对策》，《高校教育管理》2018年第12期。

陈文、李钊、邓禹：《东南亚华裔青少年来华留学的动因分析——基于两广地区15所院校的抽样调查数据与田野观察》，《世界民族》2013年第4期。

戴东红：《中美两国近年留学生教育发展的比较研究——基于2008~2014年的数据分析》，《教育学术月刊》2015年第12期。

丁笑炯：《高校来华留学生支持服务满意度调查与思考——基于上海高校的数据》，《高校教育管理》2018年第12期。

哈巍、陈东阳：《挑战与转型：来华留学教育发展模式转变探究》，《中国高教研究》2018年第12期。

韩丽丽：《如何提升来华留学教育的竞争力——基于规模总量和学历结构视角的经验分析》，《北京师范大学学报》（社会科学版）2017年第5期。

贾佳、方宗祥：《"一带一路"倡议下中国与东盟跨境高等教育刍议》，《高校教育

管理》2018年第12期。

贾益民主编《华侨华人研究报告（2016）》，社会科学文献出版社，2017。

李安山等：《双重国籍问题与海外侨胞权益保护》，江苏人民出版社，2016。

李明欢：《当代国际移民发展趋势及主要国家的政策应对》，《世界民族》2018年第2期。

刘宝存、胡瑞：《东南亚国家来华留学教育：进展、问题与对策》，《华南师范大学学报》（社会科学版）2018年第5期。

王辉耀主编《四川人才发展报告2018》，社会科学文献出版社，2018。

王辉耀主编《中国区域国际人才竞争力报告（2017）》，社会科学文献出版社，2017。

魏浩、袁然、赖德胜：《中国吸引留学生来华的影响因素研究——基于中国与全球172个国家双边数据的实证分析》，《教育研究》2018年第11期。

杨洲、刘志民：《世界七大留学目的国留学生招收策略对比及启示》，《现代大学教育》2017年第6期。

张秀明：《华侨华人相关概念的界定与辨析》，《华侨华人历史研究》2016年第2期。

经 贸 篇

Economy and Trade

B.7
华人家族企业在印尼经济转型背景下的发展策略调查

翟威甯　宋镇照　蔡博文*

摘　要： 印尼是海外华人最多的国家之一，在独立后经济发展逐渐稳定，苏西洛总统和佐科威总统大力发展经济，GDP 总值保持在 5% 以上的成长率。而华人企业虽然在印尼经济中扮演着重要角色，占印尼人口不到 5% 的华人，创造出印尼 50% 以上的财富，同时也遭受印尼政治、经济和文化冲击的重大影响，这让华人面对企业的转型发展与接班传承的双重考验。

---

* 翟威甯，逢甲大学商学博士，广东东软学院家族企业研究中心研究员，主要研究方向：华人家族企业传承、家族治理、产业政策分析；宋镇照，美国佛罗里达大学社会学博士，成功大学政治系暨政经所特聘教授，成功大学东南亚研究中心主任，成功大学东亚发展暨治理研究中心主任，主要研究方向：政治经济学、东南亚政经研究、社会发展与变迁、中国与东协经济整合；蔡博文，中山大学中山学术研究所经济学博士，广东东软学院家族企业研究中心主任，主要研究方向：家族企业治理、创新管理、创业管理。

本文研究发现：随着印尼经济产业发展转变，华人企业开始转向采取国际化发展的策略和方向；面对接班传承问题挑战，正由"家族企业"慢慢转型成为"专业家族"。印尼华人企业的发展历程，可以为国内家族企业提供参考，以解决家族企业面临的接班与传承窘境，同时借由"一带一路"掌握进军国际市场的机遇。

关键词： 华人家族企业 接班与传承 印尼经济发展 发展策略 "一带一路"倡议

一 前言：印尼面对外部经济与内部企业环境的双重转型压力

目前印尼正由农业国逐渐转变发展为新兴工业化国家，享有高度经济发展的成果，已经成为东南亚地区最大的经济体，国内生产总值（GDP）突破一万亿美元，俨然成为下一个金砖国家。尽管如此，印尼也同时面临着国内外经济环境的转变和内部企业转型的压力和挑战，这迫使印尼华人家族企业调整内外发展的策略与方向。

2008年虽然发生国际金融危机，但对印尼经济的冲击相对较小，印尼经济仍然持续增长，可以说是在金融风暴后少数几个增长快速的国家之一。印尼经济在1965年前GDP增长率不到2%。直至1970年开始提速增长，到1996年GDP增长率达到5%~6%，跻身中等收入国家。但1997年受到亚洲金融危机的重创，经济严重衰退，开始受到国际货币基金组织（IMF）的经济监管。直至1999年底，印尼经济开始缓慢复苏，GDP年均增长3%~4%。在2003年底，印尼经济好转，按计划结束国际货币基金组织的经济监管。

苏西洛（Susilo Bambang Yudhoyono）总统于2004年执政后，采取改革

措施，如大力吸引外资、发展基础设施建设、整顿金融体系、扶持中小企业发展等，让印尼经济 GDP 增长率始终保持在 5% 以上。2014 年佐科威（Joko Widodo）总统执政后，在其第一个任期内（2014~2019），也一直维持着印尼经济成长率在 5% 左右（见表1），延续着苏西洛总统不错的印尼经济成长率，让近 15 年来的印尼经济持续着稳定快速发展，在未来将会更加重视出口导向贸易、制造业投资和硬件基础建设投资，来带动印尼经济增长。

表1 2001~2018 年印尼的 GPD 增长率

单位：%

2001年	2002年	2003年	2004年	2005年	2006年	2007年	2008年	2009年
3.63	4.5	4.78	5.03	5.69	5.5	6.35	6.0	4.63
2010年	2011年	2012年	2013年	2014年	2015年	2016年	2017年	2018年
6.22	6.17	6.03	5.56	5.01	4.88	5.03	5.07	5.17

资料来源：印尼中央统计局（Statistics Indonesia），2019 年 6 月 25 日，https://www.bps.go.id/。

在 2019 年佐科威总统发表"印尼展望"（Vision Indonesia）政治演讲，宣示未来五年的发展愿景，强调经济发展将更加动态化，人力资源将更加合理化，政府官僚机构将更加精简和灵活，国家预算将得到有效和高效的管理，对经济发展有益及其所有的动力都将被置于首位。

基本上，从佐科威总统过去几年的发展方向及第二任期的初步作为，首先可以观察出其施政重点仍然会围绕《印尼工业 4.0 路线图》[1]持续推动产业自动化，打造数字与制造技术深度融合产业，推动印尼与世界各国同步发展高端制造业，达到经济高质量发展的目标。其次，印尼是万岛国家，拥有丰富的海洋资源，如何利用和发展丰富的海洋资源，也将是印尼重要的发展策略，这可以作为印尼重建成为海洋大国的有利基础。扩大跟大国

---

[1] 《印尼制造 4.0 计划出台 目标 2030 年进入全球十大最大经济体行列》，2019 年 6 月 18 日，http://photo.china.com.cn/2018-12/18/content_74289340.htm。

的海洋合作和海上业务推广，也邀请中国、日本和印度参与互联互通的设施建设。最后，加速基础设施建设，过去积极投资建设国内道路、高铁、机场、港口等重大措施，已明显改善印尼的经济发展环境。未来佐科威总统还要加速基础设施建设，扩大经济成效。特别是在中国"一带一路"政策的发酵下，引入更多中国的资金、人才和技术，推动更重大的国内基础建设。

第二次世界大战后世界各国经济开始起步，华人企业发展过程中，华人资本在全球经济中发挥着重要的作用，海外华人经济圈也被视为世界具有影响力的经济势力。而其中最引人注目的就是东南亚各国的华人企业集团，特别是印尼华人企业。其中在印尼的针记、金光和三林等集团，都是华人家族所拥有的核心企业，以及相关企业所组成的企业群体，其影响力相当巨大[1]。

对印尼来说，华人企业是印尼经济的重要组成部分。在亚洲金融危机中，虽然亚洲国家许多企业集团受到重创，甚至银行倒闭、企业破产，但印尼的华人企业在经济上受到的冲击相对缓和一些。尽管华人经济占了印尼总产业的90%，由于印尼华人企业负债不多，且主要原料、劳动力和市场都在印尼国内，因而没有受到国际经济市场的严重冲击。但当时的印尼华人企业在政治上受到严重的冲击和破坏，也就是1998年的排华政治事件。华人企业经济上受损程度相对较轻，加上印尼政治形势趋于稳定后，华人企业生产和经营恢复很快，也对印尼的日后经济复苏作出了巨大的贡献[2]。

根据《福布斯》（Forbes）杂志所公布的2018年印尼富豪统计前十名，华人就占了7个，其中针记（Djarum）集团的黄氏兄弟（黄惠祥、黄惠忠）成为印尼首富，金光（Sinar Mas）集团和三林（Salim）集团分别居第3位和第5位（见表2）。从发布的数据可以看出，华人企业在印尼经济发展中

---

[1] 陈凌、王河森：《华人企业集团家族治理模式演进研究——以印尼哥伦比亚集团为例》，《东南亚研究》2011年第3期，第73~78页。
[2] 温北炎：《经济全球化背景下印尼华人进一步融入当地社会的机遇与挑战》，《东南亚研究》2005年第5期，第71~74页。

扮演着重要的角色，甚至创造了印尼一半以上的财富，足见印尼华人在其经济发展中的重要性。

表2　2018年印尼十大富豪排行榜

	姓名	所属集团	资产(美元)	年纪(岁)
1	黄惠忠 黄惠祥	针记集团 (Djarum Group)	350亿	78/76
2	蔡道平	印尼盐仓集团 (Gudang Garam)	92亿	62
3	黄奕聪	金光集团 (Sinar Mas Group)	86亿	95 (2019年1月 26日过世)
4	罗希亚(Sri Prakash Lohia)	印度拉玛合成材料 (Indorama Synthetics)	75亿	66
5	林逢生	三林集团 (Salim Group)	53亿	69
6	翁俊民	国信集团 (Guoxin Group)	45亿	66
7	凯鲁·丹绒 (Chairul Tanjung)	CT集团 (CT Group)	35亿	56
8	许立文	卡尔贝制药公司 (PT Kalbe Farma)	32亿	85
9	乔吉亨德拉 (Jogi Hendra Atmadja)	马约刺集团 (Mayora Group)	31亿	72
10	彭云鹏	巴里多太平洋集团 (Barito Pacific)	30亿	7

资料来源：《福布斯公布2018年印尼十大富豪榜》，2019年7月1日，http://www.sohu.com/a/281304487_100080306。

值此之际，东南亚的华人企业也正面临另一个严峻挑战，即老龄化现象严重，因为第一代华人大多已进入老年，接班传承或是家族企业管理也将出现变化[①]。而这样的问题确实也同时冲击了印尼经济和华人企业的发展，影

---

① 文平强：《华人与东南亚经济》，《东南亚研究》2010年第5期，第55~64页。

响更关系到家族企业的接班与传承。研究相关问题可以发现,华人家族企业若无法适当解决接班传承的问题,势必会影响华人企业的发展,甚至会进一步对该国整体经济成长带来重大影响①。

综上所述,印尼华人家族企业未来有两大问题必须去面对。第一,面对印尼经济快速变化和发展,在未来国内外经济与政治的冲击下,华人家族企业该如何因应?现有的经济规模和企业组织是否做好准备面对新的经济潮流与竞争?第二,与其他国家华人家族企业存在相同的挑战,便是面对接班传承的压力,或是如何实现家族企业经营的转型发展,其选择条件如何?接班人不仅选择是否要去接班,更大的压力是如何去面对印尼产业的快速转型和发展,以及国际市场经济的竞争和冲击。家族企业要在这一波国内外经济转型中实现较具竞争优势的变革,发挥和维持可持续的家族企业竞争能力,以达到百年传承的目标。这些正是印尼家族企业所面对的两个重大转型难题。

首先,本文从印尼的经济发展和转变,以及华人家族企业在印尼经济中的影响力和经营策略转变角度,探讨印尼经济改革的方向,试图找出一条家庭企业可持续发展的道路。其次,试图从华人家族企业的研究案例找出当前所面对的挑战难题,提出接班与传承的建议,再进而观察家族企业在转型和接班问题上是否一致。在国际化发展的冲击下,家族企业又如何因应?在此,将以印尼最大的三个华人家族企业财团为例深入研究和探讨,以便了解其如何因应家族企业之发展转型和经营策略变革,找出华人家族企业最具竞争力的发展策略和方向。

二 印尼经济产业变革和企业发展趋势

1997年的东南亚金融危机对印尼的制造业造成很大的冲击,增长速度减缓,甚至GDP的贡献出现下降。制造业所占比例从2005年的28.1%滑

---

① 中国孔子基金会、全国经济哲学研究会、上海市儒学研究会:《新时代儒学与家族企业的文化精神传承》,"从儒学到儒商——当代儒商精神研究的时代价值和国际意义"研讨会,上海财经大学,2019年1月14日至15日。

落到2016年的20.52%和2018年的20.5%（见表3），出现"去工业化"现象。但从工业化的发展历程来看，通常经济增长无法长期依靠消费和投资来维持，在交通通信、商业、餐饮、电力/煤气/水力等第三产业（服务业）的贡献逐渐降低后，相对而言工业制造被视为长期经济增长的物质基础[1]。

表3 印尼制造业对GDP的贡献统计（2005~2018）

单位：%

2005年	2006年	2007年	2008年	2009年	2010年	2011年
28.1	27.8	27.4	26.8	26.4	24.8	24.3
2012年	2013年	2014年	2015年	2016年	2017年	2018年
23.9	28.4	23.7	21.7	20.52	20.5	20.5

资料来源：《印尼制造业对GDP的贡献统计》，2019年7月20日，https://www.bps.go.id/ https://unstats.un.org/unsd/databases.htm。

印尼虽然拥有丰富的天然资源，但农业高附加值经济作物短缺，长期依赖进口，间接阻碍了传统制造业的发展。从事传统农业的人口比例依然过大，城市快速发展也导致了严重的城乡发展失衡现象。大量农民工流向城市造成失业问题严重，再加上城市基础设施建设薄弱、企业和国家的创新能力不足等制约，即使印尼拥有人口优势，因经济增速减缓和教育未能普及等问题，极易陷入"中等收入陷阱"（middle-income trap）的发展困境。如何避免或摆脱中等收入陷阱，则有两大有效策略作为参考：一是要提高生产效率，此有赖于基础设施的改进，以及政府对商业投资环境的大力改善；二是要提升创新能力，此则需依靠教育投资的增加，以及政府和企业研发投资力度的加大[2]。

---

[1] 林梅、柯文君：《苏西洛总统执政10年的印尼经济发展及新政府的挑战》，《南洋问题研究》2014年第4期，第49~50页。
[2] 吴崇伯、钱树静：《印尼的中等收入陷阱问题分析》，《南洋问题研究》2017年第3期，第79~93页。

自 2000 年以来，印尼经济年均增长保持在 5%~6%，2017 年 GDP 突破 1 万亿美元大关。人均 GDP 也由 2000 年的 800 美元，上升至 2017 年的 3800 美元，消费和国内投资对 GDP 增长的贡献率达 90%。联合国工业发展组织《2016 国际统计年鉴》指出，2015 年印尼已经跻身世界十大制造强国之列。但如何满足旺盛的国内需求，如何稳定国内经济和投资的环境及善用丰富的自然资源等条件，将是印尼未来经济发展的关键因素[①]。

2004 年苏西洛成为第一任直选的印尼总统，其在任 10 年期间是印尼政治稳定、经济快速发展、失业贫困人口和外债下降的黄金时期。苏西洛执政的成就主要在于金融危机以后快速复苏，再加上印尼历任政府经济改革的铺垫，苏西洛政府依据国内经济发展形势实施了多项经济发展政策，包括重新制定经济发展计划、扩大就业、减少贫困等，大幅稳定通货膨胀，保持经济增长，奠定了印尼在东盟发展的基础，更是印尼经济发展转型的关键点。

2015 年佐科威总统执政后，在原有基础上促进经济增长，一直保持在 5% 以上。2017 年世界银行的数据显示，世界工业化国家对经济的贡献率约为 17%。世界银行数据也显示，工业对国家经济发展提供贡献较大的五个国家分别是：中国（28.8%）、韩国（27.0%）、日本（21.0%）、德国（20.6%）和印尼（20.5%）（见表 4），充分表明印尼经济改革的初步成效。2018 年印尼政府更启动了"制造印尼 4.0"项目计划，以提高本地劳动生产率，为转型优先增值产业打下基础，目的是使印尼在 2030 年能成为世界十大经济体之一。物联网、人工智能、人机界面、机器人和传感器及 3D 打印技术等领域，成为主要支持印尼工业 4.0 发展的转型产业。

---

① 谢成锁、刘磊：《印尼工业 4.0 路线图综述》，《全球科技经济了望》2018 年第 4 期，第 1~7 页。

表4 工业发展对国家经济发展的贡献

单位：%

中国	韩国	日本	德国	印尼
28.8	27.0	21.0	20.6	20.5

资料来源：《世界工业化国家对经济的贡献率》，2019年7月15日，https：//stat.unido.org、《工业对国家经济发展提供贡献值》，2019年7月15日，http：//www.worldbank.org/。

此外，佐科威总统也积极与中国展开密切的经济发展合作。2018年在中国"一带一路"倡议支持下，佐科威共签署了230亿美元合约项目，让中资进入当地投资建设水力发电厂、港口以及高铁等项目，强化通过国际路线实现经济发展。印尼在2010年到2013年外国投资呈现大幅度增加，从160亿美元增长到290亿美元，但2013年到2016年皆维持在290亿美元的规模。直至2017年在中国"一带一路"倡议推动下，大量引入中资企业，外资投资金额激增到320亿美元（见图1）。自2018年起，随着中国大量资金持续进入，带动其他各国的投资意愿，更有利于印尼未来的经济发展。

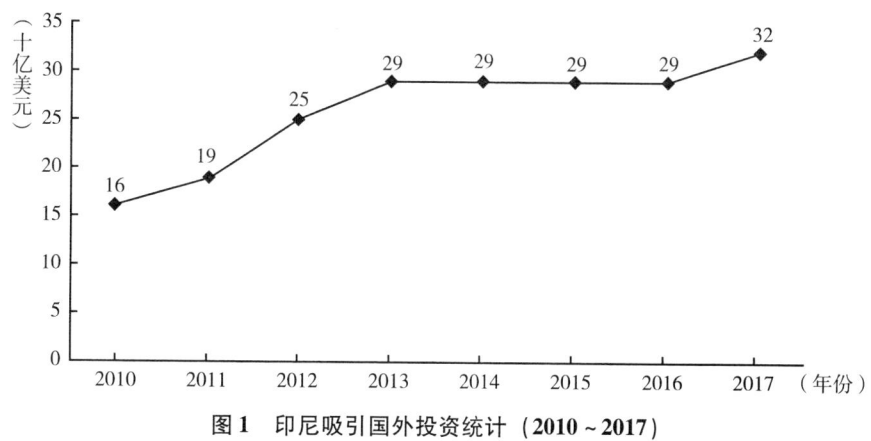

图1 印尼吸引国外投资统计（2010~2017）

资料来源：印尼吸引国外投资表，2019年7月12日，https：//www.bps.go.id/。

2015年5月16日中国国务院发布《关于推进国际产能和装备制造合作的指导意见》，明确提出以钢铁、建材、铁路、电力、化工等12个重点行业为重点，推进国际产能合作，这完全符合印尼发展重点所需的行业。目前

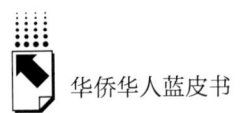

印尼信息通信基础设施条件相当落后，全国网络普及率不足，不仅影响了经济发展，也不利于吸引国外投资者。因此，印尼工业部倡议，在爪哇至巴厘岛、苏拉威西等加强建设信息科技与通信工业中心，并在各行各业推广信息通信技术的应用，从而促使印尼经济在国际上更具有竞争力[1]。

印尼在中国"一带一路"倡议的指引下，不仅可以加强通信行业的产能合作，还可聚焦新一代信息技术产业、机器人、航空航天装备、先进轨道交通装备、节能与新能源汽车等高端技术重点领域。中国特色产业的产能操作将在跟印尼的发展合作进程中发挥更大的作用与影响，可以带动和提升印尼高新企业的发展，对印尼投资及经济发展的影响不容小觑[2]。

这无疑也能为华人家族企业提供一大波发展机遇，印尼华人家族企业可以借由其祖籍国的政策优惠，取得更优于其他印尼企业的地位，实现未来的合作与发展。但华人家族企业未来如何利用"一带一路"的机遇，在产业上如何对接合作，企业又如何面对转型压力，都将决定和影响华人家族企业的未来发展与竞争力。

三 华人家族企业对印尼经济成长的影响

印尼是东南亚最大的国家和经济体，也是海外华人最多的国家。美国詹姆斯顿基金会《中国简报》在 2015 年指出：东南亚目前生活着 2500 万华人，其中在印尼约 600 万人，他们占印尼总人口的 2.5% 左右，虽然人数不多，但印尼华人财富占印尼的 1/2 到 3/4。这些数据更显示华人企业在印尼的经济发展中扮演着重要的角色[3]。

---

[1] 沈铭辉、张中元：《"一带一路"背景下的国际产能合作——以中国、印尼合作为例》，《国际经济合作》2017 年第 3 期，第 4~11 页。
[2] 《中国-印尼：回顾 5 周年，展望新发展》，2019 年 7 月 22 日，https：//baijiahao.baidu.com/s？id=1600135442575525785&wfr=spider&for=pc。
[3] 《印尼华人竟然掌握着该国 80% 的财富》，2019 年 6 月 30 日，http：//www.sohu.com/a/11792685_111230。

华人家族企业在印尼经济转型背景下的发展策略调查

印尼自2009年受到世界金融经济危机爆发的影响,对工业成长和GDP增长也造成重大阻滞。但是印尼在一些劳动密集型和资源密集型制造业上,如纺织、鞋类、食品、橡胶原料、水泥和天然原料等,仍然具有竞争力。主要原因是印尼华人企业善于利用自己与中国文化和经济的深厚关系,持续加强经济合作,从而带领印尼经济渡过金融风暴[①]。

华人家族企业成为印尼经济的一个重要组成部分,会直接或间接影响印尼经济整体的成长。由于华人企业在私营经济中具有资金、技术、市场和经营管理等优势,更多华人企业吸收了当地和国际的管理人才,开启参与企业高层管理及合作经营模式,也成为印尼华人企业经营的独特发展模式,建立了良好的政商人脉关系,可以降低华人企业在印尼政治上可能遇到的风险。

印尼华人企业多数属于家族经营管理模式,但许多企业的第二、第三代管理者慢慢到国外接受西方教育与训练,回国后更采取了西方管理模式,开始采取现代化企业经营发展策略。同时,也由于华人企业集团经营规模大、市场网络庞大,华人企业集团开始带领印尼经济融入全球市场。顺应国家产业经济的国际化趋势,华人企业采取国际市场经营的策略,扮演着国际化经营的角色。

东南亚华人家族企业集团大多在20世纪70年代形成和发展,80年代中期后企业规模开始迅速扩大,主要表现为企业集团的资产额迅速暴增。也由于企业规模快速扩大,在国内外上市公司增多,其市场份额较印尼国内其他企业大幅提高,在此情况下出现了华人企业"集团化"(conglomerate or enterprise group)发展趋势。东南亚华人企业的集团化发展中,印尼、马来西亚和泰国的企业集团规模较大,也最为明显。

《福布斯》杂志公布的2019年印尼富豪榜显示,针记集团的黄惠忠、黄惠祥兄弟成为印尼首富,其后是金光集团和三林集团。印尼作为东南亚国

---

① 廖永红:《浅谈华侨华人对东南亚经济发展的影响——以印尼为例》,《新西部》2011年第35~36期合集,第243~244页。

家的典型代表，国土由众多岛屿组成，加上庞大的人口基数，这是印尼主要的经济特点和优势。

印尼近年来利用自身充足的廉价劳动力，吸引了不少外来企业投资。在印尼当地有不少华人，大多印尼华裔来源于20世纪的下南洋浪潮，之后留在当地生根发芽，并对印尼经济发展作出重大贡献。从《福布斯》公布的2018年印尼十大富豪来看，华人占了一半以上，其中最大的华人企业集团便是由黄维源创办的"针记集团"，现由黄惠忠与黄惠祥兄弟共同经营，目前是印尼丁香烟（Kretek）的第二大生产商，约占印尼市场的19%。1963年黄维源去世后，黄惠忠及黄惠祥兄弟接手管理，除丁香烟外，开始涉入棕榈油提炼、造纸、发射塔经营等领域，在1975年创办电器品牌宝创（Polytron）。

针记集团主要资产来自印尼最大的私有银行——中央亚细亚银行（简称中亚银行，Bank Central Asia），针记集团黄氏兄弟是中亚银行的最大股东。该集团也拥有两家银行，一家是厦嘉吉达银行（Bank Hagakjta），另一家是厦嘉银行（Haga Bank），曾经拥有近百家分行，遍及印尼，不过之后卖给荷兰合作银行。在房地产方面，集团也建有PT Bukit Mulia工业区，同时兴建住宅和办公大楼，更拥有雅加达市中心著名的Grand Indonesia大型购物商场及印尼大酒店和中亚银行大楼。此外，也插足国际网络市场的购物网站和大型网上讨区Kaskus，整个集团有超过15家企业，是印尼最大的商业集团之一。

其次是印尼的金光集团（Sinar Mas Group），它拥有附属公司40多家，其中在印尼和中国香港的上市公司有5家。所生产的食油占国内产量的85%，也是印尼最大的造纸商，并拥有国内第四大私营银行——印尼国际银行。金光集团由印尼华人黄奕聪于1962年创立，该集团在国内外拥有400余家附属企业，在印尼雅加达、纽约和新加坡均有不少上市公司。拥有员工超过15万人，资产高达300亿美元，其投资国家和地区遍及全世界，除东南亚地区外，包括中国、法国、德国、比利时、英国、美国、日本、韩国、印度、澳洲等，堪称印尼第一大财团。此外，金光财团拥有印尼国内最大的私营银行——中亚银行（BCA）。

金光集团主要投资于四大产业，即纸浆和造纸业、金融业、农业及食品加工业、不动产业。金光集团主力企业是亚洲浆纸（Asia Pulp & Paper，App），App目前也是世界前十大纸业集团，总资产高达100亿美元。App自1992年进入中国大陆投资，至今拥有20多家浆纸企业。App总资产约770亿元人民币，拥有员工3.2万人，足见其影响已经延伸到中国大陆[1]。

再次是三林集团（Salim Group），它也曾是东南亚区域最大的华人企业集团，也曾位居印尼首富地位。三林集团由印尼华人林绍良创办，至今发展成一个多元化跨国企业集团，业务涉及农畜牧业、食品加工、汽车制造、能源、建材、通信与传媒、化工、不动产、工业园区开发、酒店、金融业等，投资遍及东南亚、中国、北美、欧洲和澳洲等。海外投资以电信、银行、地产、市场营销为主，达70多种行业，并享有丁香大王、面粉大王、地产大王、金融大王等美称。在1997年亚洲金融危机前，曾居世界富豪第六位。1997年亚洲金融风暴中三林集团受到严重打击，第二代接班人林逢生临危受命接班重新整顿集团，之后在财富排行榜慢慢退缩。受苏哈托总统的牵连影响，重整后投资方向逐渐移往中国和新加坡，三林集团在上海房地产投资累计超过200亿美元，成为上海最大的房地产商，而集团在中国大陆的投资业务扩及各行各业。

从印尼经济发展历程及文献看，这三个华人企业为印尼前三大企业集团，分别在不同行业领域各自扮演重要角色，在印尼的经济发展中更是居于不可或缺的关键地位：黄氏兄弟稳健地在印尼国内发展，金光集团实施多元化的国际发展战略，三林集团重创后重新出发并进行国际化的投资经营。下文通过个案的深度研究与探讨，找出华人企业集团的发展路线及策略方向，案例分析也可以为国内企业未来发展提供参考。

---

[1] 《金光集团》，2019年6月20日，https：//baike.baidu.com/item/。

四 印尼华人家族企业财团的发展策略与路线

(一)针记集团:本土多元专业化经营策略

1. 掌握时机及多元化经营策略:专注印尼本土的企业发展

1963年的一场火灾将创办人黄维源多年苦心经营的烟厂焚烧殆尽,整个家族企业的重任落在年轻的黄惠祥、黄惠忠两兄弟肩上。虽然火灾让针记受到重创,但也让黄家兄弟从中学习到宝贵的经验,即"鸡蛋不能全放在同一个篮子里",企业必须多元化多角度发展,才能分散经营风险。

在原来的烟草业基础上,黄氏兄弟构建出一个囊括地产、金融、电子、棕榈油等多元化的运营集团,也抓住一个机会成为原本属于印尼前首富林绍良的印尼第三大银行——中亚银行的最大股东,这也是集团后来能够超越同行得到更大发展机会的重要原因。

黄氏兄弟创建了自己的电子产品公司——宝创科技,在市场上提供高质量的电子产品,来满足国内市场需求。更重要的是,为迎接电商时代的到来,黄氏兄弟又创办了电子商务公司和环球数码公司,并收购了印尼最大的在线论坛Kaskus,至此集团在印尼的多元化版图运营方向乃大致底定。

2. 诚信起家走出自己的一条路

一个没有诚信的人在商场不会成功,也不会有任何立足点,对于自己的成功,黄惠忠认为关键是"诚信"。一旦企业失去了诚信,就没人会和你做生意,儒家思想深深地影响着针记集团的运作,也成为企业形象的最佳代表。

黄氏兄弟始终相信自身的坚毅奋斗,一直强调刻苦工作的重要性,其名言就是"工作、工作、再工作"。他们数十年保持低调,穿着简单,与员工保持良好的关系,注重专业而严密的管理,所以大部分员工都对公司忠诚。同时,兄弟俩还十分注意政治哲学,避免与政府走得太近。在前总统苏哈托执政时期,印尼企业普遍采用跟政府合作方式壮大企业和版图,但针记集团选择的是独立自主发展。在亚洲金融危机导致苏哈托下台之后，很多与政府有密切联系的华人企业受到重大冲击、面临经营危机，但针记的烟草生意没有受到牵连影响，充分体现了黄氏兄弟的经营睿智。针记到现在仍扎根于印尼经营，让企业财团保持私营产业的自主性。

3. 决策专业化

在传统的华人家族企业，家族成员始终是决策核心，并多居决策要角，但针记集团黄氏兄弟看重的是专业的力量。他们经常指派专业人士处理事务，虽然不是家族成员，但都在专业的决策下行事。同时，也有一套严密的审计制度监督，慢慢地从"家族决策"走向"专业决策"，同时"信任"更是其企业文化之一，让专业与信任结合，也可以说是企业对专业的绝对信任。

4. 家族文化的传承之道

团结精神和家族意识既是家族企业传承的重要保证，也是企业精神及文化的内核之一，更是不断提升企业产品质量的重要保证。简言之，针记家族文化传承的价值核心，即"团结、合作、奋斗、无私、齐心"等，支持着家族企业的和谐发展。

黄志胜是针记集团的第三代接班人，他认为针记集团能走到现代企业经营的局面，所秉持的就是"不屈不挠、刻苦耐劳"的奋斗精神，这就是黄氏家族的家族文化，基于这样的家族文化所凝聚的向心力，是其他家族所不能比的。他们以家族为中心，依赖兄弟间的合作，创立庞大的商业帝国，作为家族文化的践行者，秉持"兄弟齐心定能断金"的信念，这样的家族文化正被传承着。

第三代的黄氏兄弟们正在延续上一代的传奇，只要做好顶层设计和股权分配，各自发挥自己的专业特长，就能将家族文化传承下去，这也是针记集团百年传承之道的不二法门。

（二）金光集团：沿袭家族专业接班并研发创新走向国际化的发展策略

金光集团由印尼华人黄奕聪于1962年创立，目前以国际化为发展走向

与策略,包括在纽约、雅加达和新加坡等均有上市公司,资产超过300亿美元,也曾被《福布斯》评为印尼第一大财团。目前金光集团围绕四大产业发展,包括纸浆和造纸业、金融业、食品加工业、不动产业。1992年金光集团第二代接班人黄志源曾有在中国念书的经历,而且有强烈的祖籍国情怀,遂逐步将企业版图扩展到中国市场发展,试图将金光集团带入另一个发展高峰。

1. 掌握时机不断扩大与创新

1967年印尼进入以经济建设为中心的"新秩序"发展阶段,先后颁布了《外国资本投资法令》和《国内资本投资法令》,实施了第一个五年社会经济建设规划。同时还颁布了《印尼华人基本法令》,推动华人企业发展进入一个新的历史时期。

金光集团掌握了这次投资机会,开始在印尼经营生产和人民日常生活密切相关的产品,如食用油、纸张、文具等民生产品。这些产业基本上在印尼具备原料来源供应充足、劳动力价格低廉等优势,除了内需市场外,更拥有广大的国际市场需求,这也是金光集团最大的竞争优势。

企业赚取的利润再投资于研发,来扩大产能,这是金光集团不断扩展的重要原则。金光集团家族几乎不在所获的利润中领取红利,大部分利润都用来再投资。创办人黄奕聪将赚到利润的95%用来再投资、研发和扩大生产。因此,企业扩展速度快,打下了现今金光集团的基础,更证实了"研发、创新、扩张"是集团发展的关键点。

2. 适时掌握"一带一路"倡议的机遇

2018年中国首批"一带一路"资产支持的专项计划产品中,金光集团取得了上海证券交易所审议通过的计划,第二代接班人黄志源也引进中国企业在印尼建厂,并协助中国企业进入印尼市场。金光集团主营业务中也特别成立"一带一路"沿线国家进出口贸易部门,利用"一带一路"的发展机遇扩大自己的事业版图。在引进和协助中国"一带一路"项目产业投资中,金光集团也可以获利于合作项目,同时对中国进行适时的产业投资,掌握国际产业和市场发展上的商机。

3. 勤俭诚信的家族文化和落实企业社会责任

"公正、讲信用、从不失信"是金光集团的家族信条,也是重要的企业文化,与国内外各企业客户建立广泛密切的信用关系,使金光集团在面临困难时还能不断向前发展开拓。第二代接班人黄志源秉承父亲"勤俭诚信"的精神,又极具发展眼光和创新能力,将金光集团推向另一个高峰,不只关注企业经营,对企业社会责任(CSR)也大力落实。随着1992年金光集团开始把投资的目光转向中国,也展开企业社会责任之路,在血浓于水、骨肉情深的联结下,秉持华人华侨永远关心祖籍国人民的理念,金光集团热心于中国的教育等社会公益事业,并获得无数的慈善家荣誉。

4. 接班与传承首重教育与独当一面

金光集团创办人黄奕聪经过半个多世纪的奋斗经营,深刻体认到子女受教育的重要性。因此,他将五个子女分别送到新加坡、美国、加拿大、日本及印尼本国受教育,掌握各国语言与国际商务知识,恰当地安排他们在金光集团所属的各主要企业中分工负责,独当一面地领导经营企业。这也可以说是黄奕聪面对接班挑战时对企业接班传承作出的最佳安排与设计。对子女业务的分工,通过教育和在当地分公司的业务历练,借此可以选出较适合的接班人,这与大多数华人家族企业将接班人留在身边培养不同。

金光集团的第三代接班人黄强,中小学分别在香港及台湾就读,大学远赴美国加州大学深造,研究生又到美国东岸哥伦比亚大学研读。毕业后进入华尔街的投资银行先学习实务经验,最后再回到金光集团工作,与第二代接班人颇为相似,都是首重教育与独当一面的训练和安排。所以金光集团对于接班传承早已有所规划,其对家族企业的传承安排,仍将由家族成员来承担大任。将接班传承和专业化结合为一,保障了仍由家族成员来掌控企业财团。

(三)三林集团:结合传统与现代的多元经营并迈向国际投资的策略

三林集团在印尼主要是以多元化的经营为导向,不只发展单一产业,更借由不同产业的垄断,奠定集团的发展基础,进而在国际化发展中取得竞争

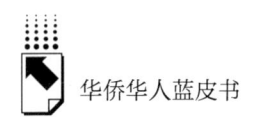

优势。目前不只是在印尼多元化发展,在国际上亦成立跨国公司在股市集资,当前更致力于在中国的发展。多元经营策略成为三林集团最大的特色。

1. 多元化的经营奠定集团基础

三林集团最早以经营丁香贸易发迹,在印尼独立后,把握了印尼经济快速发展的契机,开始投向制造业发展。在苏加诺时代,除了食糖、大米与面粉厂的投资外,林绍良主要经营丁香烟业、铁钉厂、自行车零配件及纺织等非消费商品,为保障集团的资金运作,也逐渐涉足出口贸易和金融业,创办了中央亚细亚银行(Bank of Central Asia, BCA 或称中亚银行),是印尼最大的私营商业银行,由此奠定了多元化发展格局。早期中亚银行的成功经营,成为林绍良企业集团的财政支柱,也同时拓展国际金融市场业务。此银行在20世纪80年代,苏哈托的长子和长女也各拥有银行16%的股权,由此也可以看出政商关系的联结。但在1997年东南亚金融危机中,中亚银行在严重挤兑后被政府收归国有,后由金光集团接手经营,并由针记集团投资进入,成为民间的最大股东。

2. 配合印尼经济发展所需资源

印尼的传统经济是以农业为主,早期受到荷兰殖民的长期压榨,种植以烟草为主要作物,导致基本粮食面临长期供应不足的窘境,形成少数国家粮食仰赖进口的情形。为减轻印尼对粮食进口的依赖,三林集团于1969年从事面粉加工及销售,在雅加达建立了印尼第一座现代化的面粉加工厂,来解决粮食不足的问题。

20世纪80年代随着印尼经济的快速发展,经济建设需要大量的薄钢板,但每年需从日本进口高价的薄钢板,给国家财政造成沉重的负担。三林集团为满足整个国家的经济建设需要,以及促进印尼工业现代化发展,毅然决然地投资了9600万美元,建成年产85万吨薄钢板生产线,为印尼钢铁工业的发展和国家建设建立产业发展基础[1]。

---

[1] 《商场传奇:从古突士起家的"百业大王"林绍良》,2019年6月10日,http://www.sohu.com/a/279668181_224540。

3. 面对内外局势转变重新再出发

由于创办人林绍良与印度尼西亚前总统苏哈托的深厚关系，两个家族的利益结合有利于林绍良的产业版图快速扩张和发展。但在1998年苏哈托总统下台后的政治骚乱中，同时产生排华事件，三林集团受到严重冲击，包括银行、工厂和其他财产都化为灰烬。特别是集团拥有的金融机构中亚银行，在一场数十亿美元的挤兑后被收归国有。幸而在国际货币基金组织的协助下，三林集团重新站了起来，而后逐渐成长壮大。由于这个教训，三林集团林逢生坚持走国际化的发展路线，将集团运营风险降至最低。尽管如此，三林集团与印度尼西亚政府的关系还是很密切，很难切割先前的利益团体依赖关系，不同于针记集团比较淡化政商关系的联结，运作上较有自主性。

4. 三林集团的接班与传承：仍由家族接班主导

华人历来都十分重视家族血缘关系。三林集团属于传统的家族企业，自然拥有浓厚的血缘色彩，企业管理必然由本家族成员担任，并由家族成员组成高层管理核心。三林集团的接班人林逢生现为集团总裁，林圣宗长期主导中亚银行集团的业务管理，林圣斌则是选择发展自己的事业。在创办人林绍良年近80岁之时，考量林逢生1971年从英国毕业后即加入三林集团工作，1984年开始担任执行总裁职务主持集团等工作，对于集团的运营非常了解，同时也担任在印尼、中国香港、新加坡、菲律宾等地上市公司的董事，对于公司海内外业务最为熟悉，所以宣布林逢生为三林集团的总裁。在华人家族企业权力转移的过程中，明显有浓厚的家族血缘色彩，血缘关系依然是考虑接班的唯一因素。

5. 新儒商与现代管理的融合：重视沟通人和与企业家庭化关系的管理

在三林集团的管理上，林绍良把自己的幼子林逢生送至英国伦敦大学，接受现代企业经营管理的系统教育，充分具备了专业知识来参与家族企业的管理。与其他家族企业不同的是引进现代管理人才，采取职业经理人制度。创办人林绍良亲自到世界各国，寻找家族以外专业管理人士进入管理层，并给予经营自主决策权和适当的股权分配，在一定程度上实行所有权与经营权

的分离，也是家族企业走向专业化的典范。

"人和"是企业管理的最佳境界，著名的管理学大师德鲁克（Peter F. Drucker）曾说过：管理的本质就是建立信任，管理不应该是建立在组织强权上，而是要建立在组织的相互信任上，只有企业的上下关系是互相信任的，才能获得充分的协调，员工的积极性才能发挥，企业才能获得最大的效益。此外，深受中华文化影响的三林集团在公司里全面落实企业的社会责任，不但时时关心员工的生活，也相当注重员工的福利待遇，如对工龄在25年以上的超龄员工，实行全薪退休制。同时，认为沟通才是企业进步的动力，常与员工交换意见，使每个员工的积极性得到最大限度发挥。创办人林绍良曾很自豪地说过：企业多年来从未发生过罢工事件，从未发生过劳资纠纷，这是多么难得和不容易的事。三林集团营造了一种和谐的气氛，力图建立新型的和睦融洽劳资关系，是中华文化与现代管理最好的融合案例。

此外，林绍良特别重视胆识、勤劳、智慧、策略和信用，这是他成功的要素。"出奇制胜、深思熟虑、奋斗不懈、诚信待人、知人善用、信守承诺"更是林绍良经商的不二法则。更重要的是建立筷子关系网络或竹子关系网络（bamboo network），在企业界和政商界，有个良好的人脉网络关系，是经商成功的重要基础。林绍良和泰国盘谷银行创始人陈弼臣、马来西亚嘉里集团主席郭鹤年等关系密切，创办中央亚细亚银行及投资进口生意以及酒店等业务，都是国际企业关系网络联结的成就。

五 印尼三大华人家族企业集团未来的发展策略与趋势

从上述三个印尼家族集团企业发展历程来看，虽然产业方向不同，保留的却是中华民族朴实和奋发向上的坚毅精神。虽然身处异乡，在政经情势不稳的局势下，仍然能积极拼搏向上，最终达到事业成功的局面。本文就所观察研究的面向，整理资料如表5所示，也对其接班传承和经营管理模式加以比较和对照。

表5　印尼华人家族企业观察整理

	针记集团	三林集团	金光集团
接班代际	第一代(黄维源) 第二代(黄惠祥、黄惠忠) 第三代(黄志胜)	第一代(林绍良) 第二代(林逢生)	第一代(黄奕聪) 第二代(黄志源) 第三代(黄强)
国际化	基于家族的爱国主义精神深植印尼本土,无意在国外投资 通过国际贸易与国际金融渠道,达到企业专业化的目标	1. 海外设有多个子公司,并在海外股市上市 2. 主力在东南亚和部分中国市场,特别是上海房地产业	海外设有多个子公司,并在海外股市上市,近年将重心移往中国市场
企业创新	以解决印尼经济内需起家,配合印尼产业多元化发展,重视专业化管理	1. 解决印尼经济内需起家,配合印尼产业发展 2. 多元化产业发展与创新	解决印尼内需起家,多元化产业发展与研发企业所赚取的利润再投资在研发上,扩大产能
"一带一路"商机	目前尚未跟中国"一带一路"发展联结、合作或对接	在中国拥有房地产、工业、金融业等多元化事业,也是博鳌论坛永久会址的主要开发商,收购了中国远洋运输集团的地产旗舰企业	成立"一带一路"沿线国家进出口贸易部门,协助中国企业在印尼发展"一带一路"资产支持专项计划
接班准备	进入第三代接班准备,但仍配合企业专业决策	做好接班规划 接班人海归	做好接班规划 接班人海归 进入第三代接班准备阶段
企业文化	不屈不挠、刻苦耐劳的奋斗精神,信任第一,包括对合作对象或是员工内部高尚的爱国主义	良好的员工沟通制度,保持和谐的关系 善于识人用人,在各领域迅速崛起,都归功于聘用能干而忠实的合作伙伴	1. 勤俭、诚信、齐心 2. 秉持着诚信和踏实,带领金光农业资源走出金融危机低谷
企业社会责任	成立针记基金会,在教育、文艺和医疗方面成立 Djarum 羽毛球俱乐部,是印尼羽毛球运动员重要的输送基地,并在国际竞赛中获得佳绩	良善的退休制度,让任职超过25年的员工都能获得退休的良好保障,从未发生过劳资纠纷事件	落实印尼与中国的救助工作,捐款领域分布在教育、基础设施建设、医疗保健事业和环保事业

资料来源：笔者自行整理。

虽然华人家族企业对印尼经济发展作出重大贡献,但不可否认的事实是印尼也在扶持本地企业发展。华人虽然也属于印尼国籍,但由于过去历史及

文化上的冲突，包括印尼原住民对华人多少还带有鄙视和偏见，尤其过去的排华事件亦是一种惨痛的经验，华人与原住民并不能完全平等。

随着这20年印尼经济的快速发展，越来越多本地企业快速发展起来，对印尼政府来说这是一件好事。虽然短期内不会对华人家族企业造成威胁，但未来扶持政策是否偏向本地本土企业，目前还无法预测。但基于过去三林集团、金光集团曾在亚洲金融危机和前总统苏哈托倒台后，造成集团面临瓦解的惨痛教训，印尼的经济发展终究难以和政治发展脱钩。因此，如何兼顾经济与政治发展，配合印尼的相关法令和政策出台重视当地文化发展，建立和谐的关系将成为未来发展的关键点。

在全球面临家族企业接班与传承问题的同时，印尼的家族企业也正面临同样的难题，虽然国家不同，但在华人家族企业接班与传承中，血缘关系几乎是决定接班人的唯一考虑因素。因此，接班人的培养和接班计划制订，便成为决定接班与传承的关键点。

本文试从上述发展的关键点对印尼华人家族企业未来的发展方向，提出下列几个重要建议。

（一）面向国际及多元化发展可以降低发展风险

由于过去印尼政治经济不稳定，间接影响了华人家族企业的发展。三林集团受金融危机和排华运动的影响，家族曾选择在国外避难。而金光集团在所依赖的苏哈托政府倒台后，遭来横祸导致企业面临瓦解的危机。虽然后续政治渐渐稳定，且经济发展也持续增强，但对于印尼排华的疑虑仍然是不可回避的危机。因此，国际化发展是一种相对可以避险的经营方式，除了可以降低运营风险外，更可以借由国际化开阔视野，享有规避赋税的好处。这对于印尼华人家族企业的发展，无疑是一种可以考量的投资选择。

（二）充分利用"一带一路"拓展的机会

"一带一路"建设是中国构建全方位开放的发展新格局，深度融入世界经济体系架构所提出的重大倡议,旨在促进中国在全球引领经济发展,借由合理的资源配置和融合,带动沿线各国经济的发展,共同打造一个具有"开放、包容、均衡、普惠"的区域经济合作架构。而印尼也在"一带一路"倡议下与中国展开友好合作,有助于两国经济等全面友好发展。这对华人家族企业来说是个大好机遇,可以在"一带一路"倡议下开启两国的经贸发展,持续扩大经贸来往,双边可以达成最好的战略伙伴关系。

(三)融入在地文化的发展

从历史上来看,明清时期广大闽粤人民远离故土,前往东南亚发展,在艰苦的环境里,他们发挥拼搏奋发向上的精神,走出自己的一条道路。但也由于华人这样的精神影响了在地的经济和政治发展,与原住民形成了社会经济与文化价值上的严重冲突,排华运动不断出现,严重影响华人企业的发展。但不可否认的是,这些华人家族企业虽然靠自身的努力在市场上夺得一席之地,但若没有印尼的天然资源和有利的经济发展条件,成功之路将变得更艰辛。因此,如何融入在地的文化发展,充分利用在地的人才,打造符合印尼当地文化的企业,又不失华人家族企业的特色,将成为未来发展的关键。针记集团家族的爱国主义精神,深植在印尼本土,专注在印尼国内投资,成为企业融入在地的最佳典范。

(四)企业的现代化管理

华人家族企业最大的特色就是家族制度,对于企业的发展有极大的促进作用;但对于企业的发展也有不利因素。在企业的不同发展阶段,应该采用不同的管理方式和制度。家族制度的优点在于对企业初始阶段的推动有利,企业创业阶段应该尽量发挥家族制度的优势,聚集族人的资金、土地和人力,尽量发挥家长制的权威。在企业发展到一定程度以后,应该逐步抛离家族制度,企业经营并不能等同于家族内部的平衡,它与现代商业社会并不能完全适应。虽然家族制度有强大的韧性和惯性,也该因应时势作出一些调整,企业终归还是要以现代企业制度加以约束和规范。本文案例中可以看到

引入外部人才进入企业管理,以及所有权与经营权的分离,这对家族企业现代化管理是有助益的,也是国际化转型的关键点。

(五)尽早做好接班计划

本文案例中虽然可以看到集团都做好了接班规划,但第一代平均退休年龄都在 80 岁上下,第二代接班人平均年龄也在 50 岁左右,第三代接班人也正在规划中。因此,看似已经完成接班,但上一代退休后依然在企业中出现,对于接班人势必会造成影响,上一代深深影响着第二代接班人的自信与意愿。所以接班计划可以提早做好准备,上一代的放手时机也可以提前,让接班人能有足够的时间大显身手,企业的运营及员工也能提早适应,减少在管理上的摩擦,甚至及早规划第三代的接班事宜,这对于华人家族企业的接班与传承可能是比较适合的方式。

六 结论:家族企业集团发展的可能因应策略

本文研究发现,华人家族企业对于印尼经济发展作出很大的贡献,但受政治及文化因素影响,目前仍应配合印尼本身的经济发展,充分利用丰富的天然资源,逐步走向国际化的发展方向。除了避免一些政治风险外,这对印尼华人家族企业也是较适合的发展路线。

在家族企业的接班与发展上,虽然本文仅挑选三个印尼较大的华人家族集团企业进行研究,尚无法代表所有的家族企业之发展历程,但在研究过程中发现,各企业发展方向不同但有相同的华人勤奋精神,不管在国内还是国际上都有长远的规划。

对于印尼华人家族企业发展的经验,除了可以提供给其他华人家族企业参考之外,对于正在面临接班与传承的中国家族企业的未来发展方向,也具有参考价值。近年来,印尼的经济发展快速,对华人家族企业具有一定的冲击,但在目前学术上的个案较少。本文试从文献中找到一些研究方向,可以为后续的研究者进一步研究提供参考,未来将会持续对印尼华人家族企业进行更深入、更密切的调研，获得更多具有参考价值的案例，了解华人家族集团企业在印尼的发展之道。

参考文献

陈凌、王河森：《华人企业集团家族治理模式演进研究》，《东南亚研究》2011年第3期。

温北炎：《经济全球化背景下印尼华人进一步融入当地社会的机遇与挑战》，《东南亚研究》2005年第5期。

文平强：《华人与东南亚经济》，《东南亚研究》2010年第5期。

中国孔子基金会、全国经济哲学研究会、上海市儒学研究会：《新时代儒学与家族企业的文化精神传承》，"从儒学到儒商——当代儒商精神研究的时代价值和国际意义"研讨会，上海财经大学，2019年1月14日至15日。

林梅、柯文君：《苏西洛总统执政10年的印尼经济发展及新政府的挑战》，《南洋问题研究》2014年第4期。

吴崇伯、钱树静：《印尼的中等收入陷阱问题分析》，《南洋问题研究》2017年第3期。

谢成锁、刘磊：《印尼工业4.0路线图综述》，《全球科技经济了望》2018年第4期。

沈铭辉、张中元：《"一带一路"背景下的国际产能合作——以中国、印尼合作为例》，《国际经济合作》2017年第3期。

原晶晶、杨晓强：《印尼华人及其资本发展现状》，《东南亚纵横》2011年第6期。

廖永红：《浅谈华侨华人对东南亚经济发展的影响——以印尼为例》，《新西部》2011年第35～36期合集。

B.8
华商在中国大陆投资企业发展状况调查

柳云平*

摘　要： 海外华商在中国投资企业对经济发展发挥着重要作用。本文调查研究了泉州华商投资企业的发展现状以及影响企业发展的因素。通过调研发现，企业反映的主要问题是创新能力不足、管理不规范、利益分配机制不当、短期融资困难、风险应对能力不足。本文从管理学、经济学与社会学视角探讨了创业成功与守业成功的评价标准，并进行了关键成功因素分析。从成本视角分析，企业内部管理规范及合理的利益分配有利于实现规模经济、范围经济，从而降低企业成本。地区政府也可从税收政策、交通服务、交易服务等方面，提高本地区的吸引力。从创新视角来看，重视吸引人才、挽留人才和培养人才，提高地区吸引力，并提出产学研结合方法，带动和保护小型创业企业的相关政策建议。从风险管理角度来看，提出风险识别、风险预警、风险转移、风险台账管理方法，提高企业的风险管理水平。短期融资方面，尝试建立专项资金池，辅助通过信用管理体系，降低融资难度。

关键词： 海外华商　泉州　企业成功因素

---

* 柳云平，博士，华侨大学经济与金融学院讲师，研究方向为产业经济学、网络经济学。

华商在中国投资规模大，增长迅速。根据侨资企业数据库资料推算，改革开放至2007年，海外华商在中国大陆投资累计约达4000亿美元；龙大为、谭天星分析2005~2008年中国外商直接投资数据发现，中国侨资企业增长迅速，新增侨资在全国外商直接投资（FDI）比重逐年提高①。庄国土认为，经贸和移民是华商网络的两大支柱，华商网络是当代东亚华人经济体整合的基础②。廖萌从海外华商对祖籍国情感、利益需求、分散投资风险、中国政府优惠政策、华商网络推力等多方面分析2009年以来海外华商对中国投资呈上扬态势的原因③。

由于华商群体的经济属性特征突出，现有研究成果多集中于华商经济范畴的研究，但即便如此，这些研究大多立足于华商的"华人性"，即强调华商经济相关活动的华人特性，并以此为出发点研究华商的生存与发展状况。对于华商作为以追求经济利益为首要目标的商人群体的"商业性"，却往往被有意无意地淡化④。"海外华商"按惯例指港澳与世界各地的华商和企业家，"侨资企业"则是指海外华商在中国大陆投资大于一定比例的企业⑤。海外华商的"商业性"重视企业的盈利能力。本文通过研究侨乡泉州的侨资企业现状与环境影响因素，探讨其成功的标志及因素，分析其投资过程、生存环境，探讨海外华商在国内投资面临的多重考量因素，进而提出政策环境建议，希望能为侨商及侨乡经济的持续发展提供动力支持。

---

① 龙大为、谭天星：《中国大陆侨资与外资发展比较研究——基于2005~2008数据分析》，《云南师范大学学报》（哲学社会科学版）2011年第4期。
② 转引自郭玉聪《〈东亚华人社会的形成与发展——华商网络、移民与一体化趋势〉评介》，《侨务工作研究》2010年第2期。
③ 廖萌：《海外华商投资中国的演变、驱动因素及对策研究》，《东南学术》2016年第5期。
④ 张荣苏、张秋生：《改革开放以来中国学界海外华商研究述评》，《华侨华人历史研究》2018年第4期。
⑤ 龙登高、李一苇：《海外华商投资中国40年：发展脉络、作用与趋势》，《华侨华人历史研究》2018年第4期。其关键词海外华商、侨资企业分别翻译为Overseas Chinese businessmen, overseas Chinese enterprises。

一 侨资企业现状

海外华商在中国大陆的投资企业简称为侨资企业[1]。根据《福建省鼓励归侨侨眷兴办企业的若干规定》《福建省保护华侨投资权益若干规定》《四川省华侨投资权益保护法》等规定，侨资企业可以定义为：经国家有关部门批准，由华侨、外籍华人、港澳同胞在中国内地投资兴办或用投资收益进行再投资，且其资本占投资总额25%以上的企业（不含国外及港澳中资机构在境内的投资企业）。然而，在我国工商部门注册登记公司时没有单独侨资这一类[2]，部分地区侨办为保护华侨利益，曾主张对侨资企业进行备案，但执行得也不是很好。工商部门及外经贸部门把港澳台企业按外资企业对待，执行政策也是等同于外资。所以，在对侨资企业的估算中，需要做一定的鉴别工作。

国务院侨务办公室把福耀玻璃工业集团有限公司列为2003～2005年度全国百家明星侨资企业，居第九名[3]，显然认可"福耀玻璃工业集团有限公司"是侨资企业无疑。福耀玻璃工业集团有限公司的法人代表曹德旺是知名的企业家与慈善家，但上海证券交易所公开披露的福耀玻璃（600660）公司高管介绍资料显示，曹德旺为香港永久性居民，是公司的主要创办人、主要经营者和主要投资人。同年度明星侨资企业南益集团（福建）有限公司董事长林树哲也是香港永久性居民身份。

2008年新成立侨资企业数为17400家，约占当年全国新批准外商投资企业总数的63%。利用侨资金额约629亿美元，占全国外资总数的68%，而且明确提及来自港澳与东盟的侨资项目、侨商投资；以侨资企业数据库为

---

[1] 龙登高、张洵君：《海外华商在中国：2014中国侨资企业发展报告》，中华工商联合出版社，2014。

[2] 没有直接的侨资企业分类，也造成了部分调研数据获取困难。

[3] 《2003～2005年度全国百家明星侨资企业》，国务院侨务办公室，http://www.gqb.gov.cn/news/2009/0309/1/12808.shtml。

基础，估计港澳、东盟与自由港（维尔京、开曼、萨摩亚、毛里求斯等）的企业数占当年全部侨资企业数的86%，或估计港澳东盟侨资企业数占当年侨资总数的80%[①]。可见，来自香港等地的投资大部分是可以算作侨资的。

泉州市商务局的调研数据显示，截至2012年7月底，累计设立外商企业数目为12686家，其中来自港澳台的外资企业分别为8799家、448家和1426家，三者合计为10673家，占外商企业的84.1%（见图1）。2018年来自港澳台的外资企业占外资企业设立总数比例基本稳定（见图1、图2）。

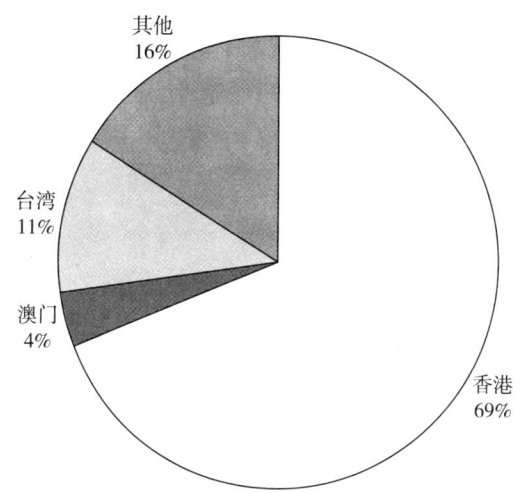

图1　2012年7月累计外资来源地设立企业总数占比情况

资料来源：根据泉州市商务局数据整理。

自从取消外资企业优惠政策后，据说有若干侨资企业变更为内资企业，但是侨资企业要改为内资企业还不是很容易，内资企业中也有少量企业属于侨资企业。为规范户籍管理，曾经规定华侨注册企业只能注册为外资，要转

---

① 龙大为、谭天星：《中国大陆侨资与外资发展比较研究——基于2005~2008数据分析》，《云南师范大学学报》（哲学社会科学版）2011年第4期。

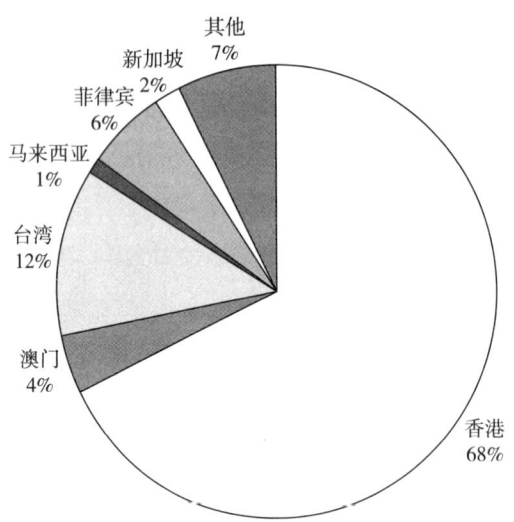

图 2　2018 年 12 月累计外资来源地设立企业总数占比情况

资料来源：根据泉州市商务局数据整理。

为内资还需要附加较多条件。例如，意大利侨网显示①，华侨申请回国定居需要满足较多条件。首先"必须在国外连续居住满 3 年，每年在国外居留不少于 10 个月"，然后必须满足下列条件之一：与国内公民结婚 3 年以上；16 周岁以下，父母中至少一方已经定居国内；60 岁以上，需要有独立生活的经济能力或者有可以投靠的直系亲属；"被国内政府部门，县级以上事业单位，或年纳税额三十万元以上企业正式聘用且连续工作满三年"；在中国大陆经商、投资三年以上；等等。由于限制条件较多，办理手续等待时间长，成功申请回国定居数量较少。例如，从 2006 年到 2009 年 3 月底，福州市 300 万海外侨胞仅有 266 人办理回国定居手续。

福建省侨办、省社科院联合课题组的调研结果显示②，考虑到外资企业税收优惠减少、经营范围受到较多限制、审批严格等因素，部分侨资企业在

---

① 郭仲仁：《华侨如何回国办身份证》，华人街网，http：//www.huarenjie.com/thread - 147579 - 1 - 1.html，2011 年 8 月 9 日。
② 《海外侨商在福建投资的现状、问题及对策调研综述》，中国新闻网，http：//www.chinanews.com.cn/zgqj/2010/06 - 30/2371373.shtml。

可能的情况下愿意变更为内资企业，如泉州市每年有二三十家企业变更为内资企业。

改革开放以来，侨资企业数目约占外资企业的70%，投资额约占60%。根据泉州市政府相关部门的数据进行估计与测算，到2012年7月底，泉州侨资企业累计达到10000家左右，现存侨资企业估计达4500家左右。计算方法如下面的公式所示：

$$F = k \times \min\{N - C, O\} + T + \varepsilon \qquad 公式(1)$$

F 为 Firm 的简写，代表侨资企业估计数；N 为 New 的简写，代表累计外资企业新成立数，外资企业包括独资、合资、合作等形式，外资投资比例在25%以上的企业；C 为 Cancel 的简写，代表注销、停止经营的企业数目；O 为 Operation 的简写，代表投产、开业的企业数目；T 为 Transform 的简写，代表部分侨资企业由于内外资合并所得税政策实施，外资不再享受特殊税收优惠的吸引投资政策的影响，变更为内资企业的数目，或直接以内资（主要是民营企业）形式新设立的企业数目；e 为统计与计算的误差项；k 为侨资占外资的估计比例系数，取0.75。

$$F_{2012} = k \times \min\{N_{2012} - C_{2012}, O_{2012}\} + T_{2012} + \varepsilon \qquad 公式(2)$$

下脚标2012代表2012年7月底的时点数据。调研所得数据显示 $C_{2012} = C_{2008}$，本来希望通过各年停业数据 C，观察近几年税收合并政策及金融危机对经济的冲击效应变化及程度，但未能得到充分的数据，2012年7月数据显示与2008年数据相同，显然这几年未作此方面的统计数据更新。2007年此项数据变化为6161家，而2008～2012年7月为6482家，差值为321家。每年泉州市单独有对台资企业的情况统计，比较容易获得，其对应的停业企业数 C 值2009年1月为657家，到2012年5月同为657家，很可能这段时间的数据也未更新，从调研的内部资料得到2006年注销的台资企业为626家，与2009年1月相差31家。台资企业占外资企业总数比例约为11%，依此估算平均每年注销的外资企业有90家。但是因为统计注销企业数目的周期不得而知，假设2007年前没有更新，则以2007年到2012年的跨度计算

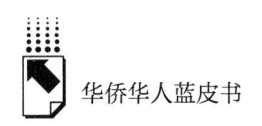

较为合理,可以得到平均每年注销外资企业数目约为60家,则估计到2012年7月底实际注销外资企业可能为6752家(6482 + 4.5 × 60 = 6752),所以公式(2)代入数值得:

$F_{2012} = k \times \min \{N_{2012} - C_{2012}, O_{2012}\} + T_{2012} + \varepsilon = 0.75 \times \min \{12686 - 6752, 8901\} + T_{2012} + \varepsilon$,约为4500家。

从2011年1月起,国家统计局规定规模以上工业企业标准提高。从年主营业务收入500万元以上增加到2000万元以上。按照泉州市总体情况测算,达到规模以上级别的企业,即年销售额2000万元以上,约为400家。

2017年5月底,泉州市累计设立外商企业数目为13276家,累计投产外资企业为9105家。2018年4月底,泉州市累计设立外商企业数目为13475家,其中来自港澳台的外资企业数分别为9184家、487家和1635家,三者合计为11306家,占外商企业的83.9%。2018年4月底,停业台资企业为657家,累计投产外资企业为9184家,简略计算估计侨资企业数为4700家左右。该数据说明,侨资企业数目变化不是很大,其变化趋势见表1、表2。

到2018年底又有新动向,泉州企业对外投资数累计达到321家,数目不多,但是可以多加关注(见表3、图3)。从累计投资总额计算平均企业对外投资额度约为1500万美元,2018年平均企业对外投资额度约为9000万美元,说明投资额度出现显著增加迹象,约是以前的6倍,出现重资本输出迹象。

表1　泉州外资企业设立与投产情况

单位:家

时间	历年累计设立	2014年以来累计设立	季度设立	历年累计投产	2014年以来累计投产	季度投产
2014年6月	12915	66		9046	26	
2014年9月	12943	94	28	9054	34	8
2014年12月	12975	126	32	9061	41	7
2015年3月	12999	150	24	9071	51	10

华商在中国大陆投资企业发展状况调查

续表

时间	历年累计设立	2014年以来累计设立	季度设立	历年累计投产	2014年以来累计投产	季度投产
2015年6月	13024	175	25	9081	61	10
2015年9月	13045	196	21	9088	68	7
2015年12月	13077	228	32	9090	70	2
2016年3月	13098	249	21	9096	76	6
2016年6月	13134	285	36	9099	79	3
2016年9月	13178	329	44	9102	82	3
2016年12月	13201	352	23	9102	82	0
2017年3月	13227	378	26	9104	84	2
2017年6月	13276	427	49	9105	85	1
2017年9月	13340	491	64	9105	85	0
2017年12月	13397	548	57	9130	110	25
2018年3月	13425	576	28	9133	113	3
2018年6月	13495	646	70	9191	171	58
2018年9月	13596	747	101	9214	194	23
2018年12月	13677	828	81	9294	274	80
2019年3月	13744	895	67	9300	280	6

资料来源：根据泉州市统计局、商务局数据整理。

表2 泉州台资企业设立与投产情况

单位：家

时间	台资企业历年累计设立	2014年以来台资企业累计设立	台资企业季度设立	台资企业历年累计投产	2014年以来台资企业累计投产	台资企业季度投产
2014年6月	1470	11		881	4	
2014年9月	1479	20	9	882	5	1
2014年12月	1484	25	5	883	6	1
2015年3月	1490	31	6	885	8	2
2015年6月	1496	37	6	890	13	5
2015年9月	1501	42	5	891	14	1

189

续表

时间	台资企业历年累计设立	2014年以来台资企业累计设立	台资企业季度设立	台资企业历年累计投产	2014年以来台资企业累计投产	台资企业季度投产
2015年12月	1512	53	11	891	14	0
2016年3月	1518	59	6	893	16	2
2016年6月	1523	64	5	893	16	0
2016年9月	1531	72	8	893	16	0
2016年12月	1541	82	10	893	16	0
2017年3月	1545	86	4	894	17	1
2017年6月	1560	101	15	894	17	0
2017年9月	1585	126	25	894	17	0
2017年12月	1608	149	23	897	20	3
2018年3月	1615	156	7	897	20	0
2018年6月	1644	185	29	911	34	14
2018年9月	1677	218	33	916	39	5
2018年12月	1700	241	23	952	75	36

资料来源：根据泉州市商务局数据整理。

表3 泉州批准境外投资企业情况

单位：家

时间	历年累计批准境外投资企业	2014年以来批准境外投资企业	季度批准境外投资企业	时间	历年累计批准境外投资企业	2014年以来批准境外投资企业	季度批准境外投资企业
2014年6月	199	9					
2014年9月	213	23	14	2016年12月	289	99	10
2014年12月	214	24	1	2017年3月	289	99	0
2015年3月	220	30	6	2017年6月	292	102	3
2015年6月	225	35	5	2017年9月	296	106	4
2015年9月	228	38	3	2017年12月	301	111	5
2015年12月	234	44	6	2018年3月	304	114	3
2016年3月	245	55	11	2018年6月	313	123	9
2016年6月	264	74	19	2018年9月	317	127	4
2016年9月	279	89	15	2018年12月	321	131	4

资料来源：根据泉州市商务局数据整理。

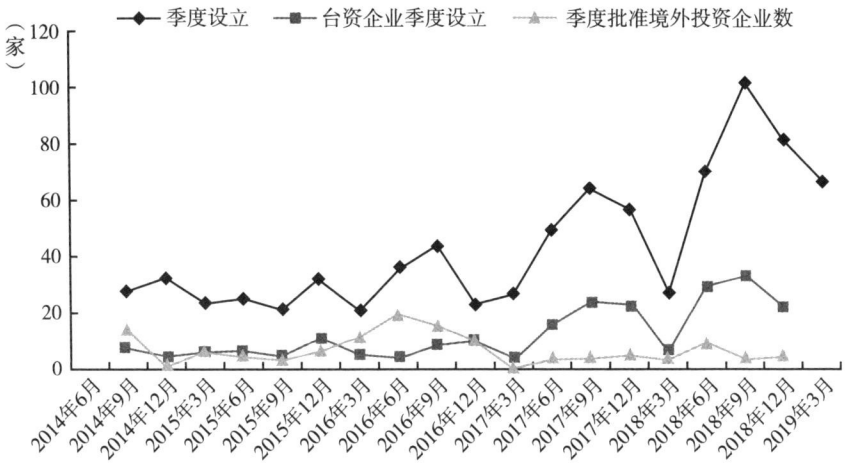

图 3　季度企业数目比较

资料来源：根据泉州市统计局、商务局数据整理。

2015 年 6 月初，泉州市在推进海上丝绸之路先行示范区建设中，鼓励推动企业对外投资办市场、办园区、办工厂，促进企业适应学习国际规则，进行国际化竞争与合作。其投资地主要分布在德国、美国、澳大利亚等发达国家及地区，以及俄罗斯、东盟、东非及港澳台等距离较近的国家和地区，投资行业包括纺织服装、建材、渔业以及批发零售、物流仓储等业态。很多企业通过设立贸易公司建立对外营销网络，激活拓展国际市场网络，尝试提高企业国际市场占有率及影响力①，对投资于当地的侨资企业的发展渠道也起到较明显的拓宽作用。

以实例来说明泉州侨资企业的主要特点如下。

一是企业科技含量较高。晋江七匹狼实业股份有限公司拥有世界先进的电脑自动化生产设备，有"夹克专家"的美誉；菲律宾侨商在惠安投资的"嘉德利电子材料"技术水平属世界一流；金保利（泉州）科技实业有限公司是中国可再生能源领域生产新能源设备的创新型企业，主营晶体太阳能产

---

① 《民企境外投资项目　泉州市批准 208 个》，泉州网，http://www.qzwb.com/gb/content/2015-06/02/content_5118962.htm。

品，有国内设备装备水平领先的30MW太阳能晶体硅电池生产线。

二是企业生产能力强。惠安大明石业引进世界最先进的电脑监控系统磨切机，生产水平、效益大大提高，年产值达亿元。泉州造船厂引进先进科技、形成年修VLCC（国际超级油轮）17万吨散货船、15万吨油轮等144艘的能力，年修船产值8.4亿元；修船8万吨级以下的，每次同一时间可维修4艘；年造船12～18艘，年产值30亿元。福建大发集团有限公司以纺织、布业为龙头，形成服装生产及配套供应服务一条龙格局，平均年产值1.3亿元，出口创汇近706万美元。

三是企业自主知名品牌价值高。侨资企业拥有众多自主知名品牌，如七匹狼实业股份有限公司的"七匹狼"品牌、力达机电的"罗威"品牌、中绿农业的"中绿"品牌、达派箱包的"达派"品牌，以及大家耳熟能详的安踏、恒安的"心相印"等等。

二　关键成功因素分析

（一）针对产业环境的关键成功因素识别

1970年哈佛大学教授威廉·泽尼（William Zani）认为存在对企业成功起关键作用的因素。关键成功因素法是指，在分析产业特性与企业战略关系时，找到企业的独特能力及环境中的重要条件，通过分析找出企业成功的关键因素，然后以这些关键因素为核心确定系统的需求，进行规划，以获得良好的绩效。

关键成功因素主要来源于产业结构特性、产业地位、外部环境因素、临时因素。第一，产业结构特性。产业本身的经营特性不同，产业内的企业都会受到其影响。比如，互联网行业具有很强的网络特征，其用户基础与习惯就非常重要；而医药行业有很高的研发费用，且受到国家的管制与政策限制也很多，所以进入壁垒高。第二，产业地位。对于由少数几家大企业主导的产业，主导厂商的行动对其他企业影响较大，所以对小企业而言，大企业的竞争策略可能是其发展的关键成功因素,如通信领域,主导运营商的竞争战略,会影响其他企业的发展走向。第三,外部环境因素。企业外在环境的变动,会影响企业的关键成功因素,如在贸易保护主义盛行时,开发内需市场可能就更重要。第四,临时因素,如重组与并购,企业中的文化冲突。

关键成功因素确认中需要分析的内容包括:分析影响行业的政治、经济、社会、技术、生态等外部环境因素。分析企业面临的产业内竞争激烈程度,供应商、客户的议价能力,以及行业面临的潜在竞争者与替代者的市场影响。分析企业的业务竞争战略、主导厂商的行为模式;分析企业优劣势、机遇与挑战,对资源整合及策略能力进行评估等。对于重要的、特定的情况,可以邀请专家进行头脑风暴与主观判断,提供建议,确定盈利的关键战略及影响指标。

(二)针对企业内部决策的关键成功因素分析

关键成功因素分析方法分析企业内部环境,通常可分为四个阶段。第一,调查访谈。1979年罗卡(Rockha)认为,在实现组织目标的众多因素中,少数因素可决定组织目标实现的成败。通过开放式访谈与问卷调查等方法,确定组织目标相关的影响因素。第二,因素整合。通过合并相关因素,剔除冗杂因素,确定可操控的关键因素,通过权重整合,从而准确定位关键因素和相应因素对组织目标实现的影响作用大小。第三,测量指标确定。测量关键因素相关的性能指标。第四,信息需求。确定其性能指标相关的信息渠道,跟踪信息,从而分析预测关键因素的变化情况,为企业决策提供依据。

三 侨资企业的成功

成功从管理学上讲,指实现既定的目标。针对具体活动可以说代表其对总目标的有效性;另一个亚层的标志是有效率,即在保证实现总目标方向正确性的情况下,如何快速、节省地完成任务。当然目标是多样的,有

时时间本身就作为目标之一,这时可以在完成任务时间保证的情况下,实现各方案的成本最低化。一般来讲,如果有多个目标,可以提炼出主要的目标,也即事务的主要矛盾,在此基础上再兼顾次要矛盾。可见,成功的管理学定义吸收了哲学思想,深刻体现了比较的基本方法,透露出最优化的取向。

成功从经济学上讲,是在考虑了机会成本的情况下取得的最大收益。对于资本来说,是从能得到回报的所有项目中取回报最高的项目,实现了项目的目标即为成功。在社会层次,本文认为得到行业或者社会平均利润水平的回报即为成功,如果有资金闲置,当然应该作为成本一并考虑进去。对于侨资来说,一般来讲,侨资可以投资于旅居国或者地区,也可以投资于家乡、出生地、祖籍地,或者国内其他地区。如果在这些投资机会中,侨资选择了投资回报率最高的地区与行业来投资于具体的项目,并最终实现了目标即为成功。在实践层面,如果侨资投资在国内某地区,回报率高于该地区行业平均水平即为成功。

从社会学角度讲,如果考虑到对家乡的思念、回报抚育之恩,以及名誉回报、其他爱国情感的满足,侨资投资还有相应的社会回报,获得精神满足感,称之为精神收益;如果以某种方式把其折算成经济收益,当然这种折算不一定合适与准确,但从理论上可以作为一种简化的处理方式,那么按照普通经济学来处理成功的含义仍然有效。

党和国家领导人注重海外华侨华人的团结与支持,积极引进国外的华人资源,始终让海外华人有种爱国情怀,保持着密切、深切的情感联系,这使侨资的社会价值取向特点更加明显,也吸引着更多的侨资回国发展,甚至有不少海外爱国捐助,纯粹用于公益、教育、公共事业发展,这充分体现了其社会价值取向。

关系网络与社会性、社会价值紧密相连,当然关系网络还可以带来经济价值,出国创业依靠一定的华人社会关系网络,可以降低经济风险和成本、减少文化隔阂;回国后的侨资企业创业、运营利用关系网络可以降低运营成本,增强、拓展海外的营销网络渠道,获得海外管理、技术、资金等的支持，所以把关系网络的建立与维护看作一种正式制度安排的替代品，是一种非正式制度安排，这方面的投资也是有某种经济收益的投资。

侨资企业的成功定义为：与其家乡地区同行业的投资回报率水平相比，大于或等于其平均回报率水平即为成功。生存时间较长，全身而退的企业（比如说被收购、售卖退出行业等）也算是成功的。侨办评选出的明星侨资企业，一般来说，品牌美誉度高，产值较高，利润率较高，毫无疑问，都是很成功的企业。

（一）创业成功

根据相关资料估算，侨资企业创办人平均仅占华侨总数的万分之二十八以下（旅日华侨创立企业率最高[①]），创立的企业存活期30年以上的不足50%。根据泉州商务局的数据，累计成立的企业与累计已注销、终止的企业数也符合这个说法。企业从筹建开始到注册并运转且至少有一笔营业收入，即为创业成功。一般来讲，企业的创业成功原因有市场的成功、管理的成功与文化的成功。

第一层次的创业成功来源于成本差价。这是企业成功的最原始级别。主要模式为出口加工，即市场、技术、设计、管理都依赖外方的支持，利用当地优惠的政策、廉价的劳动力等低成本因素，进行加工、出口贸易。这种模式的成功原因为网络因素，即利用原有的国外网络来创办加工企业，赚取成本差价。

第二层次的成功是管理的成功。企业家依靠一定的胆识、魄力与创新能力，提高不确定条件下作出满意决策的能力，抓住较好的市场机会，模仿同类企业提供类似产品，拓展国内市场。在此基础上，企业积累优化内部管理经验，进行流程改进，逐步实现管理正规化、稳定化。通过技术改进创新与管理创新，完成持续改进的过程，企业就实现了管理的成功。中国企业从市场成功走向管理成功，必须由原始的粗放管理向精细化管理转变。

---

① 龙登高等：《中国侨资企业年度报告2008》，国务院侨务办公室，2009。

第三层次是企业文化的成功。企业取得了管理的成功后,组织会有扩张、僵化、官僚化的趋势。如何让官僚化机械组织发展进化为具有灵活性的有机组织,除了组织结构和权力分布的重新配置,还可以借助有活力的组织文化建设来获得,最终实现管理创新与文化创新、体制创新相结合,提高组织的效力与灵活性及适应能力。

规模大小不同,企业成功运营方式也不同。大企业战略上强调计划、细节;而小企业强调反应灵活快速、勇于尝试,通过整合资源来获得更多的市场机遇,通过局部创新,寻找短期内的盈利点。

值得一提的是"旋转门现象"。本地普通工人工资收入低,人口较多,耕地较少,可以靠出海打鱼,但收入不稳定。自古有经商的传统,由于路径依赖与口口相传,形成了本地浓郁的经商文化,当地以乡亲中创业成功的人士为楷模,形成了促进创业的良好示范作用,降低了创业进入的个人心理门槛。

初期的基层经验有几大作用:一是加强了对基层清苦生活的了解与体验,便于以后更好地做好基层管理工作;二是通过基层工作,创造了发现个人才能与爱好的机会,而且成本较低;三是通过基层工作,掌握了一定的技术与才能,培养了学习与实践能力;四是经常通过基层同甘共苦,找到以后的创业伙伴,能互相信任,这是创业成功的宝贵财富。第一代创业人通常是通过基层磨炼,积攒创业的经验、灵感、技术、创业伙伴甚至包括潜在的市场渠道,以及第一笔创业启动的核心资金。比如,林树哲先生通过在香港获得比内地较高的工资收入,抓住外部较好的经济发展机会,勇敢投入创业。

回乡创业的侨民,既有在外地做企业成功后回来的,资金比较丰厚;也有靠外面积攒的侨汇,较高的工资积累回来的。华侨回来后,利用国外积攒的企业经验与资金,体现了"旋转门效应",即由原来没有经验、资金的打工人员到拥有一定经验、资金的人员。众多的侨资企业第一代领导人都是这样的情况,这样面对创业门槛更容易进入创业队伍,成为企业主,进行角色的转换。这些企业主利用较广的社会网络与市场渠道,把创业风险也降低了。即使这样,也不是大多数华侨都去创业,依据项目组的调查,85%的情况下平均每家企业拥有家族成员及朋友不超过 20 人，如果按照平均 20 人估算，侨资企业数平均仅占华侨总数的万分之二十八以下，华侨的创业率仅在 6% 以下，可见创业人员是类似自然选择的结果，是华侨队伍中的精英分子或者更适应与爱好创业的人，去除一部分创业后未成功，不久后就退出创业队伍的人员，这些侨资企业领导人员更是精英中的精英。

（二）守业成功

守业成功一般是指企业生存时间已达五年以上，由于行业利润率的测算以及企业利润率的测算有时不容易得到，在实际操作中可考虑，具备以下指标中的一项或几项，即认为是成功，这些标志是：在同行业中排名靠前、净利润高、企业总资产高、品牌美誉度高、收益投资比高、企业核心竞争力强、已经上市、为明星企业或者管理水平高、属于高科技行业、销售收入高；从案例角度讲，操作性与参考性最强的是明星侨资企业。概括地说，企业的守业成功是指其持久盈利能力。由于部分企业倒闭，要找到当事人非常困难，故我们在访谈中设置了间接问题展开调研。为方便对方理解，我们设置的问题为"不成功兄弟企业的原因"，这样可以把网络中的合作伙伴、间接了解到的企业、同类竞争者都包括了进来。调查结果显示，企业不成功或者失败的主要原因有创新与竞争意识不足、管理水平低、利益分配机制不合理。分析其成功的核心原因，离不开以下五方面的因素。

1. 价格竞争力

虽然产品存在差异化，但是很多产品也存在一定的替代性，产品之间的竞争与比较，决定了性价比构成了企业长期竞争的一个基本决定因素。对于标准化产品，相关的服务延伸也构成了吸引消费者的竞争因素。

2. 合作伙伴竞争力

通过供应链的合作伙伴或者产业网络形成的综合竞争能力，构成了企业提供可靠产品的核心能力因素。通过发挥各自的优势，形成一定的利益分享机制，有利于促进企业的共同发展。

3. 创新竞争力

如果能不断推出优质低成本的管理、技术、工艺，就有利于形成稳定的市场竞争优势。所以，持续创新形成了企业支持力与执行力的重要内容。

需要说明的是，成本低并不一定必须是人力资源成本低、土地等投入要素成本低，还可以反映在生产运营的规模经济、范围经济、学习效应上，这些因素本文称为相对成本低，而投入要素价格本文称为绝对成本。

目前，侨资企业面临用工成本提高、土地价格提高，都可以称为绝对成本上升，但是相对成本可以通过重组、并购、加强管理等方法降低。从长远来说，跟国际先进企业的竞争差距主要体现在相对成本上，只有定位于降低相对成本，才有可能取得竞争优势，提高综合竞争力。

企业可以选择越南等其他国家或地区降低绝对成本，也可以在原地区，但不必以刻舟求剑的心理盼望继续获得更大的优惠等绝对成本优势，可以与时俱进追求相对成本优势。

重组、并购方面，单靠企业努力有时可能交易成本很高。政府部门通过政策引导、牵线搭桥，提供优惠措施导引甚至信息，设置一些准入门槛，防止低水平、无效竞争，来提高整体的经济效益，在此方面政府可以大有作为。

4. 风险管理的影响

企业发展壮大后，资产变多，管理环节变多，变复杂了。例如，调研中某知名制鞋企业，在2012年9月发生不明原因的大火，造成了大堆棉材料烧光，瞬间损失达几百万元。这几百万元对于中小企业来说就是灭顶之灾，所以大企业的精细化管理、高水平风险管理还有很大空间。

另一知名企业——伦敦奥运战略面临金融危机考验，产品销量锐减，库存成本严重偏高，影响了公司的获利能力。所以大公司对风险管理水平的要求更高。

5. 战略决策影响

战略按照影响范围分为公司战略、竞争战略与职能战略。公司战略是决定公司从事或想从事什么业务以及如何从事这些业务的战略,是公司的愿景、使命和目标。竞争战略是决定企业如何展开业务竞争的战略。职能战略是指组织在各个职能部门用来支撑其竞争战略的战略,如人力资源部门对员工的选拔和培训,市场部门制订的销售方案和价格,生产部门配备相应的设备。公司战略由高层管理者负责,竞争战略由产品业务部门负责,职能战略由各职能部门负责。例如,中骏集团秉承"创建智慧生活,让幸福触手可得"的企业使命,成为一家专注于房地产开发及相关产业的综合性城市运营服务商,业务体系涵盖房地产开发商业管理、物业管理、常租、健康管理、教育等相应业务板块。

在这种情况下,企业面临的不仅仅是微笑曲线的延伸,构建设计、营销等方面的战略发展与核心能力,更是对资金、财务、风险、治理结构、管理能力更高水平的全面提升。此时经验式的管理越来越需要向科学化、量化、专业化迈进。

四 侨资企业成功关键因素的案例及文献分析

(一)经营管理关键成功因素

本文需要厘清侨资企业的核心竞争力。部分企业管理制度较完善、营销网络健全、规模经济优势明显,对其他企业的快速发展有带动作用[1]。因此,侨资企业成功也有规模经济优势,技术领先、技术创新优势,营销网络健全,管理制度较完善方面的优势,而且还有与当地政府关系良好的优势。产业集群化发展,是否重要、是否为关键性因素还不清楚,但是,这一因素可以归结到规模与市场优势以及成本优势中。与大部分中小企业不同,南方路机没有走低成本路线战略,更加关注市场的用户需求,为用户提供定制化

---

[1] 马丹、庄培章:《福建省泉州市乡镇企业发展的调查和思考》,《金融经济》2006年第14期。

服务①。

法国社会思想家布迪厄（Bourdieu）认为，社会资本包括现实的与潜在的资源，社会资本条件成熟时可以转化为经济资本。社会资本体现了人与人之间的网络联系，提高了信任度，有利于相互间形成互惠关系，能够弥补制度上的某些不完善之处，有利于形成稳定的合作关系。改革开放政策开启以来，晋江先行先试，经济得到快速发展，与当地丰富的社会资本有密切关系。晋江华侨的血缘、亲缘及地缘关系有利于形成晋江丰富的社会资本，海外晋江人的持续捐助和投资促进了晋江的快速发展。从学者调查访谈的27家晋江侨资企业实际情况看，合资合作企业的管理人社会关系，8家为亲戚关系，3家为朋友关系，11家企业的外方代表为晋江籍华侨。晋江籍华侨投资的独资企业中，由关系密切的代理人员对企业进行管理与控制。因此，在这些企业中不可避免地形成家族管理制度。企业内正副总经理和董事、财务主管、人事行政主管等职务常常由本家族成员担任。世界各地的华人企业在经营管理上都有这一特点。其优点表现为家族成员间利益冲突较少，尤其是在创业时期、困难时期，能团结一致渡过危机，节省了很多管理成本与交易成本。但随着企业发展壮大，家族管理方式不可避免地暴露出它的弊端和局限②。

南益集团重视企业文化建设，在企业管理上秉承"以人为本""敬业乐群"等传统美德，倡导"和谐、勤奋、求实、进取""世界不会停下来等我们""更新观念、与时俱进、开拓求实、规范高效""在平静中的满腔热情、在平凡中的认真追求、在平常中的强烈责任"等企业精神。南益集团各厂

---

① 如南方路机公司2001年聘请欧洲顶尖沥青搅拌设备设计专家为公司设计，放弃了常规引进、仿造的老路，高屋建瓴，一步就在沥青设备的全球技术中心——西欧开设了南方路机"沥青研发中心"，依托欧洲技术设计公司，吸纳当地沥青行业的顶尖人才，为我所用。以最小的代价、最节省的时间，将中国、将南方路机的沥青研发、制造技术快速"拉高"到接近世界顶级水平。2005年，在"欧洲研究中心"的推荐下，南方路机成功地将中国首台沥青搅拌设备出口意大利。其高水平的制作质量、可靠优异的性能，引起欧洲同行的极大震动。南方路机欧洲籍技术总监沙·乔治先生，也为此荣获我国外籍专家最高奖：国家友谊奖。http://www.nflg.com/about.aspx，2012年10月。

② 俞云平：《侨（外）商投资企业在晋江经济发展中的地位（1979~1997）》，《南洋问题研究》1999年第1期。

区统一管理要求，厂区内保持整洁、敞亮，厂区周围绿树成荫，生产车间都装有中央空调，保证工人生产环境舒适。在职工生活区，配备了文体设施，餐饮住宿一应俱全、干净整洁，被福建省人大环境委评为1997～1998年度福建省"最优美的工厂"。

1981年成立初期，工厂曾经出现工人纪律涣散、产品质量低下、交货不及时问题，这引起了高层管理者的重视，合作双方特意在深圳召开管理工作会议，深入讨论管理中存在的问题，成立了厂务委员会，制订了《南丰针织厂经营管理规程》，从严管理工厂各环节。管理层的重视与投入使得工厂的管理水平得到有效提升，各项规章制度得到落实执行，员工士气得到提升，生产质量、产量得到了显著提升。这值得很多初创企业以及未步入正轨的企业学习借鉴。

随着南益集团在中国香港、日本等地得到市场认可，并且小有名气，日本客商主动要求合资建厂扩大规模。1988年6月，由中国香港、日本、中国内地共同投资设立南安南晶针织时装（中国）有限公司，总投资达到216万美元，投产、试产都很顺利，其产品质量也被日方认可。

（二）市场环境关键成功因素

笔者走访了德化几家陶瓷企业，其市场已经远销欧洲，内部分工相当精细，设计与工艺能够很好地支持产品的造型与创新，其发展已经达到了相当高的程度。营销使用了互联网等手段，除了大量生产还有定制化生产模式。附近有德化陶瓷学院，还有一批工艺艺术高级人才。既有大师的单件艺术作品，也有批量生产作品，产品种类丰富、齐全，兼顾国内外市场、高中端与大众产品。定价完善，销售网络与展销结合，体系比较齐全。产品富有中国文化内涵，别具中国工艺特色，产业具有较强的生命力。市场前景持久，该行业已经处于成熟期。在环保与生态保护方面也有所改善，是一个优秀的产业地带。

当地人敢闯善拼，市场精神较成熟，可以称之为闽商精神。很多人都自称是企业能够成功的一个重要因素，可称之为企业家精神。经过对30家企业以及侨办、侨联、学者访谈记录，对于"爱拼才会赢"的具体理解，

80%认为创新是最重要的,其次才是勤劳,排在最后的是勇敢。

另外一家惠安的包装企业,伴随改革开放已经30年出头了。该企业属于生产服务业,凭借产业化分工、规模经济与拥有较多的多年合作老客户网络,持续、稳定发展。企业在发展壮大的过程中,出现管理压力以及人才瓶颈,这种情况在大部分微、小、中企业会普遍遇到。中小企业发展中的资金问题也成为限制企业发展的因素或环节。但是调查显示,90%的企业同意把工资作为融到资金以后的最后安排,这说明,工资对企业还不构成刚性约束,最重要的是销售资金周转。中小型侨资企业资金周转困难。一方面,许多原辅材料供应商为保证资金安全,对企业原辅材料款实行现金采购方式,占用了大量的流动现金;另一方面,市场需求疲软使得产品销售周期拉长,企业资金链周转缓慢。此外,虽然当前信贷环境适度宽松,但由于企业订单减少,利润压缩,还贷能力下降,银行对中小企业贷款审批谨慎,中小企业融资难题还较为突出。

以2012年的鞋服市场为例,市场需求比预计缩小了一半左右,许多工厂采取压缩生产线或者部分生产线外迁到江西等次发达地区的做法来坚持。

调查显示,30%的企业仍然没有独立的公司网页,15%的企业在网上搜索不到业务信息,这说明很多公司开拓业务仍然依靠传统手段,靠传统的熟人经济,不利于信息的传播与扩散,管理效率较低,这方面的发展潜力巨大。这也与部分企业负责人文化程度偏低,很少浏览自己的电子邮件,难以接受新技术管理方式有关。电子商务时代,网络信息形成了重要的市场渠道与管理信息渠道,如果在此方面落后太多,则不容易形成地区竞争优势,不容易抓住新的、更大的机遇。

通常侨资企业可以在更大范围内优化、配置资源,如在国外发现玩具市场,在国内生产成本低,自己控制设计,兄弟姐妹合作,完成侨资企业的运作。这样降低了技术上或者市场上的风险,同类企业的模仿也引起了技术扩散作用①。

---

① 访谈中得到的案例。

多年来，旅葡华人零售店经营的方式基本为"独门生意自己打理"，但2009年出现的新兴巨型百货店，大多由多名华商合资经营，与以往的普通杂货店或者大型百货店有较大差别。新兴巨型百货店吸收了多股东投资，资本实力雄厚，这在经济疲软时期对店铺经营有极为重要的支持作用。当葡萄牙经济形势向好时，这些巨型百货店可以向连锁化经营发展，提高其规模优势。股东的多行业背景有利于经营的丰富多元化，弥补管理经验不足。多股东的社会资本较丰富，对资源的整合更加有利。新兴巨型百货店经营更加正规化，基本上引入了计算机销售信息系统，节省了店员劳动，管理效率提升，在随后的圣诞节期间收益可观。

这克服了以往海外华商经常进行的同质化竞争，价格战伤害了多数商家的利益，不利于其持续发展。许多华人批发商避免单独经营，寻找经营产品的新领域，在细分市场上做精做细，主动满足市场和零售商的需求[1]。

由这个案例可以看到，侨资企业完全有能力在竞争环境中增强适应性，学习到更合适的商业模式来适应生存发展。作为政策服务部门，只需要营造良好的外部环境、做一些服务工作就可以促进企业在国内更好发展。

泉州经历了"引进侨资、发展民资"（1978~1996）阶段，到大力发展集群经济和品牌经济阶段（1996~2006），再深化已有产业结构，着力发展重化工工业，制造业和先进服务业并行发展（2006年至今）。据估算，泉州存在3000亿元左右的民间资本。同时经济发展过程中企业家也积累了丰富的管理经验。泉州民营企业家精神的特质为：不安于现状、能忍受困苦、有学习型人格、能力排众议、怀感恩之心。如何将民间剩余资本和企业家管理经验充分利用起来是泉州新时期发展过程中必须面对的问题之一。泉州企业家们勇于探索，很多原来从事制造业的企业家成功由泉州制造转向私募投资。卢志渊（2012）认为，泉州民营企业创新的金融支持有四种形式：侨资、本地民间资金、银行资本和风险资本[2]。晋江红桥、泉州红桥等专业创

---

[1] 中国新闻社课题组：《2009年世界华商发展报告》，http://www.chinanews.com/zgqj/news/2010/05-20/2293574.shtml。
[2] 卢志渊：《泉州民营企业创新的主体与金融支持探究》，《江苏商论》2012年第6期。

业投资基金在泉州成立①。安踏等7家企业也在泉州当地成立鞋业产业投资基金,以股权方式投资于鞋业企业。为更好地利用资本市场,泉州市政府启动实施"121"工程,力争用3~5年,累计完成1000家企业改制、200家企业纳入上市后备、100家企业实现境内外上市。为此,泉州市政府决定投入3000万元创建相关创投公司,帮助后备上市企业加快上市步伐。361度、利郎、匹克、鸿星尔克等成功上市企业背后,便活跃着泉州私募股权投资基金的身影。这些案例都充分说明,泉州私募股权投资基金对于产业发展的重要作用。事实上,泉州私募股权不仅在本地投资,它们也在转向外地,如上海、深圳等地。其投资领域也不再局限于鞋业、水暖器材、房地产行业,战略性新兴产业也是其投资行业之一。

五 政策环境分析

(一)侨资企业对当地经济发展的贡献及理论分析

从宏观上讲,企业的发展成功,一方面,标志着地区经济的发展,生产力水平提高,产业竞争力和地区竞争力提升;另一方面,企业的产品质量有保证,提升了人们的生活水平,对待员工友好,有社会责任感,品牌形象良好。

海外华侨华人创立的公司,在与国际水平的众多公司竞争及产业链合作中,通过吸收优秀的人才、技术以及优秀人才所附带的知识资产、丰富的信息,在相对完善的生态环境中,获得高新技术、知识、管理、智慧等资源,这些资源带入国内,加以本地化改造,有利于提升国内发展水平与发展速度,有利于促进国内的创新与体制效率的提高,这对于我们国家与地区来说,可能是一种宝贵的财富。

---

① 刘志阳、施祖、留程华:《泉州模式的发展创新》,《福建论坛》(人文社会科学版)2012年第1期。

华侨既是开放流动、资源配置优化的表现,也带来了制度、文化、管理技术的切换与融合。华侨通过流动来增加收入,创造更多的财富;华侨传播了中华文化,树立了中国形象,为建立和平、友好、合作的外交关系奠定了基础,具有较强的政治作用;华侨在国外需要祖国的支持,中国国力的增强为华侨发展赢得了更多机会,尤其是第一、二代华侨对于祖(籍)国的感情形成了很强的社会网络,促进了华侨经济及祖籍地的经济、政治、文化发展。

从华侨出国后的个人经济分析来看:

$$净收入 = 收入 - (转移成本 + 付出)$$

由于有转移成本这一沉淀成本,出国以后愿意更加努力地奋斗、更能吃苦,这提高了其成功的可能性。本文认为,从侨资面临的国际贸易优势看,从富技术、寡劳动力的国家进口技术设备更便宜,而从富劳动力、寡技术的国家出口劳动力要更划算,在不同禀赋的国家开展国际贸易,可以降低各国的综合生产成本。我国国内随着劳动力成本的上升,包括老龄化时代的到来,发展较高技术投入的设备进行生产,将会变得越来越经济、越来越成功。本文称这个理论为国际贸易要素迁移理论。

(二)侨资企业发展的政策性关键因素分析

1. 信用服务因素

如果缺乏社会化服务的风险评估与控制,众多企业不一定能把握好产业升级、转变经济发展方式的契机。可以利用海西侨乡政策优势,建立中小企业融资担保机制,当地具有熟人网络、地缘网络、血缘网络的基础,可以减少信息不对称形成的交易成本。运营中可以由担保公司担保,银行出具贷款,担保公司收取会员一定比例的保费。对于各类行业,根据创业风险不同进行分类控制管理,形成风险共担机制。本文认为,政府应该放开部分金融服务市场,准入部分民营企业,这些金融服务企业生态链上还包括信用服务系统以及评价服务企业,行业、产业、企业风险评估服务企业。培养这些企业以及类似国外的风险投资金融公司等多种企业,形成中小企业成长的生态

系统，更好地促进形成资金、技术、管理、产业集群。

2. 人力资源因素分析

改革开放初期，侨资企业利用当地人贫穷、勤劳肯干、吃苦耐劳以及工资低的优势，生产成本较低；现在随着土地价格上涨、人均收入提高、基本生活水平提高，当地人工资已经提高，但可以利用内地不发达地区来沿海打工的人口红利，暂时赢得成本比较优势。随着产业结构的升级，新产品生命周期的缩短，需要的人力资源结构发生变化，生产复杂程度与规模也在演进提升。随之对合适丰富的人力资源包括职业经理人、设计人员、技术人员等的要求都变得比较迫切，也成为企业稳定成长的重要因素。

华侨对泉州教育的支持，为当地经济发展提供了更多的人力资源，有利于当地经济、企业的发展。近期吸引到泉州工作的人力资源，还主要是在外求学的泉州籍学生及在福建高校毕业尤其是在泉州毕业的学生，由于他们对泉州相对了解，可以洞察到在泉州发展的机遇与吸引力。精细化、规范化、企业家精神的传承是关键，可以通过培养职业经理人声誉市场促进企业发展，促进人力资源环境改善。

（三）长期收益及地区吸引力分析

在发展侨乡经济中，泉州存在如何权衡短期收益与长期收益关系的问题。通信领域 3G 牌照的拍卖方法对解决这一问题具有启示作用。第三代移动通信运营频谱使用权的拍卖，在世界不同国家有两种典型的方法，效果迥异。第一种是一次性付出使用费。价格高昂，运营商得到牌照以后就债台高筑，称为"赢者的诅咒"。第二种方法是拍卖若干年后的企业运营收入比率，前几年不收费用，免费使用频谱；后面的年份再分成两个阶段，收取的费率前低后高。运营商轻装上阵，容易融资进行巨大的投资，当用户越来越多，收入越来越可观时，向政府缴纳使用费，而政府的此项收入总量也水涨船高。

针对长期收益可观但短期收益低，企业负担重的项目，政府可借鉴上文中的第二种方法，制定相关优惠税收政策。项目初期，政府以低税或者免税以及其他补贴方式给予优惠，后期，随着企业规模扩大，效益提高，政府可恢复税收水平、减少补贴。这可以带动本地相关上下游企业的发展，带来其他外来企业的跟风与入驻，从而形成间接收入效应。

政府的土地政策也应重视长期收益。泉州政府曾担心房地产市场不景气，土地收入受损不振。土地收入是一次性的，随着通货膨胀效应的积累与显现，以前再高的收入也不如以后持久的现金流可靠。目前，珠三角、长三角地区房价、地价比泉州高，许多资源流入泉州，其他地区企业倒闭较严重时，泉州地区的企业生存了下来，其实很大程度上是由于泉州地价较低，使企业的平均成本较低，产品较有吸引力。政府把大批的优秀企业吸引过来，待企业发展壮大以后收取税收收入。

政府的教育投资政策也影响地区的长期收益。政府用税收收入投资于当地的教育支出如果太多，会减少短期收益。企业家对当地的教育资助、捐赠数量有限，但是，这些投资将带来人口红利、人力资本提升，有利于提高企业、地方政府的长期收益。

地区吸引力影响地区竞争力，从而影响地区的长期收益获取能力。正如张五常所言，中国的地区间竞争，即县域经济，给中国的发展带来了活力，县域拥有较大的决策权，制度在县域之间竞争，有吸引力的城市与地区更容易快速发展，财政收入也会比较高。提高地区吸引力，通过制度及已有的气候资源、生态资源优势，就会形成泉州发展经济的持续动力。政府可改善服务，提供便捷的出入境手续，支持企业进行贸易、商务、技术交流、市场考察。以规范的营商环境、便捷的政府一体化服务，提高对侨资企业的吸引力。同样，国家层面也可以提高吸引力，这样就会在与其他国家或者地区的竞争中取得优势。目前，以美国为首掀起的减税、降费对制造业等产业的吸引正在全世界范围内形成竞争效应，各国为此纷纷推出了竞争性优惠政策以应对这一挑战。

吸引力因子可用下式表达：

$$D_r = F(JT, LH, QH, SL, WH, \cdots\cdots)$$

D_r 为地区吸引力因子，JT 为交通因素，如开通泉州到武汉的高速铁路，

有利于发展内需型经济，开通快速海上交通，有利于发展台湾旅游业，加快海峡西岸经济发展与提速台海交流。LH为绿化因素，泉州森林资源丰富，要保护优美的绿化资源，满足人的健康诉求，提升生活质量。QH为气候因素，地理位置赋予泉州舒适的温度等气候资源，这是很多地区无法复制的资源。SL为制定合适的、策略性的，经过测算科学的、有吸引力的税率政策，来加强地区吸引力。比如，由于厦门优惠的税率政策与交通优势，很多泉州知名企业把总部或分公司设在了厦门，这让泉州政府感到很紧张。WH为文化因素，如杭州的西湖，很多景点都能找出古代文化名人，以优秀的文化资源来吸引游客、陶冶游客情操，提升了地区吸引力。如果泉州能大力投入塑造泉州文化名城形象、加强泉州精神的培养，则可以大大加强泉州的地区吸引力。F表示函数关系，地区吸引力由上述主要因素与其他因素一起以某种形式形成。具体的形式可以留待后续研究。

六 结论及政策建议

泉州作为海上丝绸之路的起点之一，自古就有对外贸易的传统，作为著名的侨乡，研究泉州的侨资企业动向及机理环境，对于我国侨务政策及侨乡经济发展都有很好的启示。本文分析梳理了泉州侨资企业发展的成功标志、影响因素、旋转门效应、网络效应及侨资企业的经济、管理、社会收益，体现了华侨对祖籍国、祖籍地进行投资的情感收益；通过分析侨资企业在制度、技术、管理方面的外溢作用，探讨了侨资企业对侨乡地区经济发展的促进作用；提出的相关政策建议，对于侨资企业及侨乡经济的持续发展，具有一定的启示与引导作用。

根据本文的研究结论，重点就以下三方面提出政策建议。

（一）创新方面

技术创新是企业发展的原动力，80%的企业反映，创新是制约企业持续发展的关键因素。企业技术创新是进行高质量发展转型的重要措施与抓手，既体现在合作激励机制上,又体现在企业的软实力与硬实力上。针对调查访谈中所反映的创新难问题,本文提出以下促进创新的方法。

1. 产学研合作网络

技术创新迫切需要异质的多方互补、融合,互相碰撞整合多方的思维构想,既要有一定的差异性,又要有功能的整合性。由于华商长期旅居境外,其与当地产学研协同创新能力仍然需要深度融合。定期的交流以及对市场诉求及结果的反馈构成了合作网络链接密度的主要影响因素,知识产权及利益分享体制的建立有利于促进各方发挥内在的潜力,提高成果的转化率及产业化的速度。

2. 政府采购

小企业在带动经济增长、促进技术创新和传播方面发挥着重大作用,而技术方面的创新与领先离不开政府对企业的支持。借鉴发达国家的做法,对提升我国中小侨资企业的创新活力具有促进作用。美国政府高度重视小企业的发展,为小企业营造公平的市场竞争环境,激发小企业进行技术创新。美国在政府采购中优先购买美国产品,大力扶持小企业。美国政府就保护企业创新专门立法。1953年的美国《小企业法》从组织机构上加以规范,对小企业发展进行支持;规定联邦政府在采购预算中保证给予小企业至少23%的合同份额;如果大企业获得政府采购合同后,也要将合同份额中的两成分包给小企业。2011年美国进一步简化了政府部门对小企业采购的审核程序,并且开通网络"快捷支付"系统,缩短支付周期,提升了小企业周转资金运行效率。因为小企业数量众多、创新活力充足、机制灵活,保护小企业有利于维持整个创新生态体系的活力,我国各地政府在政府采购中也应参考美国的做法,扶持推动整个创新体系的发展。

3. 人力资源

人力资源是提升创新能力的第一资源,要强化员工的创新性需要。第一,吸引人才的政策。可参考其他城市,落实具体的高学历人才吸引政策。第二,挽留人才政策。企业不仅仅是吸引人才,更重要的是留住人才。吸引力指标包括医疗、教育、环境卫生、公共交通、安全设施等。第

三,多元化和包容性。企业和员工的关系不仅仅是雇用和被雇用的关系。对员工的考核也不是单一标准,而是多元标准。第四,建立创新梯队。传统的创新容易局限在企业研发部分的创新。而现代管理理论认为,创新存在于研发、制造、销售等多个部门。提升人力资源的创新能力需要将创新关注点延伸到营销、制造、售后服务等环节。除了在研发部门配备高素质的科研人员,还需要建立多部门的反馈与信息交互渠道。市场需求收集与创意筛选需要市场部门的员工准确及时地捕捉信息,而产品研发、改进、试销等细节工作需要大量的时间和精力去完成,各部门的协同对于创新效率的提升非常重要。

(二)风险管理方面

风险管理包括以下方面。第一,风险的识别,即选择可能的风险因素,判断风险发生的概率及风险对应的收益与损失。第二,建立风险预防与预警系统。对可能发生的风险进行事前控制,在输入阶段就减少与避免风险的出现;风险预警系统的建立,即在出现一系列事件后,意味着相关的风险出现概率升高,准备启动防范风险的措施。第三,确立风险的应对策略,包括风险转移、风险保留和风险躲避。风险转移即把风险事件与环节留在合作伙伴或他人环节,让善于处理风险的人或组织来应对风险;还有更常见的措施是购买保险,通过确定的较小的损失来换取对潜在较大财产损失的补偿,通过期货等工具做一些风险对冲与套期保值也是应对汇率与价格波动的常用措施。第四,风险台账与风险教育及改进。对于已发生的风险及较大概率发生的风险建立台账,录入信息系统,方便查阅与使用。对于相关的人员与环节有针对性地教育、提出出改进措施。把这一做法与精细化管理结合使得风险管理的输出常态化,及时改进操作流程与工艺,添加效率更高、更可靠的新设备,促进企业智能化演进与更迭发展。

对于市场的不确定性,应该加强市场调研、进行渠道管理、增强生产计划的弹性控制能力。引进专业人才,利用电子商务等多种销售方式增加企业的适应能力。

政府相关部门定期进行专门的安全生产检查、帮助企业识别遗漏风险，如常见的消防、易燃易爆、环境污染、有毒有害气体释放、霉腐变质、粉尘等员工身体健康危害。

（三）短期融资方面

政府部门或者委托相关部门或中介服务企业建立企业及员工信用记录，建立企业可质押资产台账及质押状态记录，提供法律监管服务，记录企业诚信状况，提供低息短期融资额度评级。

在没有明确说明用途的华侨捐款中设定5%左右的比例，与有多余周转资金的企业提供互助资金，共同建立基金池作为对优质中小企业的有偿贷款支出资助，这样既解决部分中小企业的融资问题，又使捐资起到了保值增值的作用。授信企业有义务定期对管理与业务部门披露相关信息，并接受监督，按期还款。

参考文献

Boynton, A. C. and R. W. Zmud, "An Assessment of Critical Success Factors", *Sloan Management Review* 25 (4) (1984).

Dennis P. Slevin, Paul A. Stieman, and Larry W. Boone, "Critical Success Factor Analysis for Information Systems Performance Measurement and Enhancement: A Case Study in the University Environment", *Information and Management* 21 (3) (1991).

Rockart, John F., "A Primer on Critical Success Factors", *McGraw-Hill School Education Group* (1986).

郭玉聪：《〈东亚华人社会的形成与发展——华商网络、移民与一体化趋势〉评介》，《侨务工作研究》2010年第2期。

廖萌：《海外华商投资中国的演变、驱动因素及对策研究》，《东南学术》2016年第5期。

刘志阳、施祖、留程华：《泉州模式的发展创新》，《福建论坛》（人文社会科学版）2012年第1期。

龙登高等：《中国侨资企业年度报告2008》，国务院侨务办公室，2009。

龙登高、李一苇：《海外华商投资中国 40 年：发展脉络、作用与趋势》，《华侨华人历史研究》2018 年第 4 期。

龙大为、谭天星：《中国大陆侨资与外资发展比较研究——基于 2005~2008 数据分析》，《云南师范大学学报》（哲学社会科学版）2011 年第 4 期。

龙登高、张洵君：《海外华商在中国：2014 中国侨资企业发展报告》，中华工商联合出版社，2014。

卢志渊：《泉州民营企业创新的主体与金融支持探究》，《江苏商论》2012 年第 6 期。

马丹、庄培章：《福建省泉州市乡镇企业发展的调查和思考》，《金融经济》2006 年第 14 期。

俞云平：《侨（外）商投资企业在晋江经济发展中的地位（1979~1997）》，《南洋问题研究》1999 年第 1 期。

张荣苏、张秋生：《改革开放以来中国学界海外华商研究述评》，《华侨华人历史研究》2018 年第 4 期。

张维迎：《市场的逻辑》，上海人民出版社，2010。

B.9 "一带一路"六大经济走廊贸易现状与华侨华人的作用调查

赵凯 黄华华[*]

摘 要： "一带一路"倡议是中国积极参与21世纪全球与区域治理的顶层设计，贸易畅通作为该倡议的"五通"之一，是"一带一路"建设的重点内容。本文从文化差异角度分析中国与"一带一路"六大经济走廊沿线国家间的贸易畅通问题。采用2007~2017年我国及"一带一路"六大经济走廊沿线64个国家的相关数据为分析样本，以港口基础设施质量、海关手续负担、国际旅游收支、教育投入水平等为控制变量，通过扩展贸易引力模型实证研究文化距离、地理距离以及经济规模对中国与六大经济走廊贸易畅通的影响。此外，本文还通过政治、经济、文化等多个角度对比分析各个经济走廊与中国的贸易便利性，进一步探讨华侨华人在中国与"一带一路"沿线国家贸易畅通中所起的作用。

关键词： 华侨华人 六大经济走廊 异质性 贸易畅通

---

[*] 赵凯，经济学博士，华侨大学数量经济研究院统计学院副教授、硕导，主要研究方向：数量经济、博弈论；黄华华，华侨大学统计学院硕士研究生，主要研究方向：金融统计。本文受到中央高校基本科研业务费资助项目"华侨大学哲学社会科学青年学者成长工程项目"（16SKGC-QT04）的资助。

一 引言

自 2008 年金融危机以来，中国与发达国家的贸易壁垒和贸易摩擦频频出现，尤其是近期中美贸易争端不断升级。为避免被动受制于发达国家，中国主动求变，以互利共赢理念为基础，积极参与区域经济合作，拓展国际市场空间，寻求全方位的开放格局。自 2013 年习总书记提出"一带一路"伟大倡议以来，我国在谋求自身发展的同时，也为沿线国家顺应历史潮流、实现快速发展贡献了中国智慧。截至目前，中国已累计同 122 个国家、29 个国际组织签署了 170 份政府间合作文件，"一带一路"合作国家遍布亚洲、非洲、欧洲、大洋洲和拉丁美洲[①]。

国家发展改革委、外交部以及商务部在 2015 年 3 月联合公布《推进共建丝绸之路经济带和 21 世纪海上丝绸之路的愿景与行动》，明确指出以沿线中心城市为支撑，以重点经贸产业园区为合作平台，共同打造新亚欧大陆桥、中蒙俄、中伊土、中新等国际经济合作走廊。"六廊六路多国多港"是共建"一带一路"的主体框架，经济走廊建设是推进"一带一路"建设的重要内容。中国与"一带一路"六大经济走廊沿线国家间的贸易合作受诸多因素的影响，而贸易额的区域分布特征与华侨华人聚焦地区有一定的相关性。据国侨办统计，全球 6000 多万华侨华人中有 4000 多万分布在"一带一路"沿线国家和地区，其中东南亚是传统的侨胞聚居地，华侨华人最为集中，约有 3000 万人，这一地区也即中新经济走廊沿线，华侨华人经济对侨居国国民经济具有举足轻重的作用。全球化促进了海外华侨华人的文化漂移现象，海外侨胞日益成为向世界展示中华文化的重要窗口，一些华侨华人既了解中国，也熟悉侨居国政治、经济、法律和社会状况，既掌握中国及侨居国语言，又了解两国文化环境和民众心理差异，与侨居国形成了"文化共识"和亲和力。随着全球化进程的加深和中国综合

---

① 资料来源于中国"一带一路"网，https：//www.yidaiyilu.gov.cn/jcsj/dsjkydyl/79860.htm。

国力的增强，海外华侨华人在侨居国与中国之间的桥梁纽带作用日益凸显，在各国文化对话过程中，以侨为桥，"文化共识"和亲和力可以尽量减少对华贸易中的摩擦，对侨居国与中国之间的贸易合作起到了至关重要的作用。

本文从文化差异角度分析中国与"一带一路"六大经济走廊沿线国家间的贸易畅通问题。采用2007～2017年我国及"一带一路"六大经济走廊沿线64个国家的相关数据为分析样本，以港口基础设施质量、海关手续负担、国际旅游收支、教育投入水平等变量为控制变量，通过扩展贸易引力模型实证研究文化距离、地理距离以及经济规模对中国与六大经济走廊贸易畅通的影响。此外，本文还通过政治、经济、文化等多个角度对比分析各个经济走廊与中国的贸易便利性，进一步探讨华侨华人在中国与"一带一路"沿线国家贸易畅通中起到的作用。

二 文献综述

"一带一路"倡议是中国积极参与21世纪全球与区域治理的顶层设计，贸易畅通作为该倡议的"五通"之一，是"一带一路"建设的重点内容。伴随区域经济的高速发展以及对外贸易环境的不断变化，针对"一带一路"贸易畅通的探索，在研究角度、研究方法、研究区域等方面也不断改进和完善。

首先，从研究角度来看，学者们多从政策沟通、投资及文化交融等方面开展研究。中国与"一带一路"沿线国家和地区投资贸易合作中，投资贸易便利化和消除贸易壁垒是建设的重点内容，柳思思论证了地缘政治环境的恶化是阻碍跨境次区域合作的关键变量[①]；孙立芳和陈昭以RCEP成员国为例，从农业发展方面得出了开放度对农产品竞争力的影响程度最大且最

---

① 柳思思：《"一带一路"：跨境次区域合作理论研究的新进路》，《南亚研究》2014年第2期。

为显著的结论①;陈红和杨成玉认为,自由贸易区的建成能够在不同程度上提升中国与"一带一路"沿线各国的GDP增长率、进出口总额②。在投资上,改革开放以来,外商投资企业对扩大中国进出口规模和提升进出口贸易商品结构做出了重要贡献③;姜巍和傅玉玢运用协整和误差修正模型方法对1982年至2012年中国双向FDI的贸易效应进行实证检验,结果显示外商直接投资(IFDI)现有类型和质量对经济持续发展存在局限性,长期出口效应存在下降趋势,对外直接投资(OFDI)的长期出口促进效应存在上升可能,发展潜力巨大④;隋广军和黄亮雄等通过构建计量模型发现,中国投资对沿线国家经济增长的贡献率约为12%⑤;孙楚仁等实证研究发现,"一带一路"倡议显著提高了中国对沿线国家出口的增长,且对非邻国的出口促进效应大于邻国⑥。另外,随着贸易全球化的深入展开,全球化并不仅限于经济对话,而是逐渐演变成经济、政治和文化一体化⑦。在文化差异上,国内外许多学者对文化距离与国际贸易之间的关系进行了研究,理论上文化距离主要是通过影响交易成本和消费者偏好从而影响贸易合作关系,但学者们对文化距离这一因素的影响作用尚未达成共识。许陈生和程娟以2002年至2010年中国文化创意产品出口数据为样本研究发现,总体上文化距离对中国文化创意产品贸易存在显著的消极影响,但在

---

① 孙立芳、陈昭:《"一带一路"背景下经济开放度如何影响农产品国际竞争力:来自RCEP成员国的证据》,《世界经济研究》2018年第3期。
② 陈虹、杨成玉:《"一带一路"国家战略的国际经济效应研究——基于CGE模型的分析》,《国际贸易问题》2015年第10期;江小涓:《中国出口增长与结构变化:外商投资企业的贡献》,《南开经济研究》2002年第2期。
③ 史小龙、张峰:《外商直接投资对我国进出口贸易影响的协整分析》,《世界经济研究》2004年第4期。
④ 姜巍、傅玉玢:《中国双向FDI的进出口贸易效应:影响机制与实证检验》,《国际经贸探索》2014年第6期。
⑤ 隋广军、黄亮雄、黄兴:《中国对外直接投资、基础设施建设与"一带一路"沿线国家经济增长》,《广东财经大学学报》2017年第1期。
⑥ 孙楚仁、张楠、刘雅莹:《"一带一路"倡议与中国对沿线国家的贸易增长》,《国际贸易问题》2017年第2期。
⑦ 李栋材、张禹东:《文化全球化视野中的文化选择》,《前沿》2012年第23期。

不同特征的进口国或地区，其影响存在显著差异①；黄玖立和周泽平也发现中国文化产品尤其是核心文化产品的出口贸易流量主要受文化、制度等距离因素的影响②；刘洪铎和李文宇等发现，中国与"一带一路"沿线国家的文化交融度与双边贸易流量呈现倒 U 形非线性关系，且大部分样本观测点落在最优值的左侧，说明现阶段两国文化交融对双边贸易增长具有推动作用，且这一推动作用仍存在较大的提升空间③；田晖和蒋辰春研究发现，国家文化距离对中国贸易存在双重影响，文化距离作为整体变量对中国对外贸易有负面影响，但作为组合变量时，权力距离等几个维度对中国对外贸易有正面影响，且两国间文化距离对进出口贸易的影响程度存在差异④。

其次，从研究方法来看，许多学者构建指数用于研究中国与"一带一路"沿线国家的贸易关系，张会清和唐海燕采用贸易强度指数模型，从进出口贸易两方面分析发现，中国与"一带一路"沿线国家出口贸易联系强于进口贸易，中国优势工业品的出口贸易和资源性产品的进口贸易与"一带一路"沿线地区有较强的互补性⑤；桑百川和杨立卓采用修正的 CS 指数和 CC 指数构建评价指标，分别测算了中国与"一带一路"沿线国家的贸易关系，发现中国与东南亚、南亚、南欧、中欧和西欧等地区国家的出口结构类似，与东南亚、南亚、南欧、中欧、西欧和东欧贸易互补性较强，贸易潜力较大⑥。刘洪铎和李文宇等构建了文化交融指标，实证考察了中国与"一

---

① 许陈生、程娟：《文化距离与中国文化创意产品出口》，《国际经贸探索》2013 年第 11 期。
② 黄玖立、周泽平：《多维度距离下的中国文化产品贸易》，《产业经济研究》2015 年第 5 期。
③ 刘洪铎、李文宇、陈和：《文化交融如何影响中国与"一带一路"沿线国家的双边贸易往来——基于 1995~2013 年微观贸易数据的实证检验》，《国际贸易问题》2016 年第 2 期。
④ 田晖、蒋辰春：《国家文化距离对中国对外贸易的影响——基于 31 个国家和地区贸易数据的引力模型分析》，《国际贸易问题》2012 年第 3 期。
⑤ 张会清、唐海燕：《中国与"一带一路"沿线地区的贸易联系问题研究——基于贸易强度指数模型的分析》，《国际经贸探索》2017 年第 3 期。
⑥ 桑百川、杨立卓：《拓展我国与"一带一路"国家的贸易关系——基于竞争性与互补性研究》，《经济问题》2015 年第 8 期。

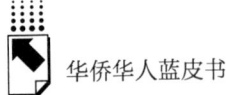

带一路"沿线国家的文化交融对双边贸易关系的影响,发现文化交融度与双边贸易流量均呈倒 U 形非线性关系[1]。在模型选取上,陈虹和杨成玉基于 CGE 模型研究发现,中国与"一带一路"沿线国家自建成自贸区后进出口总额有不同程度提高,沿线各国贸易平衡趋于稳定[2];田晖和蒋辰春、孔庆峰和董虹蔚等均采用拓展的贸易引力模型对"一带一路"沿线国家贸易进行研究[3]。

再次,从研究区域来看,学者们多从六大经济走廊出发,分析和探究中国与"一带一路"沿线国家的经贸发展及联系沟通。陈继勇和杨格研究了中国与新亚欧大陆桥经济走廊贸易互补性及其影响因素[4];林智荣和覃娟以中新经济走廊为例提出基础设施建设的对策建议[5];胡关子对中新经济走廊软件基础设施效应的研究表明,共同边界对贸易存在极大促进作用[6];刘晓伟研究了孟中印缅经济走廊的合作机制化限度[7];高志刚和张燕研究了中巴经济走廊建设的双边贸易潜力及效率[8];于洪洋和欧德卡等、李艳华以中蒙俄经济走廊为例,分别研究了中蒙俄经济走廊的建设基础与障碍、经济效应

---

[1] 刘洪铎、李文宇、陈和:《文化交融如何影响中国与"一带一路"沿线国家的双边贸易往来——基于 1995~2013 年微观贸易数据的实证检验》,《国际贸易问题》2016 年第 2 期。

[2] 陈虹、杨成玉:《"一带一路"国家战略的国际经济效应研究——基于 CGE 模型的分析》,《国际贸易问题》2015 年第 10 期。

[3] 田晖、蒋辰春:《国家文化距离对中国对外贸易的影响——基于 31 个国家和地区贸易数据的引力模型分析》,《国际贸易问题》2012 年第 3 期;孔庆峰、董虹蔚:《"一带一路"国家的贸易便利化水平测算与贸易潜力研究》,《国际贸易问题》2015 年第 12 期。

[4] 陈继勇、杨格:《中国与新亚欧大陆桥沿线七国贸易互补性测度及影响因素研究》,《亚太经济》2018 年第 2 期。

[5] 林智荣、覃娟:《中国—新加坡经济走廊交通基础设施建设探析》,《东南亚纵横》2015 年第 1 期。

[6] 胡关子:《"一带一路"软件基础设施联通研究——以中国—中南半岛经济走廊方向为例》,《中国流通经济》2018 年第 4 期。

[7] 刘晓伟:《"一带一路"倡议下次区域合作机制化限度研究——以"孟中印缅经济走廊"为例》,《南亚研究》2019 年第 1 期。

[8] 高志刚、张燕:《中巴经济走廊建设中双边贸易潜力及效率研究——基于随机前沿引力模型分析》,《财经科学》2015 年第 11 期。

影响因素与贸易潜力[1]。彭柏翰采用GTAP模型深入分析降低通关时间的贸易便利化政策对六大经济走廊各国经济效益的影响，模型研究结论表明，降低通关时间显著促进了各经济走廊沿线国家的经济增长，提高了双边贸易额；在推进贸易便利化过程中，中伊土经济走廊获益最大，其各项经济指标改善状况位列所有经济走廊之首，成本收益比最佳，孟中印缅经济走廊、中蒙俄经济走廊次之，中巴经济走廊、新亚欧大陆桥的成本收益比相对略低[2]。

最后，从华侨华人在"一带一路"建设中所发挥的桥梁作用来看，主要涉及推动中国与东道国关系、参与该倡议项目的开发建设以及加强沿线各国对倡议的认同和支持三个方面。中外互相了解和信任是经贸合作稳定的基础，华侨华人兼通中外文化，熟悉侨居国情况，文化软实力突出，是推动中国与侨居国关系的主力军[3]。蔡建国认为，发挥海外华侨华人资金、技术和社会影响优势，对于互联互通建设大有裨益，要充分利用海外侨务资源，支援"一带一路"建设[4]；蒙英华和黄建忠研究发现，移民网络可以给买卖双方提供关于贸易机会的信息，并且可以增强契约的执行能力，从而增加国际贸易规模[5]；王子昌也认为，华侨华人是"一带一路"倡议一个十分重要的组成部分，但现存问题有可能在倡议项目具体实施中直接冲击当地的华侨华人，给当地华侨华人带来不利影响[6]；梁育填和周政可等从经典的区位选择问题角度探究海外华侨华人网络与中国企业海外投资区位选择的关系，结果表明，东南亚各国的华侨华人规模和中国企业对外直接投资的区位选择

---

[1] 于洪洋、欧德卡、巴殿君：《试论"中蒙俄经济走廊"的基础与障碍》，《东北亚论坛》2015年第1期；李艳华：《"中蒙俄经济走廊"经济效应影响因素及贸易潜力分析》，《统计与决策》2019年第3期。
[2] 彭柏翰：《贸易便利化对"一带一路"经济走廊经济效益的影响》，商务部国际贸易经济合作研究院硕士学位论文，2017。
[3] 庄国土：《海上丝绸之路与中国海外移民》，《人民论坛》2016年第8期。
[4] 蔡建国：《华侨华人与"一带一路"战略》，《文汇报》2015年3月12日，第5版。
[5] 蒙英华、黄建忠：《信息成本与国际贸易：亚洲华商网络与ICT对中国对外贸易影响的面板数据分析》，《南开经济研究》2008年第1期。
[6] 王子昌：《"一带一路"战略与华侨华人的逻辑连接》，《东南亚研究》2015年第3期。

存在显著的正相关关系，并且这一关系呈现显著的扩大趋势，说明华侨华人在促进中国企业对外投资方面存在较大潜力①。另外，"民心相通"是"五通"中最重要、最基本的，而"语言相通"则是民心相通的重要基础②。语言是重要的身份标识，人们会更倾向于选择与使用同一语系或类似语言的人交流，苏剑和葛加国认为，语言的交际属性与功能决定了其对双边贸易有重要的影响，通用语言能够降低交易成本、促进双边贸易，而且语言传播能给国家贸易带来语言红利，助力"一带一路"倡议的有效实施③；姚星和王博等基于1992~2013年"一带一路"沿线61个国家的投入产出数据，运用社会网络分析法研究发现，经济规模、人口规模、共同语言和地理距离对"一带一路"沿线国家服务中间投入网络结构具有显著影响④。华侨华人普遍具有捍卫、发展中华文化教育的决心和热情，马来西亚华人一直对华文教育这一维护华族灵魂的重要媒介有清醒而强烈的意识⑤，随着东南亚各国放宽对华文学校的限制，汉语教学在各国主流社会快速发展⑥。

贸易畅通是"五通"的主要目的，亦是"一带一路"倡议的关键内容。现有文献对该倡议的研究大多聚焦于某一区域，或以沿线国家为整体进行研究。然而，由于沿线各经济走廊资源禀赋不同、历史文化相异、经济发展水平以及与中国的关系各不相同，这些条件不同程度地影响着双边贸易，因而各经济走廊的异质性不容忽视。基于此，本文将基于六大经济走廊的异质性，探究中国与六大经济走廊沿线各国贸易畅通的影响因素，比较和分析各走廊异质性在与中国贸易合作中的表现，尤其是华侨华人在其中起到的关键作用。

---

① 梁育填、周政可、刘逸：《东南亚华人华侨网络与中国企业海外投资的区位选择关系研究》，《地理学报》2018年第8期。
② 贾益民：《"一带一路"建设与华文教育新发展》，《世界华文教学》2016年第2期。
③ 苏剑、葛加国：《"一带一路"倡议背景下双边贸易的语言效应：抑制还是促进》，《学术月刊》2018年第9期。
④ 姚星、王博、蒲岳：《"一带一路"沿线国家服务中间投入的网络结构特征及其影响因素》，《世界经济研究》2018年第1期。
⑤ 张禹东：《马来西亚的华文教育及其发展前景》，《八桂侨史》1997年第3期。
⑥ 吴坚、杨婧：《新时代·新汉语·新征程：东南亚汉语教育发展趋势研究》，《华南师范大学学报》（社会科学版）2018年第5期。

三 "一带一路"及其六大经济走廊贸易现状

近年来,中国与"一带一路"沿线各国的经济高速发展,其对外贸易额占全球贸易比重不断攀升。根据世界银行最新发布的数据,中国对外贸易额在2018年已占全球对外贸易总额的11.6%,并且"一带一路"沿线国家的对外贸易额总和占全球的23.48%,总体来看,中国及"一带一路"沿线国家对外贸易合计占全球总额已超过三分之一。

"六廊六路多国多港"是共建"一带一路"的主体框架,表1列举了"一带一路"六大经济走廊涉及的主要国家及地区。新亚欧大陆桥经济走廊辐射欧亚两大洲的二十多个国家和地区,连接起了经济活跃且市场广阔的东亚经济圈和具有资金、技术及管理优势的欧洲经济圈;中伊土经济走廊沿线主要涉及21个国家,其中,中东地区不仅石油资源丰富、具有重要的地缘战略价值,还是陆海连接欧亚大陆腹地的重要捷径;中新经济走廊主要涉及东盟国家;孟中印缅经济走廊沿线各国与中国西南地区接壤。

表1 "一带一路"六大经济走廊沿线涉及的国家与地区

经济走廊	沿线国家	数量(个)
新亚欧大陆桥经济走廊	哈萨克斯坦、白俄罗斯、乌克兰、摩尔多瓦、阿塞拜疆、亚美尼亚、格鲁吉亚、波兰、捷克、匈牙利、罗马尼亚、保加利亚、塞尔维亚、波黑、立陶宛、阿尔巴尼亚、克罗地亚、斯洛伐克、斯洛文尼亚、马其顿、爱沙尼亚、拉脱维亚、黑山	23
中伊土经济走廊	吉尔吉斯斯坦、塔吉克斯坦、乌兹别克斯坦、阿富汗、土库曼斯坦、土耳其、伊朗、叙利亚、伊拉克、阿联酋、沙特阿拉伯、卡塔尔、科威特、黎巴嫩、也门、约旦、以色列、巴勒斯坦、埃及、巴林、阿曼	21
中新经济走廊	越南、老挝、泰国、柬埔寨、文莱、马来西亚、印度尼西亚、东帝汶、菲律宾、新加坡	10
孟中印缅经济走廊	印度、斯里兰卡、尼泊尔、孟加拉国、马尔代夫、不丹、缅甸	7
中巴经济走廊	巴基斯坦	1
中蒙俄经济走廊	蒙古、俄罗斯	2

资料来源:中国一带一路网,https://www.yidaiyilu.gov.cn/index.htm。

（一）"一带一路"沿线国家的贸易总体情况

2000年,"一带一路"构想未实施前,沿线国家GDP总和仅占全球总量的9.15%;截至2018年,沿线国家GDP实现了大幅增长,其GDP已占全球的16.5%。在沿线国家经济水平呈快速提升的情况下,对外贸易总额也"不甘落后",实现了与经济发展的同步增长。2018年"一带一路"沿线各国对外贸易额为91281.22亿美元,占全球贸易总额约23.48%,同比增长3.6%。图1展示了2000~2018年沿线国家的GDP和贸易额及其占全球比例的增长趋势。从图中可以发现:2008年之前各国经济稳步增长;2008年的金融危机致使经济严重受挫,比重骤然下降;2009年开始逐渐恢复缓慢增长;2016年后经济及贸易增速有所提升;2018年"一带一路"沿线国家对外贸易出口额和进口额分别为44774.13亿美元和46507.08亿美元,占全球对外贸易总额的23.17%和23.78%。总体上看,2009年之后该区域沿线国家经济增速明显高于世界经济增长,"一带一路"倡议的提出,不仅缓解了2008年金融危机对各国经济的打击,同时也盘活了区域间的经济合作,"一带一路"沿线国家将会成为世界经济增长的强劲动力。

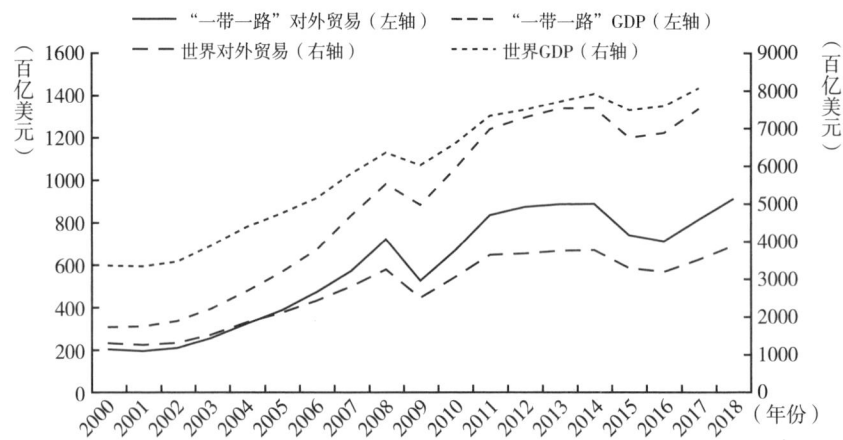

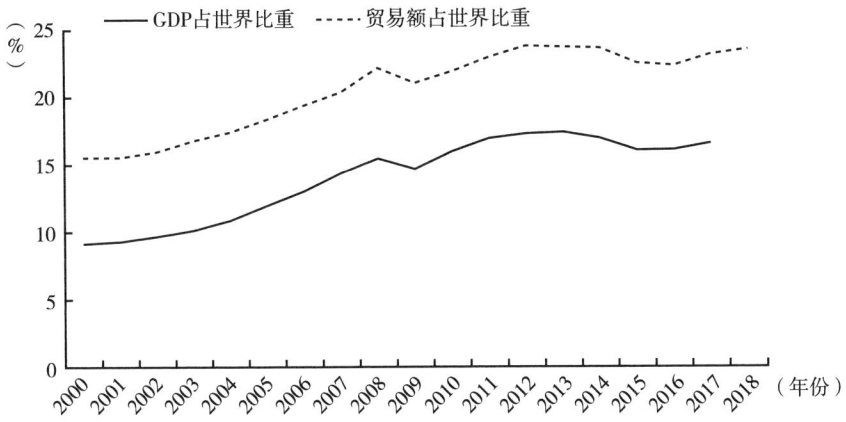

图 1 "一带一路"六大经济走廊沿线国家GDP、贸易额及其占全球比重

数据来源:国研网,http://www.drcnet.com.cn/www/int/。

(二)六大经济走廊基本情况

六大经济走廊涉及国家的数量不同,且各国在人口、经济、贸易等方面也存在较大差异。

1. 人口方面

从近年六大经济走廊沿线国家人口占全球总人口比重(见图2)可知,孟中印缅经济走廊人口数量最多,占全球比重为21.37%。孟中印缅经济走廊主要涉及印度、斯里兰卡、孟加拉国、缅甸等7个国家,其中印度和孟加拉国为人口大国,尤其是印度人口占世界总人口的17.78%。人口基数大表明孟中印缅经济走廊劳动力市场广阔、贸易需求潜力大。中新经济走廊次之,人口数量占全球的7.91%。此外,新亚欧大陆桥经济走廊是涉及国家数量最大的一条走廊,沿线包括23个国家,但其总人口仅占全球人口的2.81%,地广人稀是该经济走廊的特点,国家组成复杂则是该经济走廊重要的联通阻碍。

2. 经济方面

图3展示了2000年至2017年六大经济走廊沿线国家GDP占全球的比重

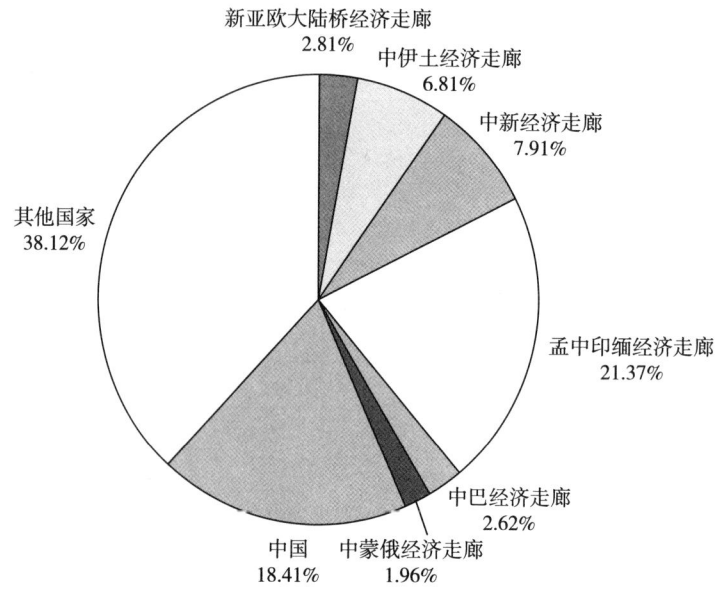

图 2　六大经济走廊及中国人口占全球比重

数据来源：世界银行，https://data.worldbank.org.cn/indicator/SP.POP.TOTL。

变化。总体来看，中伊土经济走廊 GDP 占比最高，孟中印缅经济走廊、中新经济走廊和新亚欧大陆桥经济走廊的经济规模大致相当，排名紧随其后。2017年，中伊土经济走廊各国 GDP 占全球比重为 4.70%，孟中印缅经济走廊、中新经济走廊和新亚欧大陆桥经济走廊比重分别为 3.78%、3.35% 和 2.41%；中巴经济走廊 GDP 占比仅 0.38%，为最低值，这与该经济走廊沿线国家数量较多有一定关系。另外，从经济增长角度来看，2008 年金融危机后，该区域经济增长总体上受抑制，2009 年 GDP 总额占全球比重较 2008 年下降了 0.78 个百分点，但是金融危机的阴影丝毫掩盖不住各经济走廊的经济增长态势，各走廊 GDP 占比迅速恢复了，2013 年总占比为 17.36%，比 2009 年增加了 2.68 个百分点。其中，中新经济走廊的 GDP 占比在危机后仍保持了稳定增长，中巴经济走廊 GDP 的涨幅虽小，但能够维持稳定的增长态势；中伊土经济走廊在 2009～2012 年 GDP 比重实现增长，但近几年明显后劲不足。

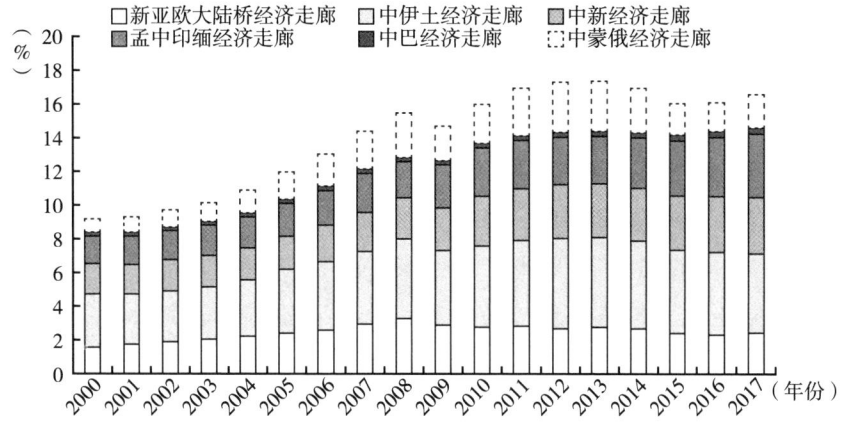

图 3　六大经济走廊 GDP 占全球比重

数据来源：国研网，http：//www.drcnet.com.cn/www/int/。

3. 贸易方面

由图 4 可知，中新经济走廊对外贸易进出口额占全球对外贸易总额比重最高，2008 年之前贸易情况总体上相对稳定，与全球贸易增长水平基本持平；2008 年之后，该走廊对外贸易占比实现了快速增长。中伊土经

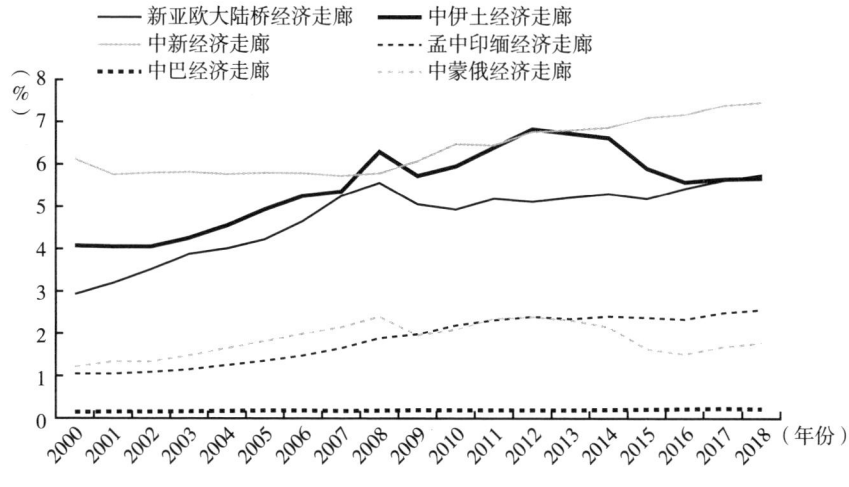

图 4　六大经济走廊进出口总额占全球比重

数据来源："一带一路"研究与决策支撑平台，http：//ydyl.drcnet.com.cn/www/ydyl/（下同）。

济走廊贸易额占比波动最大，近几年呈现缓慢上升趋势；新亚欧大陆桥经济走廊贸易额占比增幅最大，金融危机之后贸易额占比显著降低，但近三年该走廊对外贸易发展迅速，增速提升明显，并且在2018年超过了中伊土经济走廊的贸易额占比；孟中印缅经济走廊和中蒙俄经济走廊的贸易比重大致相当，总体上表现为逐年递增，进一步观察可发现，孟中印缅经济走廊的对外贸易占比已经超过了中蒙俄经济走廊；中巴经济走廊受限于国家数量，对外贸易额占全球比重最小，总体上占比有所增长。

另外，通过观察六大经济走廊对外贸易进口额和出口额占全球进出口比重堆积图①（见图5）可以发现：各走廊出口、进口情况大致与总额占比一致，中新经济走廊的出口和进口占比最高，中伊土经济走廊次之；中伊土经济走廊进口额占比波动较大，但总体上呈现增长趋势；新亚欧大陆桥经济走廊出口额占比水平高于进口额占比，出口、进口均稳步增长；孟中印缅经济走廊出口额占比水平高于中蒙俄经济走廊，但进口额占比水平较低。

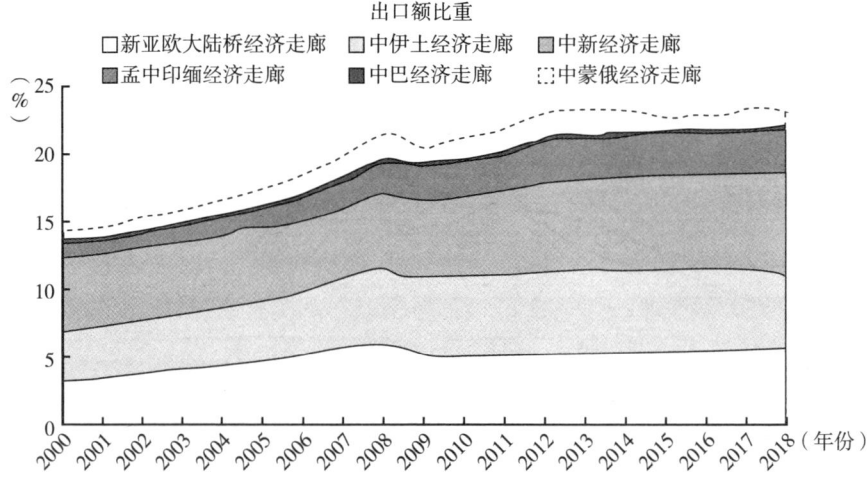

---

① 将贸易总额按消费市场分为出口和进口。

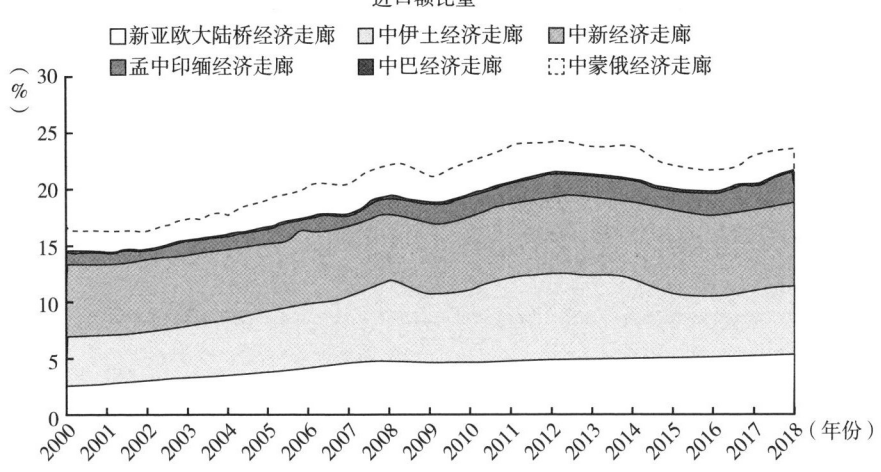

图 5　六大经济走廊贸易出口额和进口额占全球比重

总体而言，出口额比重图的趋势变化类似双边贸易额比重图，进口额比重堆积图在 2016 年有一个非常明显的下凹，这主要是由中伊土经济走廊和中蒙俄经济走廊进口额占比减小造成的。

（三）中国经贸现状

近年来，中国经济稳速增长，统计局数据显示，截至 2018 年底，中国国内生产总值为 900309.0 亿元，同比增长 9.7%，第二产业增加值为 366001.0 亿元，同比增长 9.9%，第三产业增加值为 469575.0 亿元，同比增长 10.2%，人均 GDP 为 64644 元，同比增长 9.2%。

中国在 2018 年的对外贸易总额为 45101.58 亿美元，占全球进出口贸易比重为 11.6%，其中出口额和进口额分别为 18725.65 亿美元、26375.94 亿美元，分别占全球比重为 9.7%、13.4%。图 6 以全球进出口贸易总额作对比，展示了 2000 年至 2018 年中国对外贸易额的变动趋势。总体而言，全球经济分别在 2009 年和 2015 年有两次滑坡下跌，中国对外贸易受到全球经济环境影响均呈现下滑趋势，但下降幅度小于世界平均水平；中国对外贸易在全球经济低潮时实现了快速增长，涨势超过世界平均水平，并在全球经济第二次低潮时经济增速实现了赶超。近两年，中国对外贸易增速大幅提升，且大体上呈现继续增长态势。通过观察中国出口额和进口额占比折线可以发现：中国进口高于出口，且这一差距呈现扩大趋势；进口额比重受2008年金融危机影响，大幅下降，但在经济低迷的2015年仍保持稳定水平；而出口额比重受2015年全球经济环境影响更大。中国出口额比重在近两年有了较大提升，增速略大于进口额比重。

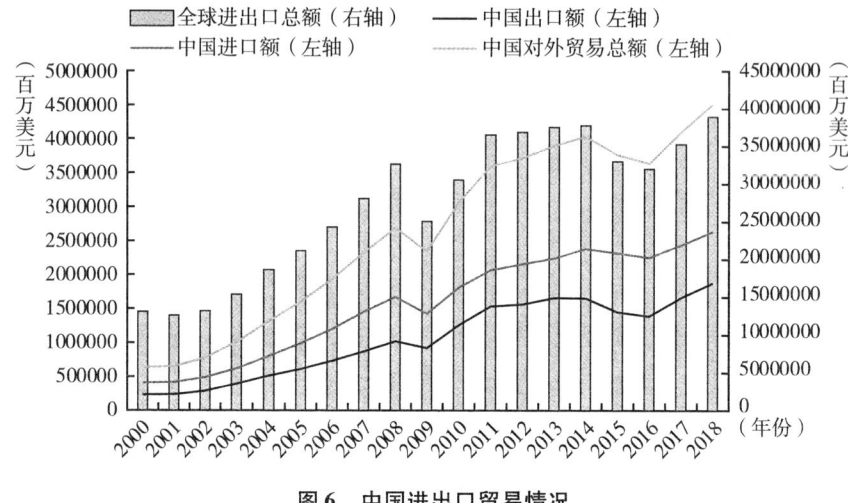

图6　中国进出口贸易情况

数据来源："一带一路"研究与决策支撑平台，http://ydyl.drcnet.com.cn/www/ydyl/。

（四）中国与六大经济走廊贸易往来

自"一带一路"倡议提出以来，中国对"一带一路"沿线国家贸易和投资总体保持增长态势。截至2018年底，中国与"一带一路"沿线国家进出口总额达64691.9亿美元，据"一带一路"官方网站发布数据，"一带一路"倡议带来的国家合作为沿线国家创造了24.4万个就业岗位，新签对外承包工程合同额超过5000亿美元，建设境外经贸合作区82个，对外直接投资超过800亿美元，上缴东道国税费累计20.1亿美元。

图7展示了2013年至2018年中国与六大经济走廊的双边贸易往来情

"一带一路"六大经济走廊贸易现状与华侨华人的作用调查

况。其中，中新经济走廊贸易额占比最大，中伊土经济走廊次之，中国与这两条经济走廊沿线国家的贸易额总量占"一带一路"沿线贸易总额的69.5%，是目前与中国贸易往来最为密切的区域。新亚欧大陆桥经济走廊与中蒙俄经济走廊贸易量相当，孟中印缅经济走廊贸易额略高于这两条经济走廊。在发展趋势上，各走廊贸易额均呈现增长态势，且近两年的增速较高，其中，中新经济走廊间距最大，表明双边贸易额的增速最快，中国与中新经济走廊国家间的贸易合作频繁。

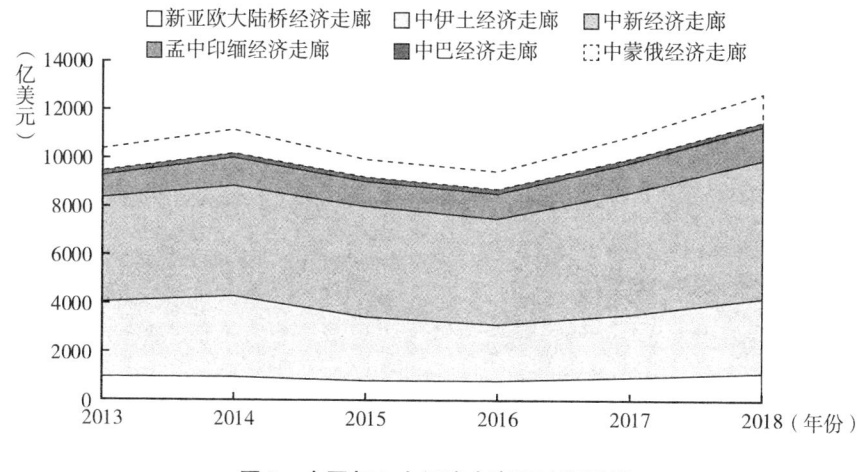

图7 中国与六大经济走廊双边贸易额

数据来源："一带一路"研究与决策支撑平台，http://ydyl.drcnet.com.cn/www/ydyl/。

中国与六大经济走廊出口额和进口额占中国对外贸易的比重见图8。由图可知，中国向六大经济走廊出口比例高于进口比例，其中新亚欧大陆桥经济走廊和孟中印缅经济走廊的出口额、进口额占比差距明显，相较于其他走廊，中国对这两条走廊的出口能力大于其进口。从总体来看，中国对六大经济走廊的出口比重稳速提升，进口的比重从2013年以来整体水平有所提升，但在2015~2016年有所下降，进口贸易的这一减少导致了双边贸易额在2015~2016年骤减。此外，在中国与"一带一路"进行区域贸易合作的过程中，出口额和进口额占对外贸易总额比重的差距不大，基本实现贸易平衡，表明中国与沿线区域经济互补性强。

229

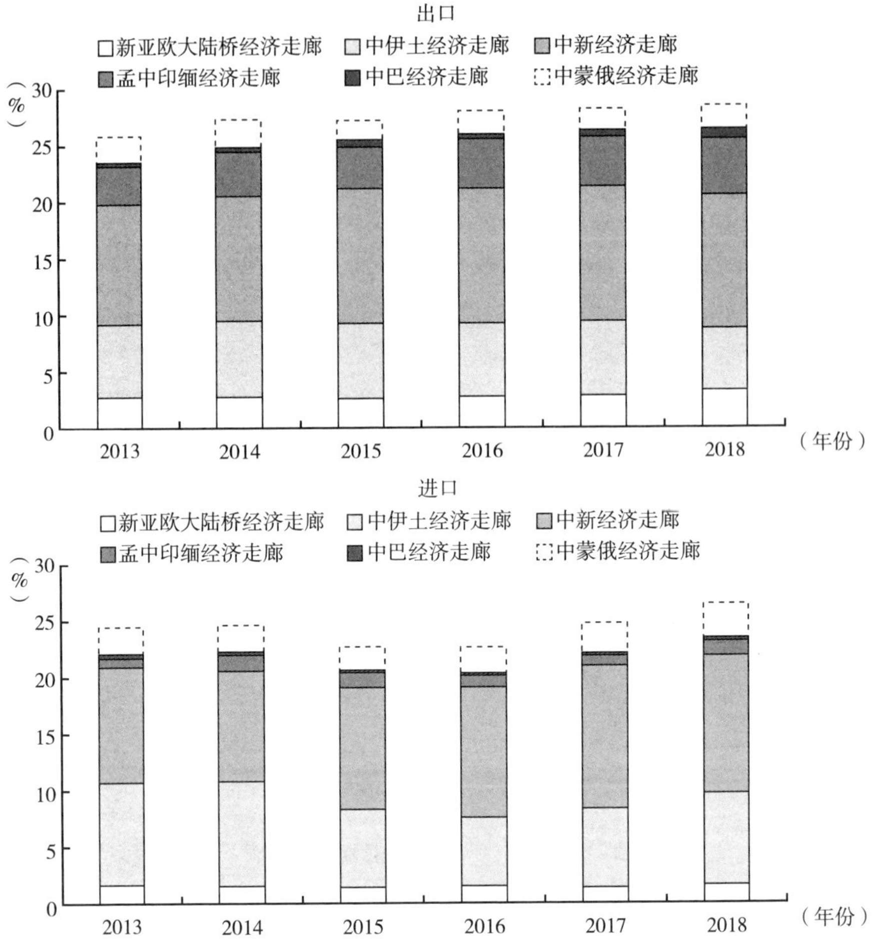

图 8 中国与六大经济走廊出口额、进口额占对外贸易比重

数据来源:"一带一路"研究与决策支撑平台,http://ydyl.drcnet.com.cn/www/ydyl/。

各经济走廊由于有不同的政治历史背景、地理文化特色、资源禀赋等,并且上述各因素对双边贸易合作的影响不尽相同,与中国的贸易往来也各具特点。

1. 新亚欧大陆桥经济走廊

新亚欧大陆桥经济走廊沿线涉及国家数目众多,所涉及的经济制度、政治体制和风俗文化差异最大,人文关系最为复杂。新亚欧大陆桥随着

1990年9月12日我国境内的北疆铁路与原苏联的土西铁路在阿拉山口接轨而诞生,由中国东部沿海向西延伸,经中国西北地区和中亚等30多个国家,抵达荷兰鹿特丹港。它是连接中国与欧洲经济圈的核心通道,与原有的陆上运输通道西伯利亚大陆桥相比,总运输里程减少了约2000公里,比绕经印度洋和苏伊士运河的海上运输缩短了约1万公里,运费节省近1/5,新亚欧大陆桥经济走廊的地理位置优势明显。新亚欧大陆桥经济走廊的发展重塑了中国与欧洲各国贸易畅通的陆上"丝绸之路",中欧班列的开通和运营是新亚欧大陆桥经济走廊最主要也是最突出的建设成果。2011年,中欧班列全年仅开行17列,年货运总值不足6亿美元;截至2018年底,累计开行突破12000列,年货运总值达160亿美元。中欧班列联通了中国56个城市和欧洲15个国家的49个城市,铺行路线多达68条①。

中国与该走廊沿线主要国家近十年的出口贸易趋势见表2。总体来看,出口贸易额实现了不同程度的增长,其中以波兰和捷克的增速最大,波兰已远超过哈萨克斯坦成为中国在该沿线出口贸易额最大的国家;中国与该区域各个国家间的贸易额较小,占中国对外贸易比重均不足1%,这可能与各国经济规模相关。另外,根据该出口额占贸易国进口总额的比重可知,中国是哈萨克斯坦重要的贸易合作伙伴,2018年中国对其出口额占其进口总额的22.31%,将近四分之一;中国已成为斯洛文尼亚的重要合作对象,从中国进口的比重越来越大,十年间的增长幅度超过5倍。

2. 中伊土经济走廊

中伊土经济走廊东起中国,向西经中亚至阿拉伯半岛,是丝绸之路经济带的重要组成部分。该条经济走廊由新疆出发,抵达波斯湾、地中海沿岸和阿拉伯半岛,主要涉及中亚五国中的吉尔吉斯斯坦、塔吉克斯坦、乌兹别克斯坦、土库曼斯坦以及伊朗、土耳其、阿联酋等国。中国与中伊土经济走廊中的各国进行政策对接,不仅便利了中国与沿线国家的交通运

---

① 资料来源于中国"一带一路"网,https://www.yidaiyilu.gov.cn/jcsj/dsjkydyl/79860.htm。

华侨华人蓝皮书

表2 中国对新亚欧大陆桥经济走廊沿线国家的出口数据

	2007年			年均增长率(%)		2018年		
	出口额（百万美元）	占中国出口比重（%）	占该国进口比重（%）	2007～2012年	2013～2018年	出口额（百万美元）	占中国出口比重（%）	占该国进口比重（%）
世界	1217761.54	100	—	13.62	3.58	2486900.69	100	—
波兰	6560.55	0.54	5.16	17.75	11.43	20870.32	0.84	8.32
捷克	4143.09	0.34	3.63	10.52	14.68	11905.80	0.48	6.12
哈萨克斯坦	7442.45	0.61	19.41	9.56	0.53	11352.73	0.46	22.31
乌克兰	5866.27	0.48	10.97	4.97	-0.69	7018.11	0.28	13.09
匈牙利	5016.16	0.41	5.57	2.87	2.32	6535.43	0.26	5.32
罗马尼亚	2085.07	0.17	5.64	6.83	10.16	4502.62	0.18	5.47
斯洛文尼亚	695.83	0.06	2.79	25.03	30.40	4423.60	0.18	11.57
斯洛伐克	1472.63	0.12	2.78	12.91	0.76	2533.57	0.10	2.78

注："—"表示无相关数据。
数据来源："一带一路"研究与决策支撑平台，http://ydyl.drcnet.com.cn/www/ydyl/。

"一带一路"六大经济走廊贸易现状与华侨华人的作用调查

输,更推动了贸易便利化和区域化经济的发展。中国对该经济走廊主要国家的出口及进口贸易数据见表3和表4。

表3 中国对中伊土经济走廊沿线国家的出口数据

	2007年		年均增长率(%)		2018年	
	出口额(百万美元)	占中国出口比重(%)	2007~2012年	2013~2018年	出口额(百万美元)	占中国出口比重(%)
世界	1217761.54	100	13.62	3.58	2486900.69	100
阿联酋	17034.61	1.40	14.71	0.05	29651.33	1.19
土耳其	10482.69	0.86	9.73	2.36	17789.74	0.72
沙特阿拉伯	7814.53	0.64	27.22	-0.92	17428.96	0.70
伊朗	7288.37	0.60	11.82	3.49	14027.65	0.56
埃及	4432.48	0.36	17.11	7.63	11988.20	0.48
以色列	3657.95	0.30	18.20	5.46	9274.53	0.37
伊拉克	686.28	0.06	123.14	10.15	7903.22	0.32
吉尔吉斯斯坦	3666.46	0.30	7.67	1.59	5556.86	0.22
乌兹别克斯坦	765.96	0.06	26.54	20.21	3943.45	0.16
科威特	1338.50	0.11	11.21	9.76	3312.68	0.13
约旦	1103.66	0.09	33.60	0.06	2969.17	0.12
阿曼	548.12	0.05	46.09	9.69	2864.63	0.12
卡塔尔	621.51	0.05	18.78	17.66	2481.71	0.10

数据来源:"一带一路"研究与决策支撑平台, http://ydyl.drcnet.com.cn/www/ydyl/。

表4 中国对中伊土经济走廊沿线国家的进口数据

	2007年		年均增长率(%)		2018年	
	进口额(百万美元)	占中国进口比重(%)	2007~2012年	2013~2018年	进口额(百万美元)	占中国进口比重(%)
世界	956070.18	100.00	3.66	-1.85	1005485.21	100.00
沙特阿拉伯	17545.61	1.84	42.54	-2.73	45873.89	4.56
伊拉克	761.92	0.08	312.21	12.96	22494.50	2.24
伊朗	13329.91	1.39	17.31	-2.52	21103.91	2.10
阿曼	6718.79	0.70	30.53	1.86	18866.78	1.88
阿联酋	3006.51	0.31	52.19	8.29	16249.34	1.62
科威特	2288.48	0.24	71.48	7.77	15350.64	1.53
卡塔尔	587.57	0.06	227.74	4.27	9144.18	0.91

续表

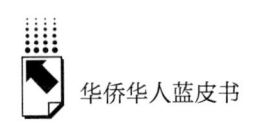

	2007年		年均增长率(%)		2018年	
	进口额(百万美元)	占中国进口比重(%)	2007~2012年	2013~2018年	进口额(百万美元)	占中国进口比重(%)
土库曼斯坦	49.15	0.01	3509.40	-1.06	8119.37	0.81
以色列	1650.40	0.17	15.41	9.81	4641.31	0.46
土耳其	1292.56	0.14	34.32	1.18	3759.08	0.37
乌兹别克斯坦	363.36	0.04	40.10	18.82	2324.46	0.23
埃及	237.14	0.02	91.39	6.58	1842.46	0.18

数据来源：同表3。

总体来看，中国与该经济走廊沿线国家的进出口贸易呈增长趋势，进口贸易呈指数级增长。根据2018年数据：中国在该区域进口贸易额占比高于出口贸易额，其中，沙特阿拉伯是中国在该走廊的主要进口国，占中国全年进口额的4.56%，其次为伊拉克和伊朗，分别占比2.24%、2.10%，共有六个国家的比重超过1%；而出口贸易中，仅阿联酋一国比重较高，为1.19%。中国与该走廊沿线各国的贸易合作仍有很大的提升空间。

3. 中新经济走廊

中新经济走廊以泛亚铁路网、亚洲公路网、陆港网的东南亚地区交通物流基础设施为依托，自昆明、南宁，以沿线经济中心城市和口岸为节点，联通中国、越南、老挝、缅甸、泰国、柬埔寨、马来西亚等国家抵达新加坡，是连接中国和东南亚、南亚地区的陆海经济带。中国—东盟自由贸易区协议的达成，为该走廊前期在基础设施互联互通、跨境经济合作区建设等方面提供了重要支撑，区域合作硕果累累。2018年，中国与该走廊沿线国家贸易额占中国对外贸易的12.39%，是六大经济走廊中贸易额最大的一条走廊，其中，中国对越南出口占比最高，为3.37%。

由表5、6可知，中国与该走廊沿线国家贸易合作发展迅速，目前与越南进出口贸易最频繁，进口和出口比重大致相当，两国贸易具有互补性特点；中国从马来西亚和泰国进口的贸易比重高于出口。从贸易增长角度来说，越南和柬埔寨与中国的贸易增长迅猛，呈指数级增长态势；中国从菲律

"一带一路"六大经济走廊贸易现状与华侨华人的作用调查

宾进口的贸易经历了下降期,至今增长仍然缓慢。2013~2018年,中国对外贸易进口出现了负增长,但在该走廊沿线各国的进口贸易均实现了不同程度的增长。

表5 中国对中新经济走廊沿线国家的出口数据

	2007年		年均增长率(%)		2018年	
	出口额(百万美元)	占比(%)	2007~2012年	2013~2018年	出口额(百万美元)	占比(%)
世界	1217761.54	100	13.62	3.58	2486900.69	100
越南	11905.43	0.98	37.42	24.23	83887.64	3.37
新加坡	29679.56	2.44	7.45	3.40	49053.37	1.97
马来西亚	17701.73	1.45	21.26	4.05	45380.02	1.82
印度尼西亚	12609.01	1.04	34.38	2.80	43192.72	1.74
泰国	11978.61	0.98	32.04	6.26	42884.51	1.72
菲律宾	7505.36	0.62	24.57	18.26	35053.35	1.41
柬埔寨	881.14	0.07	41.47	20.32	6009.61	0.24

数据来源:"一带一路"研究与决策支撑平台,http://ydyl.drcnet.com.cn/www/ydyl/。

表6 中国对中新经济走廊沿线国家的进口数据

	2007年		年均增长率(%)		2018年	
	进口额(百万美元)	占比(%)	2007~2012年	2013~2018年	进口额(百万美元)	占比(%)
世界	956070.18	100.00	3.66	-1.85	1005485.21	100.00
越南	3214.42	0.34	80.98	49.02	63959.06	2.99
马来西亚	28737.28	3.01	20.58	1.40	63219.77	2.96
泰国	22652.45	2.37	14.04	2.63	44630.45	2.09
印度尼西亚	12380.09	1.29	31.61	4.33	34168.28	1.60
新加坡	17519.86	1.83	12.57	3.03	33709.47	1.58
菲律宾	23128.74	2.42	-3.01	0.82	20613.05	0.97
柬埔寨	51.08	0.01	62.71	91.95	1376.73	0.06

数据来源:同表5。

4. 孟中印缅经济走廊

孟中印缅等国合作机制源于中国和印度智库发起的一个对话平台。孟中

235

印缅经济走廊是连接中国和南亚当今世界上人口最多、经济发展速度最快国家的便捷通道，是中国走向南亚和印度洋区域大市场最便捷、最具经济吸引力的陆路大通道。中国与该区域的经贸合作以出口为主，2018年中国向孟中印缅经济走廊出口1107.44亿美元，占中国对外出口额的4.45%，中国从该区域进口额为248.51亿美元，仅占中国对外贸易进口额的1.16%。表7是中国对孟中印缅经济走廊沿线主要国家出口贸易的变化情况，从近年数据可以看出，中国对沿线各国出口水平均有提高。其中，中国对印度出口贸易额最高，占中国对外贸易出口额的3.08%，中印贸易合作显著提升；中国与孟加拉国间的外贸合作增长最快，贸易额年均增长率超过20%。在中缅双方的大力推动下，中缅经济合作进展迅速，2018年中国对缅甸出口额105.49亿美元，较2017年同期增长16.6%；且在2019年1月底，人民币可作为结算货币在缅甸进行国际支付，中国与缅甸之间的贸易投资、对外经贸合作将会更加便利。

总的来说，"一带一路"倡议提出后，中国与该走廊沿线国家贸易出口持续增长，但增速放缓。中国与孟中印缅经济走廊周边国家发展合作阻力仍然较大，国家之间的历史矛盾、文化差异、语言不通、宗教信仰等问题是这条走廊多边合作的障碍。

表7 中国对孟中印缅经济走廊沿线国家的出口数据

	2007年		年均增长率(%)		2018年	
	出口额（百万美元）	占比（%）	2007~2012年	2013~2018年	出口额（百万美元）	占比（%）
世界	1217761.54	100	13.62	3.58	2486900.69	100
印度	24036.43	1.97	19.67	10.15	76697	3.08
孟加拉国	3345.19	0.27	27.64	20.46	17754	0.71
缅甸	1691.92	0.14	47.06	14.32	10549	0.42
斯里兰卡	1385.74	0.11	23.31	6.98	4257	0.17
尼泊尔	385.52	0.03	82.1	-7.54	1078	0.04

数据来源："一带一路"研究与决策支撑平台，http：//ydyl.drcnet.com.cn/www/ydyl/。

5. 中巴经济走廊

中巴经济走廊是共建"一带一路"的旗舰项目。起点在喀什，终点在巴基斯坦瓜达尔港，在空间范围上包括中国新疆维吾尔自治区和巴基斯坦全境，是一条包括公路、铁路、油气和光缆通道在内的贸易走廊。中国与巴基斯坦是全天候战略合作伙伴，在双边层面推动走廊建设优势明显。2018年巴基斯坦对外贸易额为877.23亿美元，其中，中国对其出口额为169.61亿美元，自巴基斯坦进口额为21.75亿美元，占巴基斯坦对外贸易的21.8%，中国是巴基斯坦主要的贸易合作伙伴。对巴基斯坦而言，中巴经济走廊的能源合作项目能够协助其解决困扰多年的能源短缺问题，为巴基斯坦的经济增长带来强大动力。中巴两国高度重视中巴经济走廊的发展，于2015年签订了51项合作协议和备忘录，其中近40项涉及中巴经济走廊建设。目前，在港口建设、交通基础设施、能源和产业合作四大合作领域中，近半数项目已完工，合作成果斐然。

6. 中蒙俄经济走廊

中蒙俄经济走廊有两个通道，一是京津冀—呼和浩特—蒙古国和俄罗斯；二是东北通道，沿着老中东铁路从大连、沈阳、长春、哈尔滨到满洲里和俄罗斯的赤塔。中蒙俄经济带的建设对中国的华北地区和东北地区拉动作用最为直接。基于中国、蒙古国及俄罗斯三国之间良好的外交关系，中蒙俄经济走廊的政策沟通工作是进展最大的。

中国是俄罗斯最重要的贸易伙伴之一，多年来始终稳居俄罗斯主要贸易伙伴的首位。据统计，2018年中俄双边贸易额为1070.85亿美元，其中俄罗斯对中国出口591.19亿美元，自中国进口479.67亿美元。中俄双边贸易额占俄罗斯对外贸易总额的15.77%，而该贸易额仅占中国对外贸易额的2.3%。中国同样也是蒙古国的第一大贸易伙伴，2018年蒙古国对中国贸易额为79.88亿美元，占其对外贸易总额的63.96%。

四　实证研究

本部分利用拓展的贸易引力模型对我国与"一带一路"六大经济走廊

沿线国家进行分析，以港口基础设施质量、海关手续负担、国际旅游收支、教育投入水平等为控制变量，通过实证研究文化距离、地理距离以及经济规模对中国与六大经济走廊贸易畅通的影响，探讨中国与"一带一路"六大经济走廊贸易畅通的特点。

（一）模型构建

贸易引力模型起源于牛顿"万有引力"定律，即两个物体之间的引力与其各自质量成正比，与它们之间的距离成反比。1962年经济学家丁伯根（Tinbergen）将该物理模型引用到国际贸易研究中，后经波伊豪宁（Poyhonen）等人的深入研究，认为双边贸易流量规模大小与两国各自的经济总量（GDP和人口数量）呈现正相关关系，与两国的地理距离呈负相关关系，将贸易引力模型基本形式写为：

$$T_{ij} = A \frac{G_i G_j}{d_{ij}} \qquad 公式（1）$$

其中，T_{ij} 表示 i 国与 j 国双边贸易额，A 为常数，G_i 和 G_j 分别为 i、j 两国的经济规模，这里使用国内生产总值GDP的数值，d_{ij} 表示 i 国与 j 国之间的地理距离。此后，众多国际贸易的研究学者对贸易引力模型进行逐步拓展和延伸，将人口规模、人均国内生产总值、共同语言、区域经济组织等因素纳入模型当中，增加了模型对现实贸易问题的解释力。

本文结合"一带一路"沿线六大经济走廊国家与中国双边贸易的特点，对贸易引力模型进行拓展和延伸，主要表现在以下几个方面。

首先，在考虑国家间的地理距离基础上，将国家间的文化距离纳入研究框架。国家之间的文化差异反映了不同文化背景下的价值理念、语言环境以及生活习惯等。从理论上来说，文化差异主要通过影响交易成本和消费者偏好两个途径来影响两国之间的贸易，两国间文化差异越大，交易成本越高；消费者偏好对贸易的影响则存在一个文化兼容性阈值，当一国文化兼容性较高时，对异国商品的消费需求也越强。本文利用霍夫斯泰德（Hofstede）文化维度来构建文化距离这一变量，霍夫斯泰德提出的文化差异理论将文化分为六个层面来构建易于识别的文化要素,直观地反映了国家间在各个维度上的差异。基于此,借鉴王云飞[①]的方法,利用霍夫斯泰德文化维度数据,将六大经济走廊各国与中国之间的文化距离cd_i定义为:

$$cd_i = \frac{1}{6}\left[\sum_{k=1}^{6}(I_{ki}-I_{kc})^2/V_k\right] \qquad 公式(2)$$

其中,I_{ki}表示i国在第k个霍夫斯泰德文化维度的数值,I_{kc}表示中国在第k个霍夫斯泰德文化维度的数值,V_k为第k个维度上所有国家数值的方差。

其次,模型中引入了"是否开办孔子学院""是否使用共同官方语言""是否与中国有共同边界""是否为内陆国家"等一系列虚拟变量。孔子学院的开办,为传播中国文化、促进两国文化交流发挥了重要作用,可能对贸易畅通存在间接的影响;共同官方语言便利了两国之间的交流,对贸易有一定促进作用;东道国与中国是否有共同边界不仅在与中国贸易往来上具有地理优势,同时还会存在诸多历史因素,边境地区的社会文化互有相通,贸易合作交流也会比较频繁等;交通运输条件是国家间贸易往来的重要影响因素,内陆国家能利用便利的陆路运输,但不如海上运输涉及范围广、运载量大,交通阻力越大运输成本越高,不利于贸易互通。

再次,贸易组织关系是影响中国与"一带一路"六大经济走廊沿线国家贸易畅通的主要因素,同属于一个贸易集团往往能获得联盟内部的政策支持和贸易便利,在一定程度上能够促进组织内成员国之间的贸易往来。本文选取"中国—东盟自由贸易区"和"亚洲发展银行"作为贸易组织关系的虚拟变量,"中国—东盟自由贸易区"是中国与东盟十国组建的自由贸易区,是目前世界人口最多的自贸区,也是发展中国家间最大的自贸区;"亚洲发展银行"是亚洲和太平洋地区的区域性金融机构,是联合国亚洲太平洋经济社会委员会赞助建立的机构,同联合国及其区域和专门机构有密切的联系,包括来自亚太地区的区域成员和欧美的非区域成员。

---

① 王云飞、景瑞琴:《文化距离会阻碍文化服务输出吗?——基于 2006~2012 年跨国数据的检验》,《国际商务研究》2017 年第 6 期。

最后，将东道国营商环境、人口、教育等因素引入模型。东道国的营商环境对贸易的影响至关重要，本文将政治因素和基础设施建设等作为控制变量，如国家政治稳定程度、海关手续复杂度、港口设施质量等。通常，一国的政治环境越稳定越有利于吸引外商投资，海关手续越烦琐越不利于跨境贸易，良好的基础设施建设有利于贸易往来，尤其是在海运发达的现代，海上运输因运载量大、成本更低而被广泛使用，港口的基础设施建设不容忽视；同时本文还考虑政府腐败控制这一因素，政府腐败控制在一定程度上规范了营商环境，减少地下交易，为贸易提供了更加公平的交易环境。

综上，本文使用如下扩展贸易引力模型对中国与"一带一路"六大经济走廊沿线国家贸易畅通进行研究：

$$\ln tr_{it} = \alpha + \beta_1 \ln gdp_{it} + \beta_2 \ln gdp_{ct} + \beta_3 \ln dist_i + \beta_4 \ln cd_i + X_{it}'\rho + \varepsilon_{it} \quad 公式(3)$$

其中，i 表示"一带一路"六大经济走廊沿线国家，t 表示时间，$\ln tr_{it}$ 表示 i 国在 t 年与中国进出口贸易额的对数值，分别表示贸易总额的对数值 $\ln trade_{it}$、中国对 i 国的出口额 $\ln \exp_{it}$ 以及中国对 i 国的进口额 $\ln imp_{it}$；$\ln gdp_{it}$ 表示 i 国在 t 年国内生总值的对数值；$\ln gdp_{ct}$ 表示中国在 t 年国内生产总值的对数值；$\ln dist_i$ 表示 i 国首都与中国首都北京地理距离的对数值；$\ln cd_i$ 表示根据霍夫斯泰德文化维度数据计算出的 i 国与中国的文化距离的对数值；X_{it}' 为一组经济及文化控制变量，包括政府的公共教育支出 $pubedu_{it}$、海关手续负担 $custspr_{it}$、港口设施质量 $portfra_{it}$、政府腐败控制 $contofcorr_{it}$、国家政治稳定 $polsta_{it}$ 等，以及 i 国是否与中国有共同国土边界 $contig_{it}$、是否与中国有共同官方语言 $comlang_{it}$、截至第 t 年已经加入东盟贸易区 $asean_{it}$ 和截至第 t 年已经设立孔子学院 $confuci_{it}$ 这四个虚拟变量；α 为常数项，ε_{it} 为误差项。

（二）数据来源及变量说明

为了对公式（3）进行估计和分析，须确定双边贸易情况、经济规模、距离等变量和数据。本文收集整理了2007年至2017年分布在六大经济走廊的"一带一路"沿线63[①]个国家的相关数据。

1. 数据来源

本文所使用的数据主要来源于以下几个数据库。

（1）国务院发展研究中心信息网。国务院发展研究中心信息网简称"国研网"，是由国务院发展研究中心主管、国务院发展研究中心信息中心主办、北京国研网信息有限公司承办的，是我国著名的专业性经济信息服务平台。本文使用的中国与"一带一路"六大经济走廊沿线各国的进出口贸易额数据整理自其对外贸易数据库，各国国内生产总值GDP及人均GDP、海关手续负担、港口基础设施质量等数据下载自"一带一路"研究与决策支撑平台。

（2）世界银行统计数据库。世界银行包括189个成员，其数据库涉及各地区经济贸易、科学教育文化等领域。本文从中选取了"一带一路"六大经济走廊沿线各国政府腐败管理、国家政治稳定、政府公共教育投入、高等教育入学率以及旅游收入等数据。

（3）CEPII数据库。CEPII是法国为研究世界经济而设立的机构，其数据库中包含各国贸易、语言及殖民历史等信息。本文从中选取了"一带一路"六大经济走廊沿线各国共同语言指标、共同边界指标，以及各国首都与中国北京的地理距离数据。

（4）霍夫斯泰德文化维度数据库。这是根据荷兰心理学家霍夫斯泰德所构建的文化维度理论数据库，本文从该数据库中选取了中国和"一带一路"六大经济走廊沿线各国的霍夫斯泰德文化维度数据。

（5）孔子学院总部/国家汉办官网。国家汉办是中国教育部直属事业单位，致力于为世界各国提供汉语言文化的教学资源和服务。本文从中整理了"一带一路"六大经济走廊沿线各国开办孔子学院的情况。

---

① 由于中伊土经济走廊沿线的巴勒斯坦国内常年战乱，政治极不稳定，数据缺失严重，已经将其剔除。

2. 变量说明

表8、表9列出了扩展贸易引力模型中涉及的中国与"一带一路"六大经济走廊沿线63个国家相关变量的描述性统计,包括各变量的平均值、标准差、最大值以及最小值。"一带一路"倡议辐射的地域范围广、涉及国家众多,可以发现中国与各个国家贸易均值较高,但各国水平参差不齐,差距很大;东道国的经济规模也存在很大差异,中国GDP超过沿线其他国家水平;各变量的数据情况也反映了各国在政策、文化等方面的差异,所考察的国家中,内陆国家将近三成,海关手续负担差异较小但港口基础设施建设质量差异较大;超过40%的国家是亚洲发展银行成员,仅有不到20%的国家加入东盟自贸区;与中国有共同语言的国家仅占3%,但是已经有65%的国家开设了孔子学院。

表8　变量说明

变量符号	变量名称	变量解释	数据来源
tr_i	中国对 i 国的贸易进出口额(万美元),包括进出口总额、出口额以及进口额	中国与 i 国的贸易进出口额,反映两国的双边贸易情况	国研网对外贸易数据库
gdp_i	i 国内生产总值(亿美元)	反映 i 国的经济规模,经济规模越大,潜在的贸易需要越大	国研网
gdp_c	中国的国内生产总值(亿美元)	反映中国的经济规模,经济规模越大,潜在的贸易需要越大	国研网
$pergdp_i$	i 国的人均国内生产总值(美元/人)	反映 i 国经济发展水平,进口需求随人均水平增长而增长	国研网
$dist_i$	i 国与中国的地理距离(km)	i 国首都与中国北京之间的地理距离,该值能反映两国贸易往来的运输等成本	CEPII 数据库
cd_i	i 国与中国的文化距离	衡量 i 国与中国的文化相通程度	根据霍夫斯泰德文化维度数据计算得出
$pubedu_i$	政府对公共教育投入占政府支出百分比(%)	反映 i 国国民教育水平	世界银行数据库
$enrrate_i$	大学入学率(%)	反映 i 国国民教育水平	世界银行数据库

"一带一路"六大经济走廊贸易现状与华侨华人的作用调查

续表

变量符号	变量名称	变量解释	数据来源
$custspr_i$	海关手续负担	由世界经济论坛计算,取值为1~7(1=非常没有效率,7=非常有效),反映 i 国的贸易政策便利性	国研网
$portfra_i$	港口基础设施质量	由世界经济论坛计算,取值为1~7(1=非常不发达,7=非常发达和高效率),反映 i 国的贸易基础设施建设水平	国研网
$contofcorr_i$	政府腐败控制制度	取 i 国在该指标得分的排名分位数,腐败控制越弱得分越低,排名越靠前。反映该国营商环境	世界银行数据库
$polsta_i$	政策稳定性	取 i 国在该指标得分的排名分位数,稳定性越弱得分越低,排名越靠前。衡量该国的营商环境	世界银行数据库
$tour_i$	旅游收入(亿美元)	反映 i 国文化产业发展水平、文化交流程度	世界银行数据库
$contig_i$	虚拟变量: i 国是否与中国有公共边界,"是"取1,"否"取0	反映两国地理位置特征,两国拥有共同边界为贸易和文化交流提供了有利条件	CEPII 数据库
$comlang_i$	虚拟变量: i 国是否与中国有共同官方语言,"是"取1,"否"取0	两国拥有共同语言时交流障碍较小	CEPII 数据库
$landl_i$	虚拟变量, i 国是否为内陆国,"是"取1,"否"取0	反映了对外贸易便利程度,内陆国家贸易运输方式受限	CEPII 数据库
$asean_i$	虚拟变量, i 国是否为"中国东盟自贸区"成员国,"是"取1,"否"取0	两国共同属于同一个贸易集团时,能够有效减少贸易壁垒	国泰君安数据库
adb_i	虚拟变量, i 国是否为亚洲发展银行成员国,"是"取1,"否"取0	两国同属于一个经济组织时,能够有效利用优惠贸易政策	亚洲发展银行官网
$confuci_i$	虚拟变量, i 国是否设立孔子学院,"是"取1,"否"取0	反映了对中国文化的包容度	国家汉办官网

243

表9 中国与"一带一路"六大经济走廊沿线国家相关变量描述性统计

变量	均值	标准差	最小值	最大值
$trade_i$	1341867	2212576	159.8888	$1.23e+07$
exp_i	759528.3	1246961	158.6121	7234066
imp_i	587003	1114228	0.0886	6209613
gdp_i	1864.351	3469.093	11.96092	26008.18
gdp_c	81888.2	28576.49	35521.82	122377
$pergdp_i$	373.7053	1599.057	0.1016272	18871.37
$dist_i$	5587.701	1704.036	1172.047	7722.639
cd_i	2.302613	1.755229	0.2062924	8.451145
$pubedu_i$	13.26375	4.082022	5.29154	26.35213
$enrrate_i$	42.55219	22.98054	3.6797	103.7451
$custspr_i$	4.030966	0.8037164	2.28	6.45
$portfra_i$	3.917549	1.13442	1.3	6.83
$contofcorr_i$	42.09278	25.47617	0.47	98.57
$polsta_i$	40.54993	26.90947	0	99.05
$tour_i$	50.09708	75.09578	0.14	621.58
$contig_i$	0.2063492	0.4049764	0	1
$comlang_i$	0.031746	0.1754498	0	1
$landl_i$	0.2857143	0.4520802	0	1
$asean_i$	0.1587302	0.3656882	0	1
adb_i	0.4444444	0.4972629	0	1
$confuci_i$	0.6522367	0.4766044	0	1

(三)中国与"一带一路"沿线国家的总体分析

以中国与沿线各国的贸易总额为解释变量研究文化差异因素(包括文化距离、共同语言、是否开设孔子学院)等对贸易畅通的影响。进一步,分别以中国对各国的出口额、进口额代替贸易总额进行稳健性检验。在对估计结果进行分析之前,须按如下顺序分别对模型进行检验。首先,使用F统计量检验个体效应,判断是选择混合效应还是固定效应;其次,基于LM统计量检验时间效应,判断采用混合效应模型还是随机效应模型;最后,通过Hausman检验判断选择固定效应模型还是随机效应模型。检验结果如表10所示。以模型1为例,个体效应检验结果F检验的p值为0.0000,故强烈拒绝"混合回归是可以接受的"这一原假设,即认为固定效应模型明显优于混合回归；在 LM 检验中，LM 统计量的 p 值为 0.0000，表示强烈拒绝"不存在个体随机效应"的原假设，即认为在随机效应与混合效应二者之间，应该选择随机效应；Hausman 检验结果的 p 值为 0.2813，在 1% 的显著性水平下不能拒绝原假设，故认为应该使用随机效应。另外，根据模型 2 和模型 3 的检验结果，应分别选定随机效应模型和固定效应模型。

表 10　模型检验结果

	贸易总额(lntrade) (4)	出口(lnexp) (5)	进口(lnimp) (6)
个体效应检验	F(33,202) = 94.81 Prob(> F) = 0.0000	F(33,201) = 99.79 Prob(> F) = 0.0000	F(33,201) = 37.89 Prob(> F) = 0.0000
LM 检验	chibar2 = 565.59 Prob(> chibar2) = 0.0000	chibar2 = 572.82 Prob(> chibar2) = 0.0000	chibar2 = 324.64 Prob(> chibar2) = 0.0000
Hausman 检验	chi2 = 10.92 Prob(> chi2) = 0.2813	chi2 = 3.62 Prob(> chi2) = 0.8895	chi2 = 25.02 Prob(> chi2) = 0.0029
效应类型	随机效应	随机效应	固定效应

借鉴余长林[①]的做法，本文将随机效应模型（RE）或固定效应模型（FE）的估计结果与采用 OLS 方法的估计结果进行对比。此外，根据解释变量的回归系数大小及其显著性，可以判断国内生产总值、地理距离、文化等因素如何影响双边贸易额。表 11 显示了相关估计结果。

表 11　中国与"一带一路"沿线国家贸易畅通的回归结果

	RE		FE	OLS		
	(1) lntrade	(2) lnexp	(3) lnimp	(4) lntrade	(5) lnexp	(6) lnimp
$lngdp_{it}$	0.775*** (7.40)	0.766*** (7.12)	0.141 (0.39)	0.947*** (29.47)	0.897*** (27.21)	1.178*** (23.89)
$lngdp_{ct}$	0.435*** (5.30)	0.371*** (4.42)	0.932*** (6.38)	0.262* (2.35)	0.226 (1.97)	0.505** (2.94)

---

① 余长林：《知识产权保护如何影响了中国的出口边际》，《国际贸易问题》2015 年第 9 期。

续表

	RE		FE	OLS		
	(1)	(2)	(3)	(4)	(5)	(6)
	lntrade	lnexp	lnimp	lntrade	lnexp	lnimp
$lndist_i$	-1.128***	-1.483***	6.241**	-1.079***	-1.276***	0.305
	(-3.52)	(-3.48)	(3.07)	(-4.48)	(-5.17)	(0.83)
$lncd_i$	0.357	0.283	-3.288*	0.245***	0.148*	0.183
	(1.52)	(1.16)	(-2.62)	(3.41)	(2.01)	(1.66)
$pubedu_{it}$	0.00897	0.0216	-0.0574	0.0740***	0.0730***	0.0430*
	(0.58)	(1.70)	(-1.65)	(5.67)	(5.47)	(2.15)
$custspr_{it}$	0.0380	-0.0263	0.127	0.476***	0.432***	0.242
	(0.30)	(-0.18)	(0.76)	(3.99)	(3.53)	(1.32)
$portfra_{it}$	0.00395	0.0890	-0.239	-0.251***	-0.225***	-0.104
	(0.05)	(1.28)	(-1.27)	(4.01)	(-3.52)	(-1.08)
$contofcorr_{it}$	-0.000954	0.00253	-0.00833	-0.0111**	-0.00477	-0.0143*
	(-0.19)	(0.39)	(-1.02)	(-2.63)	(-1.10)	(-2.21)
$polsta_{it}$	0.00298	0.00876**	0.00678	0.00731**	0.00746**	0.00608
	(0.85)	(3.03)	(0.82)	(3.29)	(3.28)	(1.79)
$contig_{it}$	0.778	0.915*	9.079**	0.650***	0.862***	0.563*
	(1.92)	(2.08)	(2.82)	(4.06)	(5.26)	(2.29)
$comlang_{it}$	0.822**	0.460	6.365**	0.720***	0.534*	0.758*
	(2.83)	(1.30)	(2.87)	(3.24)	(2.35)	(2.23)
$asean_{it}$	1.024**	0.384	2.502***	0.559**	0.0874	2.267***
	(3.09)	(0.89)	(3.85)	(3.02)	(0.46)	(7.98)
$confuci_{it}$	0.215*	0.172	0.527**	0.331**	0.228	0.843***
	(2.14)	(1.64)	(3.15)	(2.81)	(1.89)	(4.66)
_cons	11.60***	14.60***	-57.01**	10.64***	12.71***	-7.038*
	(3.85)	(3.86)	(-3.38)	(4.59)	(5.36)	(-1.98)
N	244	243	243	244	243	243

注：*表示在10%的水平上显著，**表示在5%的水平上显著，***表示在1%的水平上显著；括号内为t值。

两种方法的估计均表明，贸易国市场的经济规模（lngdp）对中国与该国的进出口总额和出口额的影响在1%水平下显著为正，表明进出口贸易总额与贸易国市场的经济规模呈正相关关系，贸易国市场的经济规模越大，越能促进中国与其贸易往来；在以进口额为被解释变量的稳健性检验模型中，虽然固定效应模型的结果为正且不显著，但 OLS 方法的估计结果在 1% 水平下显著，可以认为该结论也成立。随机效应或固定效应方法的估计结果表明，中国的国内生产总值对进出口贸易额的估计结果在 1% 水平下显著为正，在稳健性检验中分别对出口额、进口额的估计结果也在 1% 水平下显著为正，表明中国的经济规模越大，越能够促进中国对外贸易的增长。两国间的地理距离（lndist）对中国与该国之间的进出口总额和出口额的影响在 1% 水平下显著为负，这意味着贸易额与地理距离呈现负相关关系，与贸易国的地理距离越远，对中国与其之间的双边贸易的抑制作用越大，表明货物运输成本的增加阻碍了中国对外贸易的增长。两国间的文化距离（lncd）对中国与该国进出口贸易总额和出口额有正向影响，但估计结果不显著；在使用 OLS 方法时，文化距离在 1% 水平下显著促进了两国进出口贸易总额，表明两国之间的文化距离越远，文化吸引力越大，越有利于促进两国贸易额的增长，在以出口额为被解释变量的稳健性检验中，文化距离在 10% 显著性水平下为正，表明两国间的文化差异越大，越有利于中国向其进行出口贸易。

在控制变量对进出口贸易总额影响的估计中，两种方法的符号方向一致，且 OLS 方法的显著性良好。政府公共教育支出占比（pubedu）在 1% 水平下显著促进了双边贸易额，表明一国人民教育水平越高，越有利于促进对外贸易的增长，政府在公共教育上的支出对经济贸易有促进作用。海关手续负担在 1% 水平下显著为正，表明海关手续的效率越高，越有利于促进对外贸易往来，说明一国政策的便利性能够有效影响其对外经济贸易额的增长；在对进出口贸易总额的随机效应模型回归结果中，港口基础设施质量对贸易额有促进作用，表明一国港口基础设施越发达、越有效率，越能够促进贸易往来，但这一结果在统计上并不显著；政府腐败控制度（contofcorr）对进出口贸易总额的影响为负，表明政府对腐败的控制度抑制了不规范的交易行为，政府腐败控制度越强对贸易的阻力也越大，这一结果在对模型（1）的估计中并不显著，但在 OLS 方法中这一抑制作用在 5% 水平上显著，且在以进口为被解释变量的稳健性检验中，政府腐败控制度对进口额的影响估计在

10%水平下显著为负；两种方法的估计结果均表明贸易国的政治稳定（polsta）对中国进出口贸易有正向影响，贸易国政治稳定对中国出口额的影响在5%水平下显著为正，表明进出口贸易与贸易国的政治稳定呈现正相关关系，贸易国的政治越稳定，营商环境越好，越能促进中国进出口双边贸易的增长。与东道国拥有共同边界（contig）对中国进口额和出口额的影响至少在10%的水平下显著为正，说明拥有相邻的国界能够为中国与东道国的进出口贸易交流提供便利，共同边界促进了中国进出口的增长；使用共同官方语言对进出口总额在5%的水平下显著为正，表明语言沟通障碍越小越有利于促进双边贸易往来；是否属于"中国—东盟自贸区"（saean）对进出口总额的影响估计在5%水平下显著为正，说明同属于一个贸易组织能够享受组织内的政策便利，降低企业的市场进入成本，减少了贸易阻力，能够促进贸易畅通；是否开设孔子学院对贸易的影响估计结果显示，开设孔子学院在10%的显著性水平下促进了中国进出口贸易总额，表明文化认同有利于促进贸易畅通，传播中华文化、促进文化交融能够有效促进中国与东道国间的贸易合作。

（四）中国与六大经济走廊沿线国家的局部分析

考虑到六大经济走廊在政治、经济、文化等方面情况各有不同，下文以双边贸易总量为被解释变量分别对各经济走廊进行实证研究，充分考虑各走廊的异质性，分析各因素对中国与各经济走廊沿线国家贸易畅通的影响，并探索与各经济走廊的贸易合作特点。由于走廊沿线主要国家数量问题，下文仅选取前四条经济走廊进行实证分析。模型（7）~（10）分别是对新亚欧大陆桥经济走廊、中伊土经济走廊、中新经济走廊以及孟中印缅经济走廊回归的结果。

依旧先分别对模型进行 F 统计量检验、LM 统计量检验、Hausman 检验等一系列检验，从而确定最优模型。以模型（7）为例，个体效应检验结果 F 检验的 p 值为 0.0000，可以认为固定效应模型明显优于混合回归；在 LM 检验中，LM 统计量的 p 值为 0.0000，认为在随机效应与混合效应二者之间应该选择随机效应；Hausman 检验结果的 p 值为 0.7618，在 1% 的显著性水平下不能拒绝原假设，故认为应该使用随机效应。模型（8）（9）和（10）的检验结果见表 12，其模型类型分别选定为随机效应模型、随机效应模型以及固定效应模型。

表 12　中国与经济走廊沿线国家贸易畅通的回归结果

	（7）	（8）	（9）	（10）
$lngdp_{it}$	1.084***	1.716***	1.451**	1.970***
	(9.74)	(5.58)	(5.41)	(4.20)
$lngdp_{ct}$	0.551***	-0.308	0.0340	0.991**
	(4.80)	(-1.43)	(0.15)	(2.72)
$lndist_i$	-1.124	2.761		-11.04
	(-0.81)	(0.57)		(-1.70)
$lncd_i$	-0.0623	-0.607		
	(-0.37)	(-0.46)		
$pergdp_{it}$	0.00229	0.0000389	0.0000642	-0.148**
	(1.13)	(1.37)	(1.36)	(-2.74)
$tour_{it}$	-0.00136	0.000998	-0.000930*	-0.000128
	(-0.53)	(0.88)	(-2.59)	(-0.05)
$custspr_{it}$	0.0364	-0.166	-0.485**	0.0316
	(0.30)	(-1.52)	(-6.28)	(0.19)
$portifra_{it}$	0.0299	0.182	0.148	-0.435
	(0.34)	(1.62)	(1.32)	(-1.72)
$contofcorr_{it}$	0.00380	-0.00600	-0.00547	-0.00467
	(0.59)	(-0.97)	(-1.57)	(-0.33)
$polsta_{it}$	-0.000858	0.0129**	-0.00710**	0.0102
	(-0.23)	(2.60)	(-4.24)	(0.69)
$enrrate_{it}$	0.00123	0.00559	0.00624	-0.0126
	(0.30)	(1.31)	(0.43)	(-0.34)
$landl_i$	-0.234	2.515**		
	(-0.74)	(2.92)		
adb_{it}	-0.421	-2.216		
	(-0.80)	(-1.78)		
$contig_{it}$		6.676*		
		(2.40)		

续表

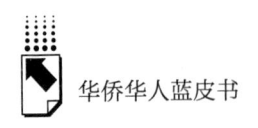

	(7)	(8)	(9)	(10)
$confuci_{it}$	0.0666	-0.0838	0.00960	-0.261*
	(0.75)	(-0.69)	(0.09)	(-1.98)
_cons	8.498	-19.91	5.064***	79.49
	(0.66)	(-0.48)	(7.07)	(1.58)
N	185	65	48	18
个体固定效应检验	$F(18,156)=26.39$ Prob($>F$)=0.0000	$F(6,48)=33.28$ Prob($>F$)=0.0000	$F(5,32)=11.57$ Prob($>F$)=0.0000	$F(1,6)=2.90$ Prob($>F$)=0.1394
LM 检验	chibar2=326.93 Prob($>$chibar2)=0.0000	chibar2=0.00 Prob$>$(chibar2)=1.0000	chibar2=0.00 Prob($>$chibar2)=1.0000	chibar2=0.00 Prob($>$chibar2)=1.0000
Hausman 检验	chi2=3.37 Prob($>$chi2)=0.7618	chi2=3.48 Prob($>$chi2)=0.3238	chi2=18.40 Prob($>$chi2)=0.0010	chi2=0.00 Pro($b>$chi2)=1.0000
模型类型	随机效应	随机效应	固定效应	随机效应

注：*表示在10%的水平上显著，**表示在5%的水平上显著，***表示在1%的水平上显著。

1. 新亚欧大陆桥经济走廊

模型（7）的基本估计结果见表12。贸易国双方的经济规模（lngdp）对中国进出口贸易总额的影响均在1%的水平下显著为正，这说明经济规模在供给与需求上均能够促进两国贸易增长；出口市场国的人均GDP（pergdp）对中国进出口贸易总额的影响为正，但这一影响在统计上并不显著。地理距离（lndist）对中国进出口贸易总额的影响为负，表明进出口总额与地理距离呈现负相关关系，与贸易国的地理距离越远，对中国进出口双边贸易的抑制作用也越大；文化距离（lncd）对中国进出口贸易总额也存在负向影响，与贸易国的文化差异抑制了两国的贸易畅通，差异越大阻碍越大。究其原因，不难发现新亚欧大陆桥经济走廊横跨亚欧板块，全长10900公里，辐射范围达30多个国家和地区，具有地域辽阔、交通不便、国界阻隔、文化差异等特点。"一带一路"倡议的提出对新亚欧大陆桥经济走廊沿线国家的贸易合作有重要意义，空间容量大、资源富集是这一经济走廊的开发潜力,沿线各国在经济上具有较强的相互依存性和优势互补性,蕴藏着良好的合作互利发展前景。克服中国与该走廊沿线国家间的文化差异对促进贸易畅通有重要意义。

2. 中伊土经济走廊

中伊土经济走廊主要为阿拉伯国家,该走廊经贸合作的亮点和主线是能源合作,中国在与该走廊沿线国家的贸易合作中,进口占比高于出口额占比,是存在贸易逆差较大的一条走廊。模型(8)的基本估计结果显示,贸易国的经济规模(lngdp)对中国进出口贸易总额的影响在1%的水平下显著为正,表明进出口总额与贸易国的经济规模呈正相关关系,贸易国的经济规模越大,越能促进中国进出口双边贸易额的增长;贸易国的人均GDP(pergdp)对中国进出口贸易总额的影响为正,但这一影响在统计上并不显著。中国进出口贸易总额与地理距离(lndist)的关系为正相关,与文化距离(lncd)为负相关关系,但二者在统计上均不显著,地理距离的估计系数为正可能是因为中伊土经济走廊沿线各国地理位置集中,地理距离引起的交通运输成本等阻碍因素并不突出;文化距离在一定程度上抑制了进出口贸易,中国与贸易国的文化差异越大,文化认同感越低,越不利于双边贸易的增长。政治稳定(polsta)对进出口贸易总额的影响在5%的水平下显著为正,也即政治稳定能够有效促进中国对其贸易额的增长。阿拉伯世界由于历史和能源问题,政治动荡,政治多变的环境不利于企业进入和发展。中伊土经济走廊沿线国家的政治稳定对双边贸易有重要的促进作用。内陆国家对贸易的影响在5%水平下显著为正,共同边界的影响在10%水平下显著为正,表明中伊土经济走廊陆路运输的发展有效地促进了中国进出口贸易额的增长。中国积极推动与阿拉伯国家间的基础设施和交通运输建设,对加强区域经贸合作有重要意义。

3. 中新经济走廊

模型(9)的估计结果表明,中新经济走廊沿线各国的经济规模(lngdp)对中国在该区域进出口贸易总额的影响在5%的水平下显著为正,各国的人均GDP(pergdp)对中国进出口贸易总额的影响为正,但这一影响

在统计上并不显著，经济规模较大的国家与中国间的贸易合作也更频繁；旅游收入（tour）的估计结果在10%水平下显著为负，但系数很小；海关手续负担对进出口贸易额的抑制作用在5%水平下显著；开设孔子学院能够促进双边贸易额的增长，虽然这一结果在统计上并不显著。

4. 孟中印缅经济走廊

模型（10）的基本估计结果表明，中国进出口贸易总额与贸易国双方的经济规模（lngdp）呈现正相关关系，说明经济规模在供给与需求上均能够促进两国贸易增长，这一结果至少在5%水平下显著；是否开设孔子学院（confuci）的系数估计值在10%水平下显著为负；地理距离阻碍了中国与该走廊沿线国家间的贸易交流，即与中国距离越近越有利于促进两国双边贸易的增长。

总结以上实证分析结果不难发现，同一因素在不同走廊的影响作用各不相同。地理距离抑制了中国与新亚欧大陆桥经济走廊、孟中印缅经济走廊间的贸易合作，主要是因为这两条经济走廊贸易主要以陆路运输方式，深受国界阻隔，交通不便，其中新亚欧大陆桥经济走廊横跨亚欧大陆，地域辽阔、国家众多，孟中印缅经济走廊紧贴中国内陆地区的西南部，呈"人"字形错落；同时，内陆国这一属性会进一步阻碍新亚欧大陆桥经济走廊的贸易畅通，而降低海关手续负担、提高过关效率能够有效促进中国与新亚欧大陆桥经济走廊、孟中印缅经济走廊贸易畅通。对于中伊土经济走廊和中新经济走廊而言，沿线国家多沿海分布，有效克服了地理距离等缺陷；并且这两条走廊沿线国家若与中国拥有共同国界，还可以显著促进贸易畅通。文化距离阻碍了中国与新亚欧大陆桥经济走廊、中伊土经济走廊间的贸易合作，文化差异增加了中国与该区域国家间贸易合作的成本，但对中新经济走廊沿线国家有显著的促进作用，究其原因，可以发现中国与中新经济走廊沿线国家间虽存在文化差异，但中新经济走廊沿线国家作为全球华侨华人的主要聚集地，深谙两国文化的华商在该区域双边贸易中发挥了不可或缺的作用，消除了双边贸易中因文化差异而产生的交易成本，促进了中国与该区域国家的贸易合作。在新亚欧大陆桥经济走廊和中新经济走廊设立孔子学院能够有效促进中国与该区域国家间贸易合作的增长，但在中伊土经济走廊和孟中印缅经济走廊则有相反的影响效果。可以发现新亚欧大陆桥经济走廊和中新经济走廊对中华文化的容纳度更高，其可能原因：一是华侨华人在中新经济走廊的聚焦很好地促进了中华文化的传播和交融，二是新亚欧大陆桥经济走廊沿线多为小国，在国际交往合作中小国更擅长接纳和包容多元文化。

综上所述，影响中国与"一带一路"六大经济走廊沿线国家贸易畅通的因素主要可以分为内因和外因，其中内因如东道国地理位置、与中国地理距离、东道国的经济规模、制度政策等，外因有中国的贸易政策、华侨华人效应以及文化差异。华侨华人在中国与"一带一路"沿线国家的贸易畅通中起着举足轻重的作用，后文将就华侨华人在"一带一路"沿线国家的分布情况、华侨华人对贸易畅通产生的积极影响等进行进一步阐述。

五 华侨华人与"一带一路"

海外华侨华人是目前全球最大的移民团体之一，全球有6000多万华侨华人广泛分布在各大洲160多个国家和地区，华侨华人团体涉及贸易、科教和文化等领域，规模不断壮大、影响力日益扩大。而全球华侨华人中，有4000多万人口分布于"一带一路"沿线国家，其中中新经济走廊是华侨华人人口数量最多的区域，占"一带一路"沿线国家所有华侨华人总数的95%以上。同时中新经济走廊也是华侨华人密度最高的区域，该走廊每一百个人里就有6个是华裔，这一比例远超其他经济走廊沿线国家。各经济走廊华侨华人人口数量及其在当地人口数量的占比见表13。

表13 六大经济走廊沿线主要国家华侨华人人口数量及其比重

走廊	华侨华人人口数（万人）	2017年当地人口数（万人）	占比（%）
新亚欧大陆桥经济走廊	12.19	21127.19	0.0577
中伊土经济走廊	29.04	51279.41	0.0566
中新经济走廊	3972.66	59531.28	6.6732

续表

走廊	华侨华人人口数（万人）	2017年当地人口数（万人）	占比（%）
孟中印缅经济走廊	105.26	160921.34	0.0654
中巴经济走廊	0.4	19701.60	0.0020
中蒙俄经济走廊	45.72	14757.07	0.3098

数据来源：整理自《华人经济年鉴》及中国侨网，http://www.chinaqw.com/node2/node116/node119/node158/。

广大海外华侨华人心系祖（籍）国，热心服务于国家建设，在40多年的改革开放中，他们紧跟祖（籍）国的步调，实现了快速发展。长期以来，中国与世界各国建立了稳固互信的合作关系，其中以华侨华人为桥梁的民间交流作为官方交往的有效补充，发挥了重要作用。对于当前的"一带一路"建设，从改善与世界各国关系着眼，倡导构建深化多样性多层次的伙伴关系，倡导"共商、共建、共赢、共享"，吸引了海外华侨华人的参与。其中华商通过具体项目参与其中，在"一带一路"建设中发挥了重要作用，同时这也将更有利于华侨华人在世界范围内的生存与发展。

（一）华侨华人积极响应并参与"一带一路"建设

海外华侨华人具有一定的社会地位和影响力，其中"一带一路"沿线国家的华裔主要是经商群体，经济实力雄厚的华商主要分布于中新经济走廊，涉及行业广泛，包括食品饮料、房地产、银行业、烟草航运等，2019年共有4名华商跻身全球亿万富豪榜单首页（见表14）。海外华商积极响应并参与"一带一路"建设。在2017年第二届世界华侨华人工商大会上，中国侨商投资企业协会会长谢国民代表来自世界各地的华商和华商组织发出倡议书，倡议"海外华商积极参与到'一带一路'建设中去，发挥自己的作用，贡献自己的力量"。陈江和基金会捐赠1亿元人民币用于支持未来十年中国和"一带一路"沿线国家开展双边人才培训项目，以加强中国与"一带一路"沿线国家间的互相了解与理解。自"一带一路"倡议提出以来，众多华人企业积极参与其中。正大集团不仅广泛与中国企业展开合作，协助中国企业走进东南亚市场,还积极参与高铁项目,助力"一带一路"在泰国落地;华人企业家林绍良创建的印度尼西亚三林集团积极参与"一带一路"建设,其旗下的印多福食品公司抓住新亚欧大陆桥沿线国家的发展机遇,在塞尔维亚成功运营Indomie方便面工厂,占地面积5公顷,总投资额达1100万欧元。

表14 2019年"一带一路"沿线国家十大华商

姓名	企业名称	主营	国籍	2019年《福布斯》排名
黄惠忠	针记香烟集团	银行业、烟草	印度尼西亚	54
黄惠祥	针记香烟集团	银行业、烟草	印度尼西亚	56
谢国民	卜蜂(正大)集团	多元化经营	泰国	75
苏旭明	TCC集团	饮料、房地产	泰国	87
郭鹤年	嘉里集团	棕榈油、航运、房地产	马来西亚	104
黄志祥与黄志达兄弟	信和集团	房地产	新加坡	112
郭令灿	丰隆集团	银行业、房地产	马来西亚	149
吴清亮	吴德南集团	涂料	新加坡	203
郑鸿标	大众银行	银行业	马来西亚	233
潘日旺	多家企业	多元化经营	越南	239

资料来源:https://wiki.mbalib.com/wiki/2019年《福布斯》全球亿万富豪排行榜。

(二)华侨华人在"一带一路"倡议中的重要作用

广大华侨华人在中国与"一带一路"沿线国家的合作中具有独特的建设性作用,主要体现在文化传播与交融、对外交往以及贸易畅通三个方面。

1. 文化传播与交融

华侨华人既传承了中华文化的精粹,又汲取侨居国的文明和风土人情,能够游弋于两种文化之间,日益成为中华文化海外传播的重要窗口,是中国文化与其他文化交流、沟通的桥梁和使者。华侨华人所具有的双重文化浸润优势,在"一带一路"倡议沿线国家建设进程中能够促进中华文明与当地文化的交流互见。根据霍夫斯泰德文化维度数据的测算,中国与华裔最密集的中新经济走廊沿线国家间的文化距离最小,该区域聚集的华侨华人为传播中华文化、促进中华文化与当地文化交流融合起到了不可忽视的作用。菲律宾华人陈永栽积极创办读书会,邀请文艺、新闻、教育、商界人士参加,致力于培养读书风气,一起研究并弘扬上下五千年的中华优秀文化。印度尼西亚(以下称"印尼")华人郑年锦资助出版了停刊48年的《生活报》纪念丛书,整理修正印尼华侨华人历史文化资料;马来西亚华人、常青集团的张晓卿认为,"过去华人侨商从外面给中国带进来资金、技术及先进的思想理念,现在,华人侨商应把中国的文化、观念和价值推介给世界,为中国和平崛起铺垫一条文化通道"[1]。张晓卿斥巨资拯救马来西亚历史悠久、深具影响力但却濒临关闭的《星洲日报》,使其在众多华文报中重新站起来,脱颖而出,成为马来西亚第一大华文报。华文媒体是中华文化的重要载体,华文媒体的发展对促进中华文化传播、与东道国文化相互交融有重要的意义。

另外,华侨华人重视华文教育,积极推广华文教育。华文教育是华侨华人社团最为关注的工作领域。陈永栽在菲律宾开办了首座华文图书馆,为学习、研究中国传统文化提供了良好的条件;印尼华人苏用发联合华人精英在棉兰市创建了亚洲国际友好学院,是印尼第一所华文本科专业大学;崇文教育基金会在印尼筹建使用华文教学的三语中小学校,文凭得到印尼政府官方认证;泰籍华人罗宗正像经营企业一样致力于提升泰国华文教育的质量,频繁创新,开创了"中华文化大乐园",传授汉语音乐、舞蹈、美术、武术等各种传统文化艺术,培养泰国学生对中国文化的兴趣,不仅在泰国受到了广泛欢迎,甚至走出了泰国国门,被借鉴推广到全球的华文教育中,硕果累累。

2. 对外交往

在对外交往中,海外华侨华人以其社会地位和影响力,在推进侨居国与中国民间外交中充分发挥了"引擎"和"助推器"的作用,能够以多种方式向侨居国传递友好合作理念,增进沟通和了解,加强政治互信,为"一

---

[1] 资料来源:http://www.hsmrt.com/zhangxiaoqing/2639.html。

带一路"建设创造良好的政治环境。侨居"一带一路"沿线国家的华侨华人大多从事经商，40多年来，华侨华人用自己的智慧和汗水，有力推进了中国与世界的合作，且涌现出一批华人企业集团和华人富豪，华商经济实力雄厚，在侨居国具有较强的影响力。在新形势下，华侨华人仍然具有独特的优势，尤其是广大华人企业在海外经营多年，不仅了解中国，还通晓侨居国的政治、经济、社会、法律等多方面的情况，可以为中国走出去贡献力量。通过华人企业构建民间政策沟通交流机制，能够准确传达"一带一路"建设的内涵。同时，华商利用其在侨居国的产业基础和政商人脉，可以将中国技术先进、竞争力较强的产业转移到所在国家和地区，从而拓展中国与沿线国家的产业合作。另外，华商通晓双方贸易规则和惯例，拥有贸易渠道和资本优势，可以为"一带一路"建设提供资金支持和经贸合作机会，助力提升"一带一路"经贸及金融合作水平。自倡议提出以来，正大集团等企业身体力行，积极支持"一带一路"项目在泰国落地，正大集团与中国企业展开广泛合作，协助中国企业走进东南亚市场，利用自身的影响力和区位优势为"一带一路"倡议作宣传，在企业层面推动泰国高效对接"一带一路"建设。

3. 贸易畅通

华侨华人在国际贸易和交流中，具有通晓双边市场运作规则、拥有双边人脉关系和沟通渠道等优势，能够帮助中国企业把握投资方向，更快、更好地融入当地，减少贸易摩擦，在促进世界经济可持续增长的同时给华侨华人群体自身发展创造更好的条件、赢得更多主动权。"一带一路"倡议是一个历史发展机遇，也为华侨华人带来了更多发展机遇。倡议提出后，泰国华人谢国民继续扩大在中国的投资与合作，积极引进中国企业在泰国发展，从企业层面推动泰国高效对接"一带一路"建设；新加坡华人陈江和及其金鹰集团联合中国工商银行等四家公司共同成立中东欧基金，以切实行动参与到"一带一路"中，正在中东欧国家寻找基础设施和电厂项目。印尼华商林绍良更是紧抓发展机遇，希望在塞尔维亚成功投资运营的工厂能够成为印多福进入欧洲地区市场的网关；同时，印多福在塞尔维亚的投资经营也是华商在

"一带一路"建设中的重要贡献,可以为当地增加就业岗位,并将市场延伸到塞尔维亚、马其顿、保加利亚、罗马尼亚以及欧洲其他国家。华侨华人参与倡议项目既有利于项目的落地发展、消除隔阂,加快"一带一路"建设,还能够带动自身经济发展和社会地位的提升。

海外华侨华人具有共同的文化和民族认同感、紧密的亲缘关系,充分发挥华侨华人在文化传播与融合、对外交往以及国际贸易中的重要作用,引导侨居国全面、客观地认识"一带一路"倡议,为倡议的实施创造良好的外部环境,对于加快"一带一路"倡议实施具有重要的意义。

六 结论及政策建议

中国提出的"一带一路"倡议是新型全球化的国际合作共赢方案,在世界范围谋求合作与新发展合作。"一带一路"合作国家遍布亚洲、非洲、欧洲、大洋洲和拉丁美洲,已有122个国家、29个国际组织参与其中。倡议涉及区域广、惠及人口众多,为世界经济发展贡献了中国智慧。"一带一路"堪称全球最大的经济合作平台和最受欢迎的公共产品,是推动全球经济社会发展的最佳国际实践。在"六廊六路多国多港"这一主体框架下,中国与六大经济走廊沿线各国合作均取得了不菲的成绩,但与各走廊的合作各有特点,本文研究主要得出以下几个结论,并根据实际情况对中国与各走廊沿线国家间的贸易畅通提出建议。

第一,中国与"一带一路"沿线国家间贸易情况的模型回归结果与经典贸易引力模型类似,东道国的经济规模、经济发展水平、共同语言及共同边界对中国与之贸易合作的影响为正,地理距离的影响为负。完善的基础设施建设、稳定的政治环境能够有效促进两国贸易增长,政府腐败控制能力抑制了不规范的交易。

第二,中国与"一带一路"沿线国家的贸易情况在各走廊间存在较大的差异。地理距离的负向影响主要发生在跨度最长的新亚欧大陆桥经济走廊,中欧铁路的运行极大地促进了中国与该走廊沿线国家间的贸易畅通;文化距离抑制了新亚欧大陆桥经济走廊、中伊土经济走廊与中国间的贸易往来，但显著促进了中国与中新经济走廊沿线国家间的贸易往来，中新经济走廊聚集的华侨华人为中国与该区域文化互信与交流作出了巨大的贡献，中国与中新经济走廊沿线国家民心相通，极大地促进了中国与该区域的贸易畅通；不同于与其他经济走廊贸易合作的出口导向，中国在中伊土经济走廊沿线国家间的贸易以进口为主，贸易畅通受到该区域国家政治稳定显著的正向影响。

第三，华侨华人在"一带一路"倡议的推广与合作中发挥了重要作用。华侨华人分布广泛，是中华文化在海外传播的重要窗口，能够准确传达"一带一路"建设"合作共赢"的内涵，且华商团体在中新经济走廊沿线国家有较高的社会地位和经济影响力，在中国与"一带一路"沿线国家的贸易合作中发挥了不可忽视的作用。

中国与六大经济走廊资源互补，贸易合作前景广阔。中国在推进落实"一带一路"倡议合作中应重视基础设施建设项目，投资完善东道国铁路、港口等运输基础设施条件，为两国贸易畅通打下坚实的基础，同时也能够以点带面吸引周边更多国家的加入；应充分考虑各经济走廊的异质性，充分发挥每条经济走廊的优势，克服劣势，在运输成本高的经济走廊着重跨境交通设施建设，充分利用华侨华人在当地的影响力促进两国文化交流互相融合；华侨华人不仅是中国企业进入国外市场的领路人，同时也是"一带一路"沿线市场的开拓者，华侨华人以其丰富的海外经商经验，能更加敏锐地发现倡议沿线国家的贸易机会，以其多重文化背景更能够被其他国家所接纳，促进了亚欧经济带间的资源流动，对该区域经济发展有重要意义。

参考文献

蔡建国：《华侨华人与"一带一路"战略》，《文汇报》2015年3月12日，第5版。
陈虹、杨成玉：《"一带一路"国家战略的国际经济效应研究——基于CGE模型的

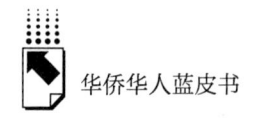

分析》，《国际贸易问题》2015 年第 10 期。

陈继勇、杨格：《中国与新亚欧大陆桥沿线七国贸易互补性测度及影响因素研究》，《亚太经济》2018 年第 2 期。

高志刚、张燕：《中巴经济走廊建设中双边贸易潜力及效率研究——基于随机前沿引力模型分析》，《财经科学》2015 年第 11 期。

胡关子：《"一带一路"软件基础设施联通研究——以中国—中南半岛经济走廊方向为例》，《中国流通经济》2018 年第 4 期。

黄玖立、周泽平：《多维度距离下的中国文化产品贸易》，《产业经济研究》2015 年第 5 期。

贾益民：《"一带一路"建设与华文教育新发展》，《世界华文教学》2016 年第 2 期。

江小涓：《中国出口增长与结构变化：外商投资企业的贡献》，《南开经济研究》2002 年第 2 期。

姜巍、傅玉玢：《中国双向 FDI 的进出口贸易效应：影响机制与实证检验》，《国际经贸探索》2014 年第 6 期。

孔庆峰、董虹蔚：《"一带一路"国家的贸易便利化水平测算与贸易潜力研究》，《国际贸易问题》2015 年第 12 期。

李栋材、张禹东：《文化全球化视野中的文化选择》，《前沿》2012 年第 23 期。

李艳华：《"中蒙俄经济走廊"经济效应影响因素及贸易潜力分析》，《统计与决策》2019 年第 3 期。

梁育填、周政可、刘逸：《东南亚华人华侨网络与中国企业海外投资的区位选择关系研究》，《地理学报》2018 年第 8 期。

林智荣、覃娟：《中国—新加坡经济走廊交通基础设施建设探析》，《东南亚纵横》2015 年第 1 期。

刘洪铎、李文宇、陈和：《文化交融如何影响中国与"一带一路"沿线国家的双边贸易往来——基于 1995～2013 年微观贸易数据的实证检验》，《国际贸易问题》2016 年第 2 期。

刘晓伟：《"一带一路"倡议下次区域合作机制化限度研究——以"孟中印缅经济走廊"为例》，《南亚研究》2019 年第 1 期。

柳思思：《"一带一路"：跨境次区域合作理论研究的新进路》，《南亚研究》2014 年第 2 期。

蒙英华、黄建忠：《信息成本与国际贸易：亚洲华商网络与 ICT 对中国对外贸易影响的面板数据分析》，《南开经济研究》2008 年第 1 期。

彭柏翰：《贸易便利化对"一带一路"经济走廊经济效益的影响》，商务部国际贸易经济合作研究院硕士学位论文，2017。

桑百川、杨立卓：《拓展我国与"一带一路"国家的贸易关系——基于竞争性与互补性研究》，《经济问题》2015 年第 8 期。

史小龙、张峰：《外商直接投资对我国进出口贸易影响的协整分析》，《世界经济研究》2004年第4期。

苏剑、葛加国：《"一带一路"倡议背景下双边贸易的语言效应：抑制还是促进》，《学术月刊》2018年第9期。

隋广军、黄亮雄、黄兴：《中国对外直接投资、基础设施建设与"一带一路"沿线国家经济增长》，《广东财经大学学报》2017年第1期。

孙楚仁、张楠、刘雅莹：《"一带一路"倡议与中国对沿线国家的贸易增长》，《国际贸易问题》2017年第2期。

孙立芳、陈昭：《"一带一路"背景下经济开放度如何影响农产品国际竞争力：来自RCEP成员国的证据》，《世界经济研究》2018年第3期。

田晖、蒋辰春：《国家文化距离对中国对外贸易的影响——基于31个国家和地区贸易数据的引力模型分析》，《国际贸易问题》2012年第3期。

王云飞、景瑞琴：《文化距离会阻碍文化服务输出吗？——基于2006~2012年跨国数据的检验》，《国际商务研究》2017年第6期。

王子昌：《"一带一路"战略与华侨华人的逻辑连接》，《东南亚研究》2015年第3期。

吴坚、杨婧：《新时代·新汉语·新征程：东南亚汉语教育发展趋势研究》，《华南师范大学学报》（社会科学版）2018年第5期。

许陈生、程娟：《文化距离与中国文化创意产品出口》，《国际经贸探索》2013年第11期。

姚星、王博、蒲岳：《"一带一路"沿线国家服务中间投入的网络结构特征及其影响因素》，《世界经济研究》2018年第1期。

于洪洋、欧德卡、巴殿君：《试论"中蒙俄经济走廊"的基础与障碍》，《东北亚论坛》2015年第1期。

余长林：《知识产权保护如何影响了中国的出口边际》，《国际贸易问题》2015年第9期。

张会清、唐海燕：《中国与"一带一路"沿线地区的贸易联系问题研究——基于贸易强度指数模型的分析》，《国际经贸探索》2017年第3期。

张禹东：《马来西亚的华文教育及其发展前景》，《八桂侨史》1997年第3期。

庄国土：《海上丝绸之路与中国海外移民》，《人民论坛》2016年第8期。

专题篇
Special Report

B.10 马来西亚华人社团的政治参与调查

庄仁杰[*]

摘　要： 本文以新山华人社会为个案，分析梳理当地华人社团的游神过程、当地华人第十四届大选的投票趋向，以及对"一带一路"的反应，探讨马来西亚华社在地方政治上的表现。文中结论指出，马来西亚地方华人社团维持着宽松的上下层关系，虽然华人社团仍然常常以华社代表的身份与政治打交道，但是这些华人社团精英对一般人的影响逐渐变小。

关键词： 华团　政治　新山

---

[*] 庄仁杰，香港中文大学历史系博士，马来西亚华社研究中心研究员，研究领域：中国近现代史、东南亚近现代史。

马来西亚华人社团的政治参与调查

马来西亚华人社会中，华人社团（华团）、华人学校（华校）与华文报纸（华文报）被视为华社的三大支柱。由于华社的意愿必须透过较为具体的方式才能表达出来，它们能够反映华社民意，能够在需要时代表华社向有关机构表达华社的意愿，甚至代表华社与他者沟通与谈判，因此具有崇高的地位。

华团在马来西亚每一个地方都有，并且常常是当地华社的领导机构。每个地方的华团往往不止一个，众多华团构成了关系复杂的网络。许多当地的华社领袖会参加所在地区的华团，借此实际掌握当地华社的领导权并享有崇高地位。在这种状况下，华团与华团之间以及华团与华社之间也产生了"政治"。换句话说，华团作为当地华社的代表机构，但是华团之间的关系有上下之分；华团虽被视为当地华社的代表与领导者，但是它们也必须积极证明与重申它们的关系。因此，华团之间与华团与华社之间的关系，代表了华社内部的政治。

除了华团内部的政治，华团和马来西亚国内的政治圈及国际政治也有些关系。由于华团往往是承载并反映当地华人社会民意的组织，许多华团与其领袖也与政治打交道，甚至有的就是政党的党员。政党也积极拉拢华团，希望透过他们来巩固对华社的影响力以加强华社对他们的支持。因此，华团和政治本身有着千丝万缕的关系，并且是华人政治的重要指标。

除了马来西亚政治，国际政治也影响了马来西亚华人社团。两岸关系，东南亚、日本、美国和欧洲的外交动向等，也会引起华团的关注，甚至偶尔发表看法。"一带一路"对马来西亚华团的影响，是近来最为突出的例子。

本文以大新山地区的华人社会为例，运用观察法，参考一些数据，剖析马来西亚华人社团的内部政治，以及它们对马来西亚国内与国外政治的反应和影响。为进一步加以详细说明，本文将分别以新山柔佛古庙游神、第十四届全国大选与"一带一路"为例说明新山华团的对内与对外关系。新山柔佛古庙游神不但显示了新山华人社会的内部政治，华团也借此展现自己领导当地华社的权力，同时华团也透过游神来拉拢自己和国内政治人物的关系。华团虽然在第十四届大选中动作不大，但是从中可见华团如何被政治影响。

另外,"一带一路"倡议在新山华社所引起的涟漪,可视为华团对国际政治的反应。

一 马来西亚华人社团的定义、组织方式与现况

根据马来西亚法律,所有团体必须依照1966年的社团法令向政府登记注册,如此才能以团体名义在社会上活动。因此,绝大多数的华人社团都依据此法令注册。但是也有华团并没依据社团法令注册,而是按照公司法登记成为非营利有限公司,如新山中华公会就是一个例子。

不论团体是否根据社团法令注册,它们的组织结构并无多大差异。在每一个华团中,会员大会是最高的权力机构,通常一年召开一次,或者因紧急状况召开紧急会员大会(或特别大会)。华团每隔一段时间(通常是1~3年不等)进行选举,选出新的理事会和监督机构,负责华团的日常运营。理事会中以会长为首,并有署理会长、副会长、文书、财政、总务与其他负责不同事务的理事所组成(其他职位按照其社团需要制定)。一些华团也设有各种不同的委员会,专门处理某项事务。这些委员会除了因应团体长期或重要的专门事务而设立之外,有些是因应国家政策或重大事件而设立。各个华团的监督机构名字各有不同,与理事会一样都是通过选举产生,在会员大会休会期间,代替会员监督理事会。

一些华团内部设有妇女组与青年团。它们虽然是华团的下层组织,但拥有完整的行政结构组织。妇女组通常以照顾妇女福利为主,青年团则有培养社团接班人的目的。

一些华团有分会和属会。一些工商团体,如马来西亚塑胶厂商公会与马来西亚印刷商公会,在各州设有分会。各地分会在会名之后加上各自的州属如马来西亚印刷商公会(柔佛分会)。一些华团具有总会性质,除了上述工商团体之外,也有的华团是以当地华团或马来西亚境内的方言群社团为会员,如下文将提及的各州华团总会,以及以方言群作为凝聚力的华团,如马来西亚福建社团联合会与马来西亚客家公会联合会。

会员可分为个人会员、团体会员与公司会员。个人会员顾名思义，就是个别人士参与的会员。团体会员则是代表某个团体来参加。不同团体按照个体的性质和需要，决定接受哪些对象成为会员。大部分华团都接受个人会员，如新山客家总会、新山留台同学会等。这些地方性且偏重某方面的华团，通常也只收个人会员。一些具有某地华团总会性质的华团，除了个人会员之外，也会接受团体会员，如新山中华公会。也有少数总会性质的团体完全不接受个人会员，只接受团体会员，如吉隆坡暨雪兰莪中华大会堂。此外，商业性质的华团会员中也有公司会员（与团体会员类似，以公司名义加入）。

现今马来西亚各州都有一个当地的华团总会，在这些总会之上还有一个全国性的华团总会，即马来西亚中华大会堂总会（简称"华总"）。全国各州的13个华团总会都冠以当地州名，名字分别如下：玻璃市华人大会堂、吉打华人大会堂、槟州华人大会堂、霹雳中华大会堂、吉隆坡暨雪兰莪中华大会堂、森美兰中华大会堂、马六甲中华大会堂、柔佛州中华总会、彭亨华人社团联合会、登嘉楼中华大会堂、吉兰丹中华大会堂、砂拉越华人社团联合总会，以及沙巴中华大会堂。

在各州，许多当地的华团加入所属各州的华团总会，如雪兰莪与吉隆坡的许多华人社团都是吉隆坡暨雪兰莪中华大会堂（以下简称"隆雪华堂"）的会员。这些加入当地华团总会的华团（以下括号中是隆雪华堂的会员团体），除了血缘组织（如雪隆陈氏书院宗亲会）、地缘组织（如吉隆坡永春会馆）、业缘组织（如雪隆中华工商总会）和学缘团体（如马来西亚留台总会）之外，也包括了文教组织（如马来西亚华文作家协会）、体育团体（如雪兰莪精武体育会）、宗教组织（如雪兰莪德教会紫芳阁）、福利慈善组织（如雪兰莪同善医院）、义山组织（八打灵华人义山）、俱乐部组织（如八丁燕带益群俱乐部）等等[①]。

马来西亚的华团可根据其功能分成政治、经济、社会、文教与宗教五

---

① 雪隆地区位于首都，其中华团甚多，也是华总在1991年成立之前全国华团的领导组织之一。

类。在政治上,马来西亚华团的身影常常出现。在第二次世界大战之前,华团在支持中国和英国抗战上不遗余力;在争取独立时,马来西亚华团积极为华人争取公民权;在20世纪80年代,由于马华在政治上的声望退缩,华团在政治上频频发声。除了这些表现之外,华团也常常在重大政治事件上发声(各地华团的立场都有些不同),也会举办与政治有关的讲座,等等。

在经济方面,华团也涉入其中。20世纪初,在清政府的鼓励下,新马地区许多地方成立了华人商会,这种风气在清政府倒台后仍然持续。1922年设立的新山华侨公所(今天新山中华公会的前身),同时兼具联络华商以及拥有商会的名字和功能[其另一名字——新山中华总商会(Chinese Chamber of Commerce Johor Bahru)出现于英文印章中。1946年新山中华总商会独立出来成为另一组织]。今天,各种工商性质的华人团体很多,如雪隆中华工商总会、新山公市商业总会、新山树胶商会等等。基本上不论行业大小,某行业只要有一定数量的华商,相关的华人工商组织就会成立。它们除了具有联系同行感情之外,也具有与政府进行交涉、维护行业利益的功能。

华团也具有社会与文教功能。许多华团负责联系会员感情,以及为会员子女颁发奖学金等事务。此外,也有团体筹集善款,用于扶贫或医药等用途。例如,新山中华公会长期以古庙游神的名义筹集款项,用于慈善活动;同时也为学生提供贷款。除了颁发奖学金和助学金,华团也会筹办学术研讨会和文化讲座,以及赞助文化活动与捐助当地的华文大中小学校等。也有的华团属于文教团体,如董教总和华社研究中心,是马来西亚的重要文教团体。

一些华团本身就与宗教有关。一些华团早期与庙宇密切相关,如吉隆坡茨厂街的关帝庙也是广肇会馆,海南会馆的前身是天后宫。此外,一些属于血缘团体的华团,如柔佛士乃的江夏堂和柔佛州庄严公会,本身也会举行祭祖仪式。

简言之,现今的马来西亚华团必须按照社团法令或公司法注册,并且内部有选举及各个职位负责社团的营运。甚至有的社团内部设有青年团与妇女组，外部则可按其所在地或所属方言群，加入当地的华团总会或者方言群总会。社团也具有各种功能，满足政治、经济、社会等各层面的需要。

二 新山华人社团

与其他地方相比，新山华人社团的结构和组成较为简单。现今新山资历最老的是当地五大方言群各自的会馆。新山在1855年开埠，并且吸引大量华人入住。除了掌控当地华人的秘密会社——义兴公司之外，新山的五大方言群也陆续建立起自己的会馆。广东人在1878年成立了新山广肇会馆；海南人在1883年成立了琼州会馆，1995年改称新山海南会馆；客家人在1926年成立客属同源社，后改名为新山客家公会；新山人数最多的潮州人在1933年成立了柔佛潮州八邑会馆；福建人在1940年成立新山福建会馆。下文中出现的"五帮会馆"，即指这五个方言群会馆。

原先新山华人最高领导机构义兴公司在1919年解散，随后其留下的权力真空由1922年成立的华侨公所填补。上述提及的五个方言群会馆，是今日新山中华公会的重要成员（五帮会馆是新山中华公会的团体会员），在新山中华公会的柔佛古庙管理委员会与义山管理委员会，都有五帮会馆代表的席位。

华侨公所在第二次世界大战时期停办，1946年复办并改名为新山中华公会，自复办以来会员不断增加。新山中华公会有个人会员与团体会员，开放给所有符合资格的新山华人与团体加入。虽然团体会员有时下跌，如从1994年的49个下跌到1995年的30个，从2000年的44个减少到2001年的36个，但是总体上不断成长，团体会员从1986年的44个增长到2018年的78个。个人会员也从1986年的686个增长到2018年的2031个[1]。这些变动显示，虽然新山中华公会是新山华社在地方上的总会与领导机构，但是并非每个华团都认同它的领导地位，而是可以不赞同，甚至退出，因此团体之

---

[1] 新山中华公会：《新山中华公会2018年会务报告书》，2018。

间的关系是不断变动的。但是从会员人数增长来看，新山中华公会在新山华社的地位是日趋稳固的。

新山中华公会除了是新山华人的代表与最高领导机构之外，也在新山华团之间扮演纠纷协调者的角色。但由于社团法令，各个华团是独立的法人团体，新山中华公会对各个团体的干涉与协调，是否接受华团可以选择。以客家公会"双胞案"为例，新山客家公会在20世纪80年代末分裂，其中一部分会员另外成立了新山大马花园客家公会。对于两个客家公会的对立，新山中华公会居中协调，甚至为此设立特别委员会负责协调[1]。两家客家公会接受协调，显示它们接受并承认了新山中华公会在新山华社中的地位。在此期间，虽然新山大马花园客家公会并非新山中华公会的团体会员（当时申请加入新山中华公会），却接受中华公会的调解，显示了地方华团也会寻求当地华团总会的认同。

从新山客家公会"双胞案"中可得知，地方上的总会如新山中华公会对其团体会员的干涉是有限的，它们可选择是否接受。但是，许多华团仍积极争取这些地方华团总会的认可。如果一个华团取得当地华团总会的认可，其存在便有合法性，进而招收更多会员与拓展会务，增加自己的影响力。但是由于社团法令的限制，地方的华团总会对当地的华团（不论是否是其会员）并无直接干涉的权力，只能协调或者运用各种间接管道影响它们。

三 新山华团对华社的治理：柔佛古庙游神与新山华团

新山华团之间的关系，以及华团对华社的管理权力，可从一年一度的柔佛古庙游神活动中清楚得知。在平常活动中，这些关系都难以察觉。只有当新山发生重大事件、新山华团代表华社发言等时，才可看见新山华团的力量。但是在每年的游神中，可看见新山华团中权力最高的新山中华公会和五

---

[1] 新山中华公会：《公会会务简报》（1993年1月至12月），《新山华讯》1993年第11期，第19页。

帮会馆透过游神各种活动的安排，宣示自己不但是华团之首，并具有领导新山华社的重要地位。

坐落在新山直律街（Jalan Tuas）的柔佛古庙建立于1870年或之前，供奉元天上帝为主神。元天上帝的神像位于主神桌的正中间。主神桌上，华光大帝和赵大元帅陪祀于元天上帝两旁，另外两旁的神桌上祭祀了洪仙大帝和感天大帝。除此之外，古庙两旁分别祭祀了观音和风雨圣者[①]。

柔佛古庙的日常祭祀与一年一度的游神活动，是由新山中华公会的柔佛古庙管理委员会负责。五帮会馆的代表也位列委员会中，并且也个别负责五尊神明之一。柔佛潮州八邑会馆负责主神元天上帝、新山福建会馆负责洪仙大帝、新山客家公会负责感天大帝、新山广肇会馆负责华光大帝、新山海南会馆负责赵大元帅。

每年农历正月十八至二十二之间，是一年一度古庙游神举行的时间。元天上帝、洪仙大帝、感天大帝、华光大帝与赵大元帅五尊神明的神轿会绕行新山市区一圈。正月十八晚上的亮灯仪式是近年才增加的内容，目的是吸引更多人关注游神，也把游神从原本的四天活动变成了五天。正月十九日早上，中华公会会沿着夜游的路线洗街除秽。当天下午，五帮会馆的会众在神庙内把神明放入神轿中并且绑好神轿。正月二十日早上，五座神轿抬往行宫并接受善信们朝拜。正月二十一晚上是游神的高潮，五座神轿绕行新山市区一圈，并且许多男性善信将听从指挥，争相抬轿。正月二十日早上，五尊神明从行宫回到古庙，再度回到神桌上，一年一度的古庙活动就此结束。

游神时，五尊神明按照次序进出古庙与行宫，游神时也以此次序排列。先后次序为赵大元帅、华光大帝、感天大帝、洪仙大帝和元天上帝。如果按照籍贯，顺序是海南、广肇、客家、福建与潮州。过去的游神并不如此次序井然，抢着出庙门等事情也略有所闻，但是后来在协调之下有了这样的顺序。

第一天的亮灯仪式在行宫举行，象征游神活动的开始。亮灯仪式时，先

[①] 风雨圣者亭原先是独立于古庙之外，但是在1991年政府强行拆除古庙山门时风雨圣者亭也同时被拆毁。在1995年古庙重修之后，风雨圣者亭变成了古庙的一部分。

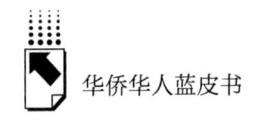

分别由柔佛古庙管理委员会主席、新山中华公会会长和州政府代表（笔者2019年所见的是柔佛州旅游委员会主席）上台致辞。随后，州政府代表、新山中华公会会长、古庙管理委员会主席，以及五帮会馆代表（通常是会长）上台进行亮灯仪式，代表游神活动的开始。

这项活动可看见新山中华公会展现自己对华社的控制力。亮灯仪式时的三位致辞者分别代表柔佛古庙、新山中华公会与州政府，这意味着中华公会主导了游神，并且拉拢政府的支持。五帮会馆也参与亮灯仪式，代表着五帮会馆在游神活动中的重要性，并且凸显了五帮会馆的地位较其他新山华团更高。透过安排新山中华公会和五帮会馆的会长或代表在这个新山华人的重大庆典中上台，显示它们在新山华人社会中具有重要位置。

另外，从这场活动也可以看见新山中华公会对政治的参与。他们每一年都邀请州政府的旅游委员会出席亮灯仪式，旅游委员会主席或其代表每年也必会出席这场仪式。透过这样的安排，显示州政府支持新山中华公会和五帮会馆举办游神活动，也同时印证了他们对新山华社的影响力。

游神第二天的洗街由中华公会主导，中华公会会长亲自主持仪式并指挥众人。洗街时所用的推车是由中华公会所持有、游神时带领队伍前进的开路车。其他参与的人不论是什么身份，都成为中华公会旗下的一员，其他身份皆被抹去。此外，开路车在游神时占据了队伍先锋的重要位置，为所有队伍领航，显示了中华公会主导了游神活动。

游神第二天下午的绑神轿活动，各会馆把神明从神桌上请下放入神轿中。这个仪式是由各帮各自负责，凸显了中华公会对五帮会馆的信任与密切关系。此外，新山中华公会与五帮会馆之间的领导层也多有所重叠。例如，新山中华公会第一副会长陈奕锦则是客家公会理事，客家公会理事何敏光与张载洲在中华公会中分别担任监事与理事。这些重叠不但使得五帮会馆与中华公会关系良好，也印证了李亦园所说的"执事关联"理论①。

游神第三天早上的出銮，众神明按照顺序离开古庙，移步到行宫接受善

---

① 李亦园：《一个移植的市镇：马来亚华人市镇生活的调查研究》，中正书局，1985。

信的参拜。出銮的过程中,五座神轿分别由个别的会馆负责与指挥。抵达行宫后,新山中华公会与古庙管理委员会主席等将点燃龙香。

虽然五帮会馆是出銮时的主角,中华公会是配角,但是所有的队伍都必须听从中华公会的指挥。宣布出銮、进出神庙和行宫,以及点绕龙香,都是中华公会负责。因此,中华公会虽然不显眼却有很大权力,支配整场出銮活动。五帮会馆虽听从指挥,但在其负责范围内(神轿)可自行决定。游神时,中华公会与五帮会馆虽然具有上下关系,但是中华公会的权力并不能完全贯彻。两者的关系是间接的,中华公会决定大致的方向与行动,执行与细节则由五帮会馆负责。

第四天的夜游正式开始前,各个游行表演队伍会前来参拜,并且各帮也摇晃神轿与呼喊口号来互相较劲。这段时间虽然没见争吵,但是也显示中华公会对各个队伍的支配力量。此外,各个游行表演队伍能否参与游神,也必须获得新山中华公会批准,由此也可见中华公会对游神的支配力。

制服是游神的一大特色。制服可按照各帮来划分(五帮会馆有各自的颜色),也可按照工作人员与非工作人员来划分。游神中可见许多工作人员与要抬轿的善信等穿上制服,这也显示了中华公会和五帮会馆的权力与关系。如果要抬神轿的人没有穿上制服,将被阻止靠近;在一些时刻也会进行管制,只有身穿制服者才可进入,如出銮与回銮仪式时的古庙与行宫,以及夜游时的行宫等。

夜游时的恭迎台,是新山华团对华社的权力展现,以及与政治人物打交道的平台。恭迎台在 2005 年设立。当时有鉴于没有一个地方供来访的嘉宾和观众好好欣赏游神,因此在游神路线中的黄亚福街上搭建了一座高台,供来宾等就座。所有的表演队伍在经过恭迎台前时也会进行表演。近年来,除了外国来访的嘉宾外,政治人物与华团领袖等也成为恭迎台的座上宾。

被邀请到恭迎台上的新山华团人士,是新山主要华团的代表和华社的重要领袖。除了五帮会馆和新山中华公会之外,一些已经退休的华社领袖,也被邀请上台就座。由于新山中华公会在新山华人社会占有重要地位,受邀到

恭迎台就座的华团领袖,是在新山华社具有一定的地位和影响力的人物。

受邀到恭迎台就座的政治人物非常多。柔佛皇室几乎每年都受到邀请,现任苏丹曾于2016~2018年连续三年出席游神夜游活动,皇储则于2019年出席古庙游神夜游。另一每年出席的政治人物是掌管柔佛州政府旅游委员会的行政议员。在2019年的游神中,刚接掌旅游委员会的行政议员廖彩彤第一次受邀出席。除此之外,根据笔者在现场的观察,2019年受邀出席的也包括一些柔佛执政党的州议员与县市议员,如邹裕豪、陈泓宾等。虽然邀请政治人物出席并不稀奇,但其邀请的主要是执政党的议员,因此可视为新山中华公会借游神活动来拉拢执政的政治人物。透过他们出席夜游活动,来为中华公会的权力背书。

但是邀请执政者却不无风险。前首相纳吉在2012年受邀出席,却惹来诸多争议。当时纳吉提早离开,并且是在柔佛古庙主神元天上帝之前离开,因此在网上被人抨击说人比神还大,认为他冒犯了神威。这除了是对神明的不敬之外,也因为当时第十三届大选即将来临,并且许多人对当时执政的国阵有诸多不满,因此众多人士抨击纳吉在游神时的举动,以宣泄对国阵和纳吉的不满。

制服的出现最早是因应警方对于游神的安全需求而产生,再由中华公会要求五帮会馆具体执行。新山中华公会统筹整体,五帮会馆则负责设计与管制身穿制服的人。游神时的秩序则同时由中华公会与五帮会馆共同负责。因此同游神队伍的顺序等一样,中华公会制定大致的行为规范,五帮会馆则负责实际运作。在这个过程中,可见到雨伞式组织的最上层把指令往下传达,再由中间的五帮会馆向最下层的一般民众说明与要求遵守。如果不遵守,上层的中华公会与中层的五帮会馆将为此负责。

游神最后一天是早上的回銮,众神从行宫回到古庙,抵达行宫后,各个神明再按照游神时的顺序回到神桌上。最后主持人宣布游神结束,各帮自行祭祀所负责的神明。

游神活动不只是宗教活动,其中也凸显了新山华团之间以及华团与华社之间的关系。新山中华公会是新山华社的代表与最高权力机构,但是它的成员也具有一定的权力。基本上中华公会负责制定大致方向,细节部分则由以下的团体负责。因此,新山中华公会是新山所有华团的领袖,但是其他华团也有自己的权力,不一定完全听命于它。

游神中华团也与政治打交道,其中恭迎台就是最明显的例子。每年的来宾除了皇室和州议员之外,对政治有重大影响的人,如首相等,也成为座上宾。此外,在华社内部,许多人对华团的领导地位并无多大质疑,认可新山中华公会和五帮会馆的领导权。可是当华团领导人的决策让他们不满时,也会有所质疑,其中纳吉来参加游神活动就是一例。

四　柔佛南部的政治概况

柔佛州是马来半岛最南部的一个州。南部与新加坡隔着非常狭窄的柔佛海峡,北部则与马六甲、森美兰和彭亨相连。柔佛南部可视为所谓的大新山地区,即以柔佛州首府新山市(Johor Bahru)为中心,向北延伸至今日的新山县与古来县(Kulai)。这一地区因20世纪70年代柔佛南部开始着重发展工业(以大新山地区北部的古来和东部的巴西古当被划为工业区为标准),以及新加坡经济蓬勃发展,吸引了许多人来到柔南定居,以在这里或到新加坡寻找工作机会。柔南人口因此迅速成长,成为巴生谷地区之后的马来西亚第二大人口集中区。

人口增加促成柔南迅速开发,许多原先的森林、橡胶园与油棕园变成了住宅区、商业区或工业区。例如,今日新山市西北部和东北部的皇后花园(Taman Ungku Tun Aminah)和柔佛再也(Johor Jaya)都是由无人之地开发成今日的住宅区。

大新山地区原先就有不少华人。柔佛州大规模开发始自19世纪中叶。当时柔佛天猛公(现今柔佛王室的祖先)为了开发柔佛州,颁发土地凭证(即港契)予申请人,允许其引进华人劳工种植胡椒和甘蜜。因此许多华人迁入柔佛州,其中新山市是当时的华人聚居地之一。

根据2010年国家统计局的调查(Department of Statistic Malaysia),新山

273

县市的人口比例中马来人和原住民大约占了52%（634153人），华人大约37.4%（456112人），印度人占9.9%（120683人）。其中劳动人口（15～64岁）占了69.3%（924219人），儿童与少年（14岁以下）占了27.2%（363540人），老年人（65岁及以上）占了3.5%（46429人）[1]。古来县的人口比例中马来人和原住民大约占了51%（110851人），华人大约占37.6%（81791人），印度人占10.8%（23553人）。其中劳动人口（15～64岁）占了69.2%（169801人），儿童与少年占了26.7%（65558），老年人（65岁及以上）占了4.1%（9935人）[2]。这一人口数据显示，虽然大新山地区有不少马来人，但是华人人口非常多，华人人口比例高于国家的平均百分比。

柔南地区一共有六个国会选区和十三个州选区。国会选区为新山（Johor Bahru）、地不佬（Tebrau）、依斯干达公主城（Iskandar Puteri）、巴西古当（Pasir Gudang）、古来（Kulai）和埔莱（Pulai）。这六个国会选区又可分为两个到三个州选区。这十三个州选区分别是地南（Tiram）、优景镇（Puteri Wangsa）、柔佛再也（Johor Jaya）、百万镇（Permas）、拉庆（Larkin）、士都兰（Stulang）、柏伶（Perling）、甘拔士（Kempas）、士古来（Skudai）、依斯干达城（Kota Iskandar）、武吉柏迈（Bukit Permai）、武吉峇都（Bukit Batu）和士乃（Senai）。其中除了古来国会选区位于古来县之外，其他五个国会选区都位于新山县市。选民册上的种族比例和人口调查的种族比例相近。马来选民占总数的45%，华人占43%，印度人占10%，其他种族占1%～2%。在地不佬、巴西古当、新山和埔莱这四个国会选区中，马来选民占总选民人数的一半左右，依斯干达公主城的华人选民则占了50%，古来的华人选民更达到54%。相较于马来人和华人，印度人在这六个国会选区中的人数少很多，但也占了10%。

---

[1] "Johor Bahru population", Department of Statistic Malaysia, 2010, https://www.citypopulation.de/php/malaysia-admin.php?adm2id=0102.

[2] "Kulai population", Department of Statistic Malaysia, 2010, https://www.citypopulation.de/php/malaysia-admin.php?adm2id=0109.

柔佛的政治风气不但较为保守，被视为国阵的票仓。柔佛对于在野党的接受度并不高。从过去的选举成绩可以发现，在野党的成绩乏善可陈。20世纪时，历届大选都以国阵大胜作结，这个风气到了21世纪仍未改变。在2004年的选举中，柔佛州国会议席全由国阵政府拿下。在野党所拿下的唯一一席州议席（由伊斯兰党获得），是因为国阵的候选人在提名程序时出错，而非经选票产生。

即使2008年中北马地区反风大盛，雪兰莪、霹雳、槟城、吉打和吉兰丹由在野党取得政权，柔佛州仍然几乎纹丝不动。虽然在野党在柔佛州取得六个州议席是非常巨大的突破，但仍未取得任何国会议席（柔南则取得两个州议席）。直到2013年大选，在野党派遣大将积极强攻，还取得6个国会议席、17个州议席的成绩（在野党在柔南获得2个国会议席、6个州议席的成绩）。虽然国阵政府在马来半岛西岸岌岌可危，但是在柔佛州始终屹立不倒，甚至使国阵屡次化险为夷、取得政权的基石。因此，柔佛州被视为国阵的票仓与堡垒，并且人们也认为，如果在野党能够赢得柔佛州政权，即意味着在野党能够取代国阵政府，拿下中央政权。因此，2018年选举中，在野党希望联盟在柔佛州取得空前胜利，柔南地区的6个国会议席、13个州议席皆由希盟取得。取得柔佛州和中央政府政权，不但打破了柔佛是国阵堡垒的神话，也落实了众人的预测（取得柔佛州政权即取得中央政权）。

简言之，大新山地区虽然是一个马来人和土著占了一半以上、华人只占了35%的地方，但是这个比例比全国人口的种族比例要高。此外，大新山地区虽然可视为城镇地区，但是也有不少乡村。整体的生活模式是以城镇为主，大部分人是以工商业为主的生活模式。

国阵在柔佛拥有庞大的实力，柔南也不例外，能获得许多人的支持。柔佛整体风气保守，许多人偏向支持国阵政府，对于换政府一事一直保持置身事外的态度。即使是在反风强盛之下，柔南地区也只有少部分地方倒向在野党。但是从2013年的大选开始，在在野党积极进攻的情况下，许多华人转向支持在野党，使得在野党在柔南地区大有斩获。到了2018年大选时，更是全部倒向了在野党。

华侨华人蓝皮书

五 社团与政治以及新山华团在第十四届大选中的举动

马来西亚华团虽然很少直接参与政治，但是在历史上常常和政治紧密关联。现今马来西亚华基政党——马来西亚华人公会（简称"马华公会"），原先就是一个在紧急状态时期为华人谋求福利并协助华人与政府沟通的团体，后来转型为政党参与政治并成为马来西亚前朝政府的一员。此外，国阵也有另一华基政党——民政党。民政党在1968年创立时是一以华人居多的多元种族政党，但随后演变成华基政党，并于20世纪70年代加入国阵。

许多华团在政治上也扮演了一定角色。在20世纪80年代马华公会和民政党的政治力量减弱之时，华团取代了这些华基政党，与政府直接交涉。在1999年马来西亚大选时，全国各州的13个华团总会与董教总组成了"十五华团"，代表华社向当时的首相马哈迪呈交华社意见书。

除此之外，华团也会直接参与政治。1982年，董教总认为只有直接参与政治，并且透过这些参政的代表去改变政府对华文教育的态度，才能改善华文教育的环境，打破单元教育的困境。于是董教总提出"打入国阵，纠正国阵"的口号，并且派其成员加入民政党。但是这个计划最后并不成功，没有达到原先改善华文教育环境的目标，却壮大了民政党等华基政党。

国阵的华基政党的政治力量虽然减弱了，但是它改变对华社的运作方式，继续保有能量。当时马华公会和民政党的个别会员加入华团，招纳原来的华团领袖加入它们，然后这些马华公会和民政党的党员在社团内相互支持，成为华团内的管理层，进而控制华团。因为其领袖是马华公会或民政党的党员，与其非常亲近，因此现今有一些华团具有马华公会或者民政党的色彩，即使新政府上台后仍然如此。

在新山地区，许多华团与马华公会和民政党等国阵组织关系良好。例如，现今新山中华公会会长郑金财本身就是马华公会的党员，并且有时也以马华党员身份出现在公开场合。根据笔者对新山华人社会的长期观察，在2018年尚未换政府之前，许多新山华团领袖在言语中常常流露出支持国阵政府的态度。例如，笔者与广肇会馆与新山中华公会的前会长曾振强聚餐时发现，曾振强言语间显露了对于国阵政府的支持。曾振强也在 2017 年 12 月加入了马华公会，显示自己对国阵政府的支持①。

今日在朝的行动党与公正党，虽然在华团的影响力不大，但是有个别的组织对它们表示支持，也有的支持者在华团中身居要职，但因整体氛围而保持低调甚至匿名。在 2013 年选举时，行动党的士乃（Senai）州议席候选人黄书琪，就获得了新山留台同学会与士乃江夏堂（柔南黄氏公会）的支持。根据笔者与居銮现任国会议员黄书琪的非正式访谈记录，某华团的会长暗中也支持在野党，但因身份和商业因素而不公开支持。

也有的华团对朝野双方采取开放态度。新山客家公会虽然也有成员是国阵成员党的党员或倾向国阵，但是对于在野党成员的拜访也不抗拒。在游神时，不论是马华公会的张盛闻（马华公会青年团前总团长），还是行动党的廖彩彤，都欢迎他们前来参拜。南方大学学院在第十三届大选时借出场地供国阵举行造势大会（但因发生国阵党员非礼学生，反而让人对国阵不满）②，在第十四届大选结束后，马上邀请地不佬国会议员钟少云和柔佛再也州议员廖彩彤来访③。

在第十三届大选中，由于许多新山华人转投在野党，凸显了倾向国阵的新山华团在政治上对华社的影响力日渐缩小。虽然如此，新山华团仍然不放弃它们想要影响华社的投票行为。在第十四届大选前夕，新山中华公会会长郑金财发表文告，呼吁选民投票必须谨慎，不要沦为政治筹码等等，并且也在文告里暗中谴责希盟在中资课题上的批评态度等④。

另外，中华公会会长郑金财的文告也显示了新山华团在政治上的思维已显得老旧。新山中华公会在文告中表示，"人民代议士能在第一时间亲临现场关注人民的民生课题，并向地方议会反映，以争取关注及改善，才是民主

---

① 《最年长党员 新山元老曾振强加入马华》，《东方日报》2017 年 12 月 17 日。
② 《2 女生被非礼 南方大学校长道歉》，《东方日报》2013 年 4 月 30 日。
③ 《希盟国州议员首访南方大学学院》，《南洋商报》2018 年 5 月 15 日。
④ 《郑金财：勿沦为政党筹码 选民应谨慎投票》，《南洋商报》2018 年 5 月 8 日。

程序。反之，若只出席议会，罔顾民生问题是辜负选民委托的使命"。中华公会认为，议员必须亲自到民生课题的现场了解问题并汇报给地方议会，如果忽略民生问题则为不尽责。但实际上这只是国州议员工作范围中的一部分，并且这些工作可由县市议员完成（马来西亚县市议员是由州政府委任，而非民选）。国州议员所能做的事情主要是在议会中透过制定国州政策和法令解决各种问题。因此，这段话表明作为新山华团最大代表的新山中华公会在政治思维上落后了。

新山中华公会也试图影响一些政党在第十四届大选中的决策。在第十四届大选时，原任的士古来州议员巫程豪没有获得民主行动党委任指派去竞选士古来州议席，改由陈泓宾去竞选此州议席。这引来巫程豪和许多支持者的不满，不断抗议行动党高层。对此新山中华公会发表文告，支持巫程豪竞选①。但是最终仍无法改变结果，仍由陈泓宾代表民主行动党竞选此议席。

虽然华团表达了自己的政治立场，但是对于华人选票的倾向无显著影响。虽然柔南许多华团倾向国阵，甚至暗示大家要投给国阵，但是无法改变越来越多华人把票投给希盟的状况。在第十四届大选时，高达95%的华人选票投给了希盟②。根据笔者观察，主要原因是许多华人对于国阵，特别是号称代表华人的马华公会和民政党感到失望，认为它们无法为华人争取应得的权益，进而不支持它们，而改为支持希盟。

简言之，华团与政治关系紧密，并且有其政治立场。除了一些华团团员主动参与之外，20世纪80年代马华公会和民政党等国阵华基政党参与华团以拉拢华团的支持，使得新山华团倾向国阵。虽然不少新山华团倾向国阵，但是对于华人的投票行为并无显著影响，许多华人把票投给了希盟。虽然如此，华团仍然不放弃，通过文告等方式呼吁大家谨慎投票（由于马华公会等国阵政党在许多华人的心目中名声不好，其支持者往往连带受波及，因此新山中华公会等也不敢明目张胆地支持国阵）。

---

① 《新山中华公会挺巫程豪守土》，《东方日报》2018年4月26日。
② 《第十四届大选：希盟全扫华裔选票 马来票三分天下》，《透视大马》2018年6月14日。

六 "一带一路"与新山

中国对马来西亚的投资很多,不但是马来西亚的主要投资国之一,在 2018 年也是马来西亚最大的贸易伙伴国,2018 年的贸易额达到 1086 亿美元。

在中国对马来西亚的诸多投资中,新山所在的柔南地区是中国投资的重点地区之一。根据笔者的观察,在柔南的投资中,中国商人在当地的房地产投资最为突出。碧桂园和富力地产在柔南沿海地区填土造地,兴建大量公寓,甚至碧桂园在柔南地区填海造岛,以兴建一座城市为目标。

这些发展项目虽然引人注目,但是也引起许多争议。在第十四届大选期间,这些发展项目成为在野党攻击的目标,忧虑这对马来西亚经济会造成破坏。马来西亚现任首相马哈迪在选举期间接受访问时指出,如果中国企业来马来西亚投资不但带来资金和技术转移,并且也聘用本地人,他非常欢迎。但是也表示,如果只是把土地转售给外国企业,而马来西亚从中无法获得任何利益,则对此不欢迎。其中更表示碧桂园在柔南西南部兴建的森林城市房价昂贵,是本地人买不起的房子[①]。在大选结束之后,马哈迪更曾一度表示森林城市的房子不允许售卖给外国人,引起恐慌。虽然最后此事不了了之,但是却值得警惕。

根据笔者的观察,虽然民间对中国投资并无太大的关注,但是民间可从中国投资方面获得的利益并不多。虽然富力地产和碧桂园在柔南投资,但是本地的建筑商并无参与这些中国建筑商的发展计划。到当地的建筑工地附近观察,几乎看不到有本地人被聘为建筑工人或承包商。从碧桂园的房屋展销处看,虽然中国籍展销人员聘请的员工大多是本地人,但是如果加入建筑工人,则是以中国人居多。这些观察似乎证实了马哈迪的担忧:马来西亚无法从中国投资中得到利益。

[①] 《敦马若回锅当首相 更严格审查中资》,《中国报》2018 年 4 月 9 日。

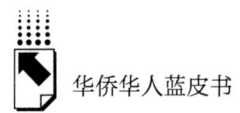

虽然如此，马来西亚对于中国投资近来较为放松。东海岸铁路虽然一波三折，但最终仍然由中国承建。马哈迪对于中国企业的态度也放软，并且也放言支持中国的"一带一路"计划①。

新山华人社团对于"一带一路"倾向于支持。新山不但在2018年曾举办"一带一路"的讲座，甚至在2017年11月成立了"一带一路"中心。新山的"一带一路"中心号称马来西亚第一个整合了华团、商会和学府的一带一路中心（马来西亚第一个一带一路中心设于吉隆坡），其中包括了新山中华公会、中华总商会、五帮会馆、南方大学学院、宽柔中学，以及与马华公会有关的大马策略分析与政策研究所②。大马策略分析与政策研究所的主席是马华公会的何国忠，因此这个机构国阵色彩非常浓厚，在2018年换了政府之后，就无这个机构相关的新闻。

在新山，"一带一路"的主要推动者是由华团设立与支持的南方大学学院。南方大学学院与中国华侨大学自2016年开始主办"一带一路：海上丝绸之路国际学术研讨会"，其中2016年的第一届和2018年的第三届都在新山举办③。甚至在举办第一届时，南方大学学院当时的董事长张文强表示，将筹办成立"一带一路与中国研究中心"，但是至今为止，这个研究中心仍未成立。④

除了举办属于学术性质的研讨会，南方大学学院也举办较为大众化与普及化的公开讲座。南方大学学院在2019年6月举办"一带一路与马中贸易座谈会"，邀请马中上任理事会首席执行员丘光耀主讲"一带一路"对马来西亚的好处与商机，等等⑤。这场讲座吸引了一些新山华人商家与团体领袖的注意，并且参加此次讲座。

简言之，新山华团对"一带一路"采取支持态度，不但成立了新山一

---

① 《支持一带一路 敦马：大马将受益》，《东方日报》2019年4月26日。
② 《全马首创 掌握最新资讯 新山一带一路中心运作》，《南洋商报》2017年11月27日。
③ 《南方大学学院：与国际接轨，筹办一带一路研究中心》，《星洲日报》2016年9月18日；《一带一路学术研讨会 今明日南方大学举行》，《中国报》2018年11月10日。
④ 《南方大学学院：与国际接轨，筹办一带一路研究中心》，《星洲日报》2016年9月18日。
⑤ 《盼大马产品以电商打入中国》，《东方日报》2019年6月29日。

带一路中心,甚至由新山华团建立与支持的南方大学学院也多次举办与"一带一路"相关的研讨会与讲座。虽然中国对新山的投资大多集中在房地产,并且现任首相马哈迪在大选时及上任初期质疑这些投资是否对马来西亚有好处,但是随着时间流逝,这些质疑也慢慢消退了。

七 结语

马来西亚华人团体是马来西亚华人社会的重要资产,华团数目不但多并且彼此之间的关系复杂。它们对内不但对华社有治理的影响力,同时也对马来西亚政治和国际政治有所涉入并具有影响力。

对于马来西亚华团对内和对外政治的观察,可归纳为以下几点。

第一,这些华团之间的关系可以以雨伞式组织的概念来理解。以新山中华公会与新山华团来理解,华团组织虽然貌似上下结构严谨的雨伞式组织,实际上其中关系却不断变动。上层团体的权威与声势有赖于旗下团体的数目、认同与支持;下层团体也有赖于上层团体的认可,以增加合法性与影响力。上层团体往往制定了大致的方向与原则,其中的细节等则由下层团体落实或便宜行事。此外,由于都是独立的个体,上层团体对于下层团体并没有绝对的控制权。当下层团体之间发生争执而需要上层团体介入时,上层团体只能以协调或道德劝说等方式来要求下层团体服从。以雨伞式组织的概念观察华团,可知它们的关系是不断变动的。上层团体无法把自己的意识贯彻到下层团体的末梢;下层团体具有选择权,选择是否接受上层团体的领导和指示。因此,华团之间虽然看似有上下层关系,但是这种关系实际上是较为宽松且不断变动的,甚至其中的成员可自行决定加入或退出。

第二,柔佛古庙游神是新山华人社会的重要活动,不但可透过它来了解新山华团之间及华团与华社的关系,也可看见新山华团借此来拉拢政治人物,从中得知新山华团的政治动向。柔佛古庙的夜游活动中,除了邀请皇室,也邀请当时的执政党议员出席。可见即使他们心理上可能不接受这些执政者,但是借游神拉拢执政者的行动方针却不曾改变。

第三，现今华人社团对于选举的影响力日渐缩小。第十四届大选中，大体上较为倾向国阵的新山华团呼吁人们谨慎投票等，并且华社领袖也发表支持国阵的言论，但是他们的这些作为仍然改变不了许多新山华人支持希盟。因此，当前华人社团对于个人的影响力日渐变小，在经济、社会福利等方面对个人并无显著影响，也就无法借此影响个人的投票倾向。此外，选举投票是非常个人化的，并且基于投票的秘密原则，个人更容易隐藏自己的政治倾向，使得社团对个人投票行为的影响力更为弱小。

第四，现今华人社团仍然积极与政治挂钩，从政者也与它们互动频繁。从华团积极拉拢执政党的从政者，从邀请胜选的从政者参访到邀请他们出席晚宴与演讲，都显示了华人社团积极与从政者互动，并且从政者也乐意接受邀请。虽然投票行为是个人的，但是华人的民意载体却仍旧是华团。虽然从政者可借由平日的挨家挨户拜访、开放门户与在早夜市中设立摊位等方式与选民联系，但是这只能与部分民众接触，并且也较难探寻民意走向。在此情况下，对从政者而言，华团较能具体地显示民意倾向。虽然如此，也必须综合考虑个别华团的历史与领袖的政治倾向，才能判定个别华团在政治方面具有多大的代表性。

第五，华团虽然看似支持国阵政府，但实际上是功利主义导向。只要谁执政，它们就会支持谁。这从南方大学学院的举动就可得知。在2013年大选时，南方大学学院借出场地供国阵举办造势晚会（却因国阵支持者非礼学生而被人诟病）。虽然说是中立的，但是其立场却很显然地偏向国阵。但是2018年大选刚结束，南方大学学院几乎马上主动邀请胜选的希盟候选人来参访（柔佛再也州议员廖彩彤与地不佬国会议员钟少云）。

第六，虽然华团在政治上貌似具有很大的代表性，并具有一定的影响力，但是在具体的投票行为上并不具有影响力和代表性。因此在国内政治上，无法从华团的政治倾向与言论得知马来西亚华人社会对国内政治的看法。换言之，华团作为华人的代表性正在下降。

第七，在国际课题上，新山华团对于国际政治虽然有发声的权利，但影响力始终不明显。在"一带一路"课题上，新山华团虽然表示支持，但是没有多少相关活动。最为支持的南方大学学院,也只是举办相关的讲座和讨论会。对于"一带一路"对新山本土的影响的课题,新山华团也几乎不曾提及。

新山华人社团只是马来西亚华人社团的一部分,但是从中可得知马来西亚华人社团至今仍然不断变化。不论对内还是对外政治,华团都试图积极有作为。虽然在某方面非常成功,如不断巩固对华社的代表权等,但是对于个人的投票倾向和国际政治的影响力则较小。之后会如何演变,仍然令人拭目以待。

参考文献

Edgar Wickberg, "Overseas Chinese Adaptive Organization, Past and Present", in Ronald Skeldon ed. , *Reluctant Exiles? Migration from Hong Kong and the New Overseas Chinese*, Hong Kong: Hong Kong University Press, 1994.

G. William Skinner, *Leadership and Power in the Chinese Community of Thailand*, Ithaca: Cornell University Press, 1958.

中华公会金禧特刊编辑委员会:《新山区中华公会五十周年金禧纪念特刊》,新山区中华公会,1975。

石沧金:《马来西亚华人社团研究》,中国华侨出版社,2013。

白伟权:《柔佛新山华人社会的变迁与整合:1855~1942》,新纪元学院,2015。

吴龙云:《遭遇帮群:槟城华人社会的跨帮组织研究》,新加坡国立大学中文系,八方文化,2009。

吴华:《柔佛新山华族会馆志》,东南亚研究所,1977。

吴华:《马来西亚华族会馆史略》,东南亚研究所,1979。

吴华:《柔佛州华族组织概述》,陶德书香楼,2002。

李明欢:《当代海外华人社团研究》,厦门大学出版社,1995。

新山中华公会:《新山中华公会75周年纪念史料专辑》,新山中华公会,2000。

B.11
华侨华人家族慈善现状调查报告

黄晓瑞 侯雨佳*

摘 要： 华侨华人是中国与"一带一路"沿线国家和地区民心相通的重要桥梁和纽带。目前，华侨华人家族慈善在世界范围内发挥着重要的作用，可以说，华侨华人慈善是中国传统文化尤其是慈善文化的一张名片。一方面，中国传统文化和中华文明深深影响着华侨华人及其家族的慈善行为；另一方面，华侨华人及其家族的慈善行为又是中国传统文化的践行和传播表现。本文讨论华侨华人家族慈善的现状、特点及深远意义。本文将《全球慈善家族百杰报告（2016）》中的14个华侨华人家族慈善作为研究对象，通过分析其慈善捐赠的地域分布、数额和捐赠行为，并结合李嘉诚家族和谢国民家族的个案，绘制了一幅华侨华人家族慈善的生动图画。还进一步分析了华侨华人家族慈善具有的中西特色发展模式，形成了华人的公益慈善文化氛围，具有丰富多样的治理结构和较为成功的代际传承的独特发展特点。

关键词： 华侨华人 家族慈善 现状

---

* 黄晓瑞，管理学博士，华侨大学哲学与社会发展学院副教授，研究方向：社会保障、慈善事业发展；侯雨佳，华侨大学哲学与社会发展学院社会学系学生，研究方向：家庭社会学。本文系福建省社会科学规划年度项目（项目号：FJ2018B090）和华侨大学中央高校基本科研业务费资助项目（项目号：18SKGC-QT05）阶段性成果。

前　言

2013年习近平主席提出了共建丝绸之路经济带和21世纪海上丝绸之路，即"一带一路"倡议。华侨华人是中国与"一带一路"沿线国家和地区民心相通的重要桥梁和纽带。与此同时，"一带一路"建设也给华侨华人事业发展带来新的机遇[1]。改革开放以来，华侨华人与中国的发展更加密切，共同参与建设的同时十分关注中国的公益事业。改革开放以来，海外侨胞、港澳同胞共计捐助超过1000亿元人民币[2]。随着中国改革开放的不断深入，华侨捐赠呈现捐赠地域扩大化、捐赠方式多样化、捐赠主体多元化、捐赠运作专业化、捐赠活动品牌化等特点。其中，华侨华人家族慈善的力量不可小觑。1986年，中国大陆第一家家族慈善基金会成立，爱国华侨何瑶煌创立贤銮福利基金会，该基金会以泉州兴建的"贤銮福利大厦"租金和所有收益为资金来源[3]。随着"一带一路"建设的逐步推进，越来越多华侨华人家族的慈善故事进入了我们的视野。可以说，家族慈善是慈善事业发展的重要组成部分，也是未来我国企业家慈善选择的主要方式之一，而现有国内对于家族慈善的研究还相对缺乏。本文将华侨华人家族慈善作为研究对象，运用深圳国际公益学院家族慈善传承中心发布的《全球慈善家族百杰报告（2016）》数据进行分析，结合相关案例，展现华侨华人家族慈善的现状及特点，以期为华侨华人传播慈善文化和我国家族慈善的发展提供些许启示。

---

[1] 李卓彬：《参与"一带一路"建设　华侨华人可发挥三大优势》，http：//www.sohu.com/a/300498326_123753，2019年3月11日。
[2] 谭天星：《海外侨胞是实现"中国梦"的宝贵资源和独特机遇》，http：//www.sohu.com/a/280521997_123753，2018年12月8日。
[3] 魏璞祯：《家族慈善基金会成为我国公益慈善领域的重要力量》，《公益时报》2019年4月9日。

华侨华人蓝皮书

一 已有研究回顾

（一）华侨华人慈善捐赠

华侨华人的活动与中国的经济发展息息相关①，随着中国崛起和国际地位的提高，海外华人社会与中国的经济社会文化等各个方面联系的深度和广度达到了前所未有的水平②。针对华侨华人慈善捐赠这一主题，国内学界已经开展了一些基础性研究，主要有以下几个方面。

1. 华侨华人捐赠的内涵研究

华侨华人慈善捐赠属于我国慈善捐赠的重要组成部分③。华侨华人的慈善捐赠在本质上是一种社会行为。根据德国社会学家马克斯·韦伯的社会行为理论，可以把海外乡亲慈善捐赠行为分为四类：目的理性捐赠行为、价值理性捐赠行为、传统捐赠行为、情感捐赠行为④。教育、医疗卫生等都是华侨华人慈善捐赠投入较多的领域⑤。随着中国经济社会的发展，华裔新生代和新移民也越来越关注中国的公益捐赠⑥。

2. 华侨华人捐赠的动力机制

学者们主要以侨乡进行个案分析，把握华侨华人进行慈善捐赠的驱动力⑦。

---

① 孔飞力：《他者之中的华人：近代以来的移民》，李明欢译，江苏人民出版社，2016。
② 刘宏：《海外华人与崛起的中国：历史性、国家与国际关系》，《开放时代》2010年第8期。
③ 可参见李云、陈世柏《发展华侨华人慈善事业的政策探讨》，《五邑大学学报》（社会科学版）2013年第4期；林金枝：《改革开放以来华侨华人与港澳台胞在中国大陆的捐赠》，《华侨华人历史研究》1996年第4期。
④ 陈世柏：《社会行为：海外乡亲慈善捐赠的本质内涵》，《社会保障研究》2011年第2期。
⑤ 裘援平：《华侨华人与中国梦》，《求是》2014年第6期。
⑥ 张秀明：《改革开放以来华侨华人对中国慈善事业的贡献探析》，《华侨华人历史研究》2018年第4期。
⑦ 可参见林心淦《改革开放以来华侨华人在福清侨乡捐赠行为的文化解读》，《八桂侨刊》2013年第4期；潮龙起：《"非典"时期华侨华人对中国捐赠之分析》，《东南亚研究》2004年第5期；王付兵：《改革开放以来华人华侨对福清的捐赠及其作用》，《华侨华人历史研究》2000年第3期；张小绿：《华侨华人慈善捐赠和侨乡发展——对瑞安市桂峰乡华侨华人的调查和分析》，《温州大学学报》（社会科学版）2008年第4期。

海外同胞在祖籍国（地）捐赠是爱国爱乡传统使然，原因主要有海外华人与港澳同胞经济实力的成长、中国的改革开放政策、各级政府对捐赠的鼓励等[1]。除此以外，相关研究发现，华侨华人对侨乡的文化馈赠不仅受个人出国前后社会地位变化的制约，还受移民群体在移居地的不同社会境遇以及侨乡地方政府和地方社会不同程度的影响[2]。也有学者强调，当代华人移民慈善是一种长期的组织化和策略化的历史过程，制度化的推拉过程构成了当代华人移民慈善行为基本的动力机制[3]。

（二）家族基金会

家族基金会兴起于19世纪末20世纪初的美国，1904年由约翰·D. 洛克菲勒创立的洛克菲勒基金会是世界上最早的私人基金会和家族基金会之一。国外学界对家族基金会的研究较为深入，由于其多样化和不断发展的趋势，对于此定义尚未达成共识，穆迪（Moody）等认为，家族基金会存在以下一组核心要素：基金会名称中含有"家族"名称、创始捐赠者或后裔发挥主要作用或影响基金会价值观、遵循捐赠者最初的慈善意愿并延续遗产用途、资产来自一个创始家庭或个人[4]。家族基金会相比普通基金会有所不同，如家族基金会的董事会往往规模较小；在董事会组成方面，主要由家族成员组成，数量上基本为一半或更多；家族基金会董事会中的女性受托人比例较大；在董事会服务限制方面，家族基金会董事会的服务条款相对较少；在工作要求方面，家族基金会的董事会倾向于花更多的时间管理基金会[5]；在董事会分散问题方面，由于家族财富传承使命和家族成员直接参与决策的

---

[1] 庄国土：《华侨华人与港澳同胞对厦门捐赠的分析》，《华侨华人历史研究》1999年第4期。
[2] 黎相宜、周敏：《跨国实践中的社会地位补偿——华南侨乡两个移民群体文化馈赠的比较研究》，《社会学研究》2012年第3期。
[3] 景燕春：《华人移民慈善的动力机制：以广东侨乡顺德为例》，《华侨华人历史研究》2018年第4期。
[4] Moody M, Lugo Knapp A, Corrado M, "What is a Family Foundation?" *Foundation Review*, 3 (2011): 47–61.
[5] Brody D, Strauch C, "Who are the Family Foundations' Findings from the Foundation Management Survey", *Family Business Review*, 3 (2010): 337–346.

特点，顾问在工作中需要尊重原始捐赠者意愿，接受家族关系安排，帮助其传承遗产，并创造新的财富①。家族基金会对家族和社会均发挥着重要作用：一方面，家族基金会将个体家族成员聚集在一起，分享其后代的共同价值观，从而提供了个体家族成员之间联系的核心手段②。另一方面，家族基金会在公司行为塑造、公司社会责任、家族社会活动等方面发挥了重要作用③。

国内的家族基金会建立时间相对较短，其中港澳台地区成立时间较早。国内学界主要从基金会名称、发起人、资金来源、管理和性质几方面阐述，即家族基金会的名称具有家族特点，多是由家族人员名字构成；发起人为家族成员④；家族基金会的资金来源于发起人家族或家族部分成员；家族成员在基金会管理层担任重要职务，且为无偿工作；同时家族基金会具有私募性质⑤。家族基金会有两方面重要功能。一方面，家族基金会对凝聚家族道德共识，培养子女同理心、知足心、感恩心有重要作用，是家族精神传承的重要载体⑥。另一方面，家族基金会以帮助弱者为出发点，通过公益项目有效地推动社会的进步和发展。当然，在关注其优势和功能的同时也需要正视家族基金会的一些弊端，如裙带慈善色彩、作为家族慈善信托受托人专业理财能力欠缺等⑦。

（三）评述

回顾前人研究，我们发现国内外对于华侨华人慈善捐赠和家族基金会进

---

① Nemon M L, Jacobs C J, Phillips M, et al., "The Family Foundation Life Cycle and the Role of Consultants", *Foundation Review*, 7 (2015): 19 – 32.
② Kelin E. Gersick, Deanne Stone, Katherine Grady, Michele Desjardins, Howard Muson, Generations of giving: Leadership and continuity in family foundations (Lexington Books, 2006).
③ Judit klein, Cristina Cruz, Hana Milanov, "Is Social Responsibility Really 'Corporate'? The Impact Of Family Foundation On CSR", *Academy of Management Annual Meeting Proceedings*, 2018.
④ 张映宇：《如何定义家族基金会：从何享健慈善基金会更名谈起》，《公益时报》2017 年 8 月 22 日。
⑤ 潘如盎：《发达国家家族基金会的实践综述》，《法制与社会》2016 年第 22 期。
⑥ 张映宇：《家族基金会的三大作用》，《公益时报》2017 年 8 月 29 日。
⑦ 张映宇：《正视家族基金会的弊端》，《公益时报》2017 年 9 月 5 日。

行了较为深入的研究，也取得了一定的成果，但是由于国内家族慈善基金会还处于发展初期，对家族慈善相关的研究还相对缺乏，对其特点和模式的把握还需深入。因此本文结合《全球慈善家族百杰报告（2016）》和个案，对华侨华人家族慈善的研究进行剖析。

二 华侨华人家族慈善的现状

（一）概念界定

本文关注华侨华人家族慈善，因此需要首先对相关概念进行界定。虽然在学术研究和实际工作中经常将华侨华人、归侨侨眷连用，但在法律上和政策上，这几个概念是有明确界定和区别的。2009年，为适应侨情变化和侨务工作发展，依据《归侨侨眷权益保护法》，国务院侨办在新发布的《关于界定华侨外籍华人归侨侨眷身份的规定》中将"华侨"定义为定居在国外的中国公民。外籍华人是指已加入外国国籍的原中国公民及其外国籍后裔，还有中国公民的外国籍后裔。由于我国官方在统计华侨华人慈善捐赠数据时，将港澳台的捐赠数据也纳入其中，很多地方性统计数据也未将港澳台同胞的慈善捐赠与华侨华人慈善捐赠加以区分，故本文在分析中也未具体区分。

华侨华人家族慈善关注的核心内容是家族慈善，有研究者提出慈善实际上始于家庭，家庭与慈善的关系十分密切。那么家族慈善是否可以理解为传统意义上的宗族慈善？我们这里比较认同金锦萍教授的观点，她认为家族慈善和传统的宗族慈善其实不是同一个概念，中国古代有宗族慈善，如义庄、义田、义塾。中国古代家族慈善的受益人相对比较限定在宗族内，是互助型。但是今天的家族慈善内涵比这个广博得多，是以家族资源回馈社会从事公益事业，甚至在法律上是避免捐赠者和受益人有亲属关系或私人关系的[1]。华侨

---

[1] 金锦萍：《什么是慈善？家族慈善的意义是什么？》，http：//csgy.rmzxb.com.cn/c/2018-01-05/1923496.shtml，2018年1月5日。

华人家族慈善是华侨华人慈善捐赠①的重要组成部分，在华侨华人的慈善事业中发挥着举足轻重的作用。

（二）研究对象概述

本文以深圳国际公益学院家族慈善传承中心发布的《全球慈善家族百杰报告（2016）》② 中上榜的14个华人家族为研究对象，分别是香港陈启宗家族、泰国谢国民家族、香港霍英东家族、台湾郭台铭家族、菲律宾黄如论家族、香港许荣茂家族、新加坡邱德拔家族、香港李兆基家族、香港李嘉诚家族、香港邵逸夫家族、新加坡陶欣伯家族、加拿大蔡崇信家族、台湾王永庆家族、台湾尹衍梁家族（见表1）。

表1　本文研究对象概况

序号	家族名称	国籍
1	陈启宗家族	中国香港
2	谢国民家族	泰国
3	霍英东家族	中国香港
4	郭台铭家族	中国台湾
5	黄如论家族	菲律宾
6	许荣茂家族	中国香港
7	邱德拔家族	新加坡
8	李兆基家族	中国香港
9	李嘉诚家族	中国香港
10	邵逸夫家族	中国香港
11	陶欣伯家族	新加坡
12	蔡崇信家族	加拿大
13	王永庆家族	中国台湾
14	尹衍梁家族	中国台湾

数据来源：笔者根据《全球慈善家族百杰报告（2016）》整理。

---

① 关于华侨华人慈善捐赠的本质及模式可以参见黄晓瑞《华侨华人对中国慈善捐赠的现状及其模式研究》，贾益民主编《华侨华人研究报告（2015）》，社会科学文献出版社，2015，第105~133页。
② 《全球慈善家族百杰报告（2016）》由深圳国际公益学院家族慈善传承中心独立研发，从家族捐赠总额、家族慈善组织化程度、家族成员慈善参与度、家族慈善行为的可持续性以及家族慈善的社会影响力五个维度进行评价，报告所用研究数据及资料信息截至2015年12月31日。

(三)地域分布

通过对研究对象的进一步分析发现,其祖籍地大部分为我国福建省和广东省,其中祖籍为福建省的有黄如论家族、许荣茂家族、邱德拔家族、李嘉诚家族、王永庆家族,祖籍为广东省的有陈启宗家族、谢国民家族、霍英东家族、李兆基家族。这与广东、福建的"老牌"侨乡身份一致。随着社会流动与变迁,我国国内出现了一批新侨乡,但是华人家族慈善仍以福建和广东籍为主(见图1)。从华人家族地域来看,来自香港的家族有陈启宗家族、霍英东家族、许荣茂家族、李兆基家族、李嘉诚家族、邵逸夫家族,来自台湾的家族有郭台铭家族、王永庆家族、尹衍梁家族。总体来看,报告中的华人家族慈善主要来自港澳台地区。除此之外,还来自泰国、新加坡和菲律宾等国家(见图2)。

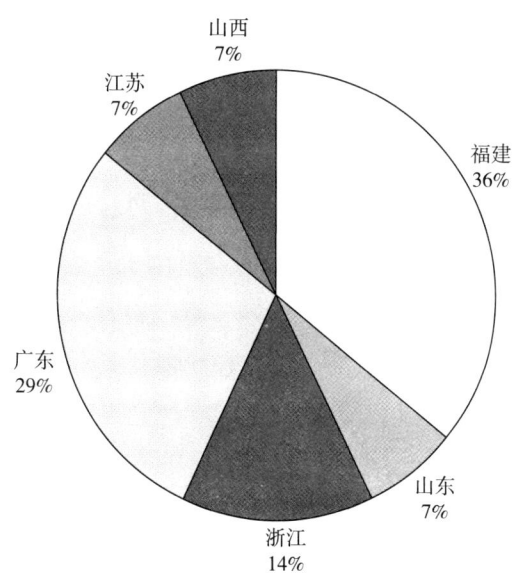

图1　华侨华人家族祖籍地分布

数据来源:根据《全球慈善家族百杰报告(2016)》整理。

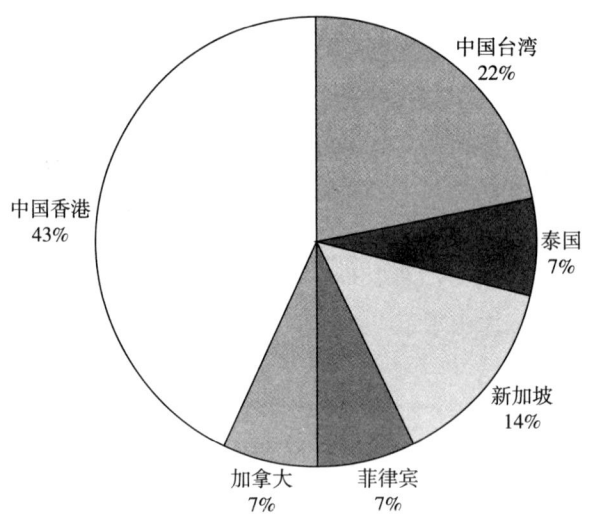

图 2　华侨华人家族地域分布

数据来源：根据《全球慈善家族百杰报告（2016）》整理。

（四）捐款数额

华侨华人家族进行慈善行为的主要方式是捐款，因此捐款数额在一定程度上可以反映华人家族慈善的规模和发展程度。数据显示，王永庆、李嘉诚、霍英东、邵逸夫等家族实际捐赠额均超过 10 亿美元，且都建立了以父辈或本人名字命名的基金会或公益信托[①]。除此以外，我们也可以通过家族代表人物的捐赠来展现该家族慈善的规模，霍英东、邵逸夫、王永庆、李嘉诚、蔡崇信五人的历年捐赠额均超过 100 亿元人民币，黄如论父子的捐赠额达到 50 亿～100 亿元人民币。据统计，霍英东在大陆慈善捐款总额高达 150 亿港币，建立了中国第一家五星级宾馆，为体育事业捐款超过了 40 亿港币[②]。邵逸夫捐助慈善事业 100 多亿港币，兴建了 6000 多个教育和医

---

① 《全球慈善家族百杰报告（2016）》，第 6 页。
② 《霍英东一生"为善莫问回报"，同李嘉诚为祖国公益做出巨大贡献》，https：//baijiahao. baidu. com/s？id＝1618171502212661440&wfr＝spider&for＝pc，2018 年 11 月 26 日。

疗项目①。王永庆也捐款超百亿②。尽管这三位分别于 2006 年、2008 年、2014 年离世,但其公益事业仍由家族继续传承下去。截至目前,李嘉诚已捐出总款逾 250 亿港元用于公益事业,蔡崇信历年捐款也超过 100 亿元人民币。黄如论在"中国慈善榜"上连续 16 年排名前八位,并多次荣获"中国首善"称号,历年捐款数额累计超过 60 亿元。陈启宗兄弟、郭台铭、李兆基历年捐款超过 30 亿元。许荣茂、尹衍梁历年捐款超过 10 亿元。陶欣伯历年捐款超过 5 亿元③(见表 2)。其中尹衍梁于 2011 年加入捐赠誓言(Giving Pledge)④,表示死后个人 95% 的资产将捐给慈善事业。

表 2 华人捐赠者历年捐款数额统计

单位:亿元

历年捐款额	捐赠者
超过 100 亿	李嘉诚、蔡崇信
50 亿~100 亿	黄如论父子
30 亿~50 亿	陈启宗兄弟、郭台铭、李兆基
10 亿~30 亿	许荣茂、尹衍梁
5 亿~10 亿	陶欣伯

数据来源于《胡润慈善榜 2019 排名 胡润富豪榜完整榜单一览》,http://www.zhicheng.com/n/20190521/268735_6.html,2019-5-21。

三 华侨华人家族慈善的捐赠模式

传统的华侨华人慈善捐赠行为是指捐赠主体直接将慈善资源捐赠给捐

---

① 《邵逸夫早年"吝啬"被嘲笑 历年捐款超百亿港元》,https://new.qq.com/rain/a/20140107011764。
② 《现金捐款最多的 5 个华人富豪:第二捐出 150 亿,第一建了 30000 座楼》,https://baijiahao.baidu.com/s?id=1629688274070727179&wfr=spider&for=pc,2019 年 4 月 22 日。
③ 《胡润慈善榜 2019 排名 胡润富豪榜完整榜单一览》,http://www.zhicheng.com/n/20190521/268735_6.html,2019 年 5 月 21 日。
④ "捐赠誓言"活动由沃伦·巴菲特和比尔·盖茨于 2010 年发起,旨在号召亿万富翁生前或去世后至少用自己一半的财富来做慈善。

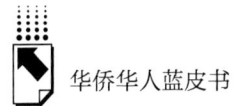

客体,随着国内慈善环境的不断完善、华侨华人慈善理念的不断提升,华侨华人对中国慈善捐赠的模式也不断创新,更加多元化。从捐赠方式来看,直接捐赠与间接捐赠并存。其中,直接捐赠能够有效减少捐赠过程中的资金和物资传送环节,避免了不必要的信息损失,是捐赠主体参与慈善最简单和最重要的方式。在直接捐赠中,华侨华人常以个人或家庭名义、同乡会或民间组织名义直接将慈善资源捐赠给受赠客体。同时,由于华侨华人对中国的慈善捐赠很多是跨国(境)行为,信息的不对称和我国慈善事业的发展使得间接捐赠方式也发展迅速[1]。

(一)个人模式

个人模式是指华侨华人以个人或家庭名义直接进行捐钱捐物的模式。该模式中的"个人"包括华人、华侨、港澳台同胞、外籍华人、归侨、侨眷等,华人华侨若以家庭名义进行捐赠也归为此类。在该模式下,华侨华人个人或以家庭名义将慈善资源直接转移给捐赠客体。

以许荣茂为例,他出生于医学世家,弃医从商,但他一直坚持做慈善,希望助力社会改良。在医疗领域,2005年,许荣茂联合20多家民营企业发起了中华红丝带基金,号召全社会联合抗癌;2008年汶川地震,许荣茂个人捐资1000万元,代表世茂集团捐资1亿元,设立多家"世贸爱心医院"。在社会领域,2010年,许荣茂在香港与众多企业家联合发起"香港新家园协会",并捐款6000万港币,提供生活、培训、工作、助学等多项服务,推动"新移民"和谐互助、尽快融入香港[2]。在教育领域,许荣茂捐资多个高校。2013年,许荣茂捐赠1.4亿元用于家乡石狮教育事业,打造优质教育环境,成为石狮建市以来最大一笔慈善捐赠。在文化领域,许荣茂曾斥资1.33亿元购回明代的《丝路山水地图》,无偿捐赠

---

[1] 黄晓瑞:《华侨华人对中国慈善捐赠的现状及其模式研究》,贾益民主编《华侨华人研究报告(2015)》,社会科学文献出版社,2015。
[2] 孙波:《许荣茂:志在远方,心系中华》,《华人时报》2018年第2期。

给故宫博物院①。多年来,许荣茂带领世贸集团在医疗、教育、文化等诸多领域开展慈善事业。截至2018年,许荣茂累计捐款已超过12亿元。

(二)家族慈善基金会模式

在我国,虽然家族基金会尚未成为公益慈善的主要捐赠方式,但是近年来已有许多企业家纷纷将巨额的家族财富投入慈善事业领域。这种模式主要有以下两个基本要素。首先,资金来源的家族性。家族慈善基金会的资金来源既包括基金会成立的原始资金来源,也包括基金会成立后主要捐赠收入来源。其次,基金会运作的家族参与。基金会的原始基金和捐赠财产主要源自家族,因此家族基金会不可避免地带有家族色彩②。我们发现在14个华侨华人家族中,有12个家族设立了一个或多个基金会或公益信托,如霍英东家族和邵逸夫家族分别建立4个和3个基金会或公益信托,采用更加专业化的方式参与慈善事业(见表3)。

表3 华人家族基金会一览

家族	基金会	创办时间	注册地	注册资金
陈启宗家族	晨兴基金会	1986年(2006年正式成立)	中国香港	—
	中国文物保护基金会(香港)	1997年	中国香港	—
	晨兴教育基金会	2004年	中国香港	—
谢国民家族	正大慈善基金会	2015年	北京市	200万元
霍英东家族	霍英东基金会	1977年	中国香港	—
	霍英东体育基金会	1984年	中国香港	1亿港元
	霍英东教育基金会	1986年	中国香港	1亿港元
	澳门霍英东基金会	2002年	中国澳门	澳门旅游娱乐公司27%股份

---

① 肖泊:《世茂掌门人许荣茂捐款已超10亿:回报是责任》,http://finance.sina.com.cn/money/cfgs/20150303/101321631359.shtml,2015年3月3日。
② 《企院·分享 | 家族慈善基金会——家族的,还是社会的?》,http://www.sohu.com/a/255389695_321613,2018年9月21日。

续表

家族	基金会	创办时间	注册地	注册资金
郭台铭家族	永龄基金会	2000 年	中国台湾	—
黄如论家族	福建江夏慈善基金会	2005 年	福建省	5000 万元
许荣茂家族	中华红丝带基金	2005 年	—	—
邱德拔家族	邱德拔遗产基金	—	—	2500 万美元
李兆基家族	李兆基基金会	—	中国香港	
李嘉诚家族	李嘉诚基金会	1980 年	中国香港	
邵逸夫家族	邵逸夫慈善信托基金	—	中国香港	
	邵氏基金(香港)有限公司	1973 年	中国香港	
	邵逸夫奖基金会	2002 年	中国香港	
陶欣伯家族	江苏陶欣伯助学基金会	2006 年	江苏省	2 亿元
蔡崇信家族	蔡崇信公益基金会	2018 年	浙江省	200 万元
王永庆家族	长庚慈善基金会	1976 年	中国台湾	6 亿元新台币现金、台塑集团公司股份
尹衍梁家族	光华教育基金会	1989 年	中国台湾	—

数据来源：笔者自制。

1. 捐赠领域多元化

教育领域是华侨华人捐赠关注的重要领域，大多数华侨华人家族慈善基金会都对教育领域进行捐赠，且其中有 9 个将教育作为首要捐赠领域。除此之外，捐赠领域趋向多元化，包含了医疗卫生、体育、科技、文化、艺术和扶贫等多个领域（见表4）。在捐赠领域中，华侨华人家族慈善基金会中的陈启宗基金会、正大慈善基金会、霍英东基金会、李兆基基金会、李嘉诚基金会、邵逸夫基金会、江苏陶欣伯助学基金会、蔡崇信公益基金会和光华教育基金会的首要捐赠领域均为教育。为何如此多的华侨华人家族慈善基金会都重视教育捐赠？究其原因，一是华侨华人自身原因，大多数华人家族第一代创始人都是在战乱时期被迫出洋谋生，青年时期的国难经历以及之后数十年的经商历程，都让他们深刻意识到人才对于祖国经济发展的重要性。陶欣伯便是其中之一，他深切感到教育是立国之本，青年是国家的未来，只有帮助年轻一代提高文化知识管理水平,才能保证国家在健康的道路上持续前进[1]。二是教育本身的特殊性,其投资回报率较高,对社会发展和国家富强具有关键作用。正如李嘉诚基金会官方网站十分醒目的标语:教育是一个富有创造力、关爱和重视技术发展的社会的基石[2]。

表4 华人家族基金会捐赠领域统计

基金会	捐赠领域	首要捐赠领域
陈启宗基金会	教育、公共卫生、文物保护	教育
正大慈善基金会	教育、环保、科技、医疗、体育	教育
霍英东基金会	教育、体育、医疗卫生、科学文化艺术、山区扶贫、干部培训	教育、体育
永龄基金会	健康、教育、其他	健康
福建江夏慈善基金会	扶贫、文化、教育、民政、医疗、科技	扶贫
李兆基基金会	教育、人才培训、赈灾建设、医疗卫生、扶助社会	教育
李嘉诚基金会	教育、医疗、文化、其他	教育
邵逸夫基金会	教育、医疗、艺术	教育
江苏陶欣伯助学基金会	教育	教育
蔡崇信公益基金会	现代职业教育、青少年体育教育、教育脱贫	教育
长庚慈善基金会	健康	健康
光华教育基金会	教育	教育

数据来源:笔者自制。

2. 捐赠区域扩展到全球范围

公益慈善文化在华人社会中是普遍共识的文化形态。在这样一个文化氛围下,市民均期待富人积极参与公益事业,同时给予其地位与精神荣誉。基于此,两个阶层拥有了回馈社会的共同语言[3]。历史上,华侨华人的慈善捐赠行为具有一定的特殊性,其捐赠区域涉及祖籍国和居住国。以陈嘉庚的父

---

[1] 陶欣伯口述、倪亦斌整理《陶欣伯人生小故事》,上海文艺出版社,2012.
[2] 李嘉诚基金会官方网站,http://www.lksf.org/our-founder/?lang=zh.
[3] 陈志明:《人类学与华人研究视野下的公益慈善》,《中山大学学报》(社会科学版)2013年第4期。

亲陈杞柏为例，他于1863年由家乡南来新加坡，长期经营顺安米店。尽管生意经营一般，陈杞柏仍然热心公益慈善①。在当今的全球化市场经济下，华侨华人的慈善捐赠也被周围的环境所形塑，其捐赠领域打破祖籍国和居住国的界限，扩展到了全球范围。在我们探讨的12个华人家族基金会中，大多数家族基金会都存在非祖籍国和居住国的境外捐赠。例如，陈启宗家族的晨兴基金会向美国哈佛大学捐款3.5亿美元，成为哈佛建校378年来最大的单笔捐款②。

3. 家族慈善基金会的管理者多元化

华侨华人家族慈善基金会创立者多为第一代创业者，本文选取的12个华人家族基金会中10个是由第一代创业者发起③，其中3个基金会已交由后代管理。霍英东长子霍震霆担任霍英东基金会主席，霍英东次子霍震寰担任霍英东基金会执行董事、霍英东教育基金会理事长、霍英东体育基金会理事、澳门霍英东基金会主席。郭台铭之女郭晓玲担任永龄基金会董事长。邵逸夫之子邵维铭任邵氏基金会主席。同时，也有一些慈善基金会交由专业公司或专业人才代为管理，如陈启宗坚持"不懂赚钱的人不能管捐钱的事"的原则，两个儿子均未参与基金会管理；江苏陶欣伯助学基金会聘请李建伟出任理事长，负责基金会运营。除此之外，家族后代也开始通过自己创立基金会的方式传承家族慈善事业。王永庆之女王雪红创立"台湾信望爱基金会"，并出任基金会董事长。李兆基之子李家杰设立"珍惜生命基金"及"百仁基金"，2007年被中国民政部授予"最具爱心慈善捐赠个人"奖。

---

① 李勇：《陈嘉庚与新加坡闽侨辛亥保安捐款》，《厦门大学学报》（哲学社会科学版）2019年第1期。
② 《独家揭秘陈启宗家族慈善旗舰　晨兴基金会亿元资金"流水账"（组图）》，http://business.sohu.com/20140920/n404494283.shtml，2014年9月20日。
③ 正大集团由华裔实业家谢易初（谢国民之父）、谢少飞兄弟于1921年在泰国曼谷创办，正大慈善基金会由谢国民批准创立。恒隆集团由陈曾熙（陈启宗之父）于1960年创办，晨兴基金会由陈启宗和陈乐宗（陈启宗之弟）创立。

四 华侨华人家族慈善的个案分析

（一）李嘉诚家族

1. 基金会

1950年李嘉诚开始创业，创办长江塑胶厂；1979年李嘉诚收购和记黄埔，促成其事业发生重要转折；1980年李嘉诚创办李嘉诚基金会，开始慈善事业。基金会主要捐款于教育、医疗、文化及其他公益事业，其中对教育的投资占60%，另有30%是医疗扶贫和医疗科研。李嘉诚从不动用基金会现有资产，基金会用多少，李嘉诚补多少[①]。基金会自1980年创立以来，慈善活动持续不断，且范围逐渐扩大、领域逐渐拓宽，项目遍及27个国家及地区，协助多家医院、学校和大学，从表5可以看出，李嘉诚基金会的项目遍布国内和境外，项目涵盖教育、医疗、救灾等多个领域。

表5 李嘉诚基金会项目一览

年份	事件
1980	创办李嘉诚基金会、捐建沙田威尔斯亲王医院李嘉诚专科诊疗所（北翼）、捐建潮州医院
1981	汕头大学成立、扩建潮州市中心医院
1982	捐资潮州开元寺修复工程
1984	中国残疾人联合会开展全国残疾人士服务
1990	捐建安老及护养院（全港至今共5所）
1991	华东水灾赈灾、香港大口环根德公爵夫人儿童骨科医院李嘉诚物理治疗楼落成
1993	云南地震赈灾
1994	支持中央芭蕾舞团、潮州基础小学计划5年间重建70所山区小学
1997	捐建沙田威尔斯亲王医院李嘉诚专科诊疗所（南翼）

---

① 《挑战传统观念 李嘉诚带领中国富人"开放慈善"》，http://www.chinanews.com/cj/kong/news/2007/11-07/1070420.shtml，2007年11月7日。

续表

年份	事件
1998	北京大学图书馆扩建新馆、长江水灾赈灾、汕头大学医学院全国医疗扶贫行动启动、汕头大学医学院开展宁养服务、与中国教育部合作推出"长江学者奖励计划"、支持美国斯坦福大学肝病研究、英国剑桥大学癌病研究中心成立
1999	捐资沙田威尔斯亲王医院矫形外科及创伤学进修培训中心、支持香港公开大学推动终生学习、推出《知识改变命运》励志纪录片
2000	"千禧万里行"学生暑期游学活动展开、支持香港医院管理局"健康创繁荣"活动、清华大学未来互联网络研究启动、中国残疾人联合会"长江新里程计划"一期（免费义肢装配）展开
2001	支持香港理工大学教育发展、援助新疆和内蒙古雪灾灾区学校及学童、捐建上海市金山众仁医院、"人间有情"宁养医疗服务计划扩展至全国（至今共有32所宁养院）、推出"大山挡不住知识"计划
2002	长江商学院造就中国新一代商界领袖、剑桥大学"志奋领奖学金"资助学生赴英进修、汕头大学·香港中文大学国际眼科中心成立、捐建新加坡管理大学新图书馆
2003	支持香港抗非典型肺炎行动、捐建潮州广济桥修复工程、捐送大米予淮河水灾及云南地震贫困灾民
2004	南亚地震海啸赈灾、"关心是潮流"农村扶贫医疗启动
2005	支持法国巴斯德研究所防治禽流感及新发传染病研究、加拿大多伦多大学圣米高医院知识研究院成立、美国加州大学伯克利分校生物医学和健康科学研究中心成立、青海塔尔寺藏医院医疗扶贫、捐资慈明佛学园地、香港圣保罗男女中学扩建及设立助学基金、香港中文大学健康科学研究所成立、捐巨款给李庄月明佛学研究基金、支持香港大学佛学研究中心成立、支持香港大学医学院医学教育及科研
2006	支持美国犹他大学实习资助计划、潮州水灾赈灾、支持广东省公安民警成立医疗救助基金会、资助陕西省农村医疗建设
2007	支持澳洲皇家飞行医疗服务健康生活教育计划、支持加拿大卡尔加里大学讲座教授席培育新一代工程师创新意念、海南省农村医疗建设展开、中国残疾人联合会"长江新里程计划"二期展开、英国牛津大学全球卫生计划启动、设立新加坡国立大学李光耀公共政策学院奖学金
2008	四川省汶川地震灾后重建、"重生行动"全国贫困家庭唇腭裂儿童手术康复计划启动、美国斯坦福大学知识研究中心成立、"人间有情"香港宁养服务计划展开（至今共有10所宁养中心）
2009	台湾雨灾赈灾、西部贫困家庭疝气儿童手术康复计划展开
2010	支持加拿大阿尔伯特大学病毒学研究、"启璞计划"培训妇女领导能力、333小老师培训计划启动、支持香港特区政府"关爱基金"、"香港仁爱香港"首项计划"Love Ideas,Love HK 集思公益计划"启动177项爱心项目关怀社会

续表

年份	事件
2011	日本地震海啸赈灾、支持美国耶鲁大学尖端医学科研、捐赠TrueBeam速光放射治疗系统予汕头大学医学院附属肿瘤医院、为英国中学引进"数学基石项目"先导教学法、支持斯坦福研究院数码科技教学试点项目、支持香港明爱"向晴轩"成立危机专线及教育中心、"Love Ideas, Love HK集思公益计划"第二回合支持250项爱心计划、中国教育行动展开
2012	英国牛津大学"大数据"研讨会、香港南丫海难紧急援助、支持香港英华女校学生设立发展基金、捐资香港理工大学建立多媒体互动平台、香港那打素医院"怡晴轩"儿童及青少年全人健康服务中心成立、"Love Ideas, Love HK集思公益计划"完成三回合动员关怀社会、捐赠TrueBeam速光放射治疗系统予香港中文大学/威尔斯亲王医院、以色列理工学院教研项目展开、捐资美国三藩市加州大学精准医学项目、捐资美国麻省理工学院进化计算项目、支持美国康奈尔大学特殊外科医院骨性关节研究、"集思公益 幸福广东"支持妇女计划启动
2013	香港科技大学培育创新领袖计划、"展璞计划"支持更多女村官及基层民政人员培训、美国斯坦福大学大数据研讨会、汕头水灾赈灾、四川芦山县地震赈灾、英国牛津大学"大数据"健康资讯及研发中心成立、加拿大麦基尔大学学术交流计划启动、汕头大学联合以色列理工学院创办"广东以色列理工学院"
2014	云南省鲁甸县地震赈灾、"科技夹子"系列活动、美国柏克莱加州大学及旧金山加州大学基因组学创新计划、美国斯坦福大学及英国牛津大学"大数据"医学研究合作、健康快车"糖尿病视网膜病变"筛查防治一期试点、"长江新里程计划"第三期、"集思公益 幸福广东"支持妇女计划第二期、"大爱之行"全国贫困人群社工服务及能力建设项目、"人间有情"香港宁养服务计划第三期、"爱心进行曲"支持社工助人项目
2015	"广东以色列理工学院"启动仪式于汕头大学新体育馆举行、捐款100万美元援助尼泊尔地震受灾民众、罗德奖学金资助中国学者于牛津大学深造、加拿大圣米高医院与汕头大学医学院合作大数据研究、支持中国器官移植发展基金会推动自愿捐赠器官、国务院发展研究中心"全球科技创新趋势研究"、中国教育部批准汕头大学及以色列理工学院筹设"广东以色列理工学院"、慈山寺2003年开始筹建(2015年正式开放予公众参学,捐资逾17亿港元)
2016	美国奇点大学特邀课程(于香港大学举行)、推动奥克兰大学创意与公益事业、"香港仁 爱香港"公益行动支持《好声书》赠送行动、基金会获邀参展中华慈善博物馆、首推DSE考生"善用钱"计划
2017	"善用钱"开展第二期计划、澳洲墨尔本大学癌症研究、设立奖学基金纪念沈弼勋爵、英国牛津大学全球最大医疗大数据研究所开幕、支持汕头大学学生640公里海洋划艇挑战、广东以色列理工揭牌

续表

年份	事件
2018	支持汕头大学"功夫茶茶"划艇队成功完成全球最艰辛赛事,并创造四项世界纪录、捐款予香港教育大学推动电子学习及设奖学金、支持社企项目、长江集团联同基金会捐款以志公益金50周年、基金会与医管局及两所大学医学院合作推出"爱能助"医疗计划、于江西省建立"教育科研产业链"、基金会与长江和记各捐300万美元和200万美元助印度尼西亚赈济地震灾民、推动悉尼大学发展CAR T 细胞免疫疗法、慈山寺之土地购置、建设资金以及经常费用皆由基金会奉献(至今累计捐款已达30亿港元)
2019	支持无国界医生救援工作、"Saildrone南极环流探索"计划启动、于浙沪建立"教育科研产业链"、资助香港养和医院推行"心脏导管介入资助计划"、慈山寺举行开光典礼暨佛教艺术博物馆启用仪式

数据来源：李嘉诚基金会官方网站,http://www.lksf.org/our-founder/? lang=zh。

2. 重点关注领域

（1）教育

如前文所述，李嘉诚深感教育的重要，因此积极推动教育发展。首先表现在学校的资助上，1981年由李嘉诚创立了全球唯一一所由私人基金会持续资助的公立大学——汕头大学，2019年6月，基金会出资支持汕头大学开展本科生学费全额奖励计划①。2002年又创办了中国政府批准的第一家具有独立法人资格的商学院——长江商学院，此外，李嘉诚还资助了潮州基础小学、广东警官学院、新加坡国立大学李光耀公共政策学院、美国斯坦福大学李嘉诚知识研究中心等众多国内外院校。

同时，李嘉诚还通过开展一系列项目活动持续推进人才培养，如1998年开始实施的"长江学者奖励计划"，培养高水平学科带头人，带动国家重点建设学科赶超或保持国际先进水平②，设立各类奖学金激励学生上进，如新加坡管理大学奖学金。

---

① 《李嘉诚基金会出资支持汕头大学,未来四年本科生学费全免》,http://www.sohu.com/a/322471775_99917788,2019年6月23日。
② 华商韬略著《华人慈善家：50位华人领袖的中国及世界慈善行动与贡献》,经济日报出版社,2013。

（2）医疗

李嘉诚年少时深受贫病无助之苦，立志为医疗事业奉献力量。多年来，他一直致力于各大医学院的资助，提高其医疗科研水平，汕头大学医学院、香港大学李嘉诚医学院、香港中文大学李嘉诚健康科学研究所、剑桥大学李嘉诚中心、美国耶鲁大学等受到李嘉诚资助的医学院所不计其数。李嘉诚关注特殊人群，通过"人间有情全国宁养医疗服务计划""中国残疾人联合会/长江新里程计划""重生行动全国贫困家庭唇腭裂儿童手术康复计划"等一系列项目工程，帮助晚期癌症患者减轻痛苦，协助白内障患者、唇腭裂儿童等特殊人群早日康复。李嘉诚改善医院医疗设备，力求为贫病群体提供最好的服务，由他资助的汕头大学医学院第一附属医院设立第一所宁养院，无偿为贫困末期癌症病人提供镇痛治疗及家居服务。截至2018年，李嘉诚基金会共计拨款超过64亿港元资助全球医疗项目，真正践行他曾说的"我对医疗的支持，将超越生命的极限"[1]。

（二）谢国民家族

1. 概述

谢国民家族的正大集团创立于泰国曼谷唐人街，20世纪80年代，随着中国改革开放，正大成为首批投资内地的外资企业。根据福布斯公布的2018年泰国50富豪榜，正大集团谢国民家族以总资产9377亿泰铢（约1878.59亿元人民币）蝉联泰国首富[2]。

谢国民家族通过个人和家族企业——正大集团进行捐赠，正大集团作为在华投资规模最大、投资项目最多的外商投资成功企业之一，该集团秉承"利国、利民、利企业"的核心价值观，除了产业投资外，还特别注重参与

---

[1] 《李嘉诚宣布退休 曾言"对医疗的支持超越生命极限"》，https://www.cn-healthcare.com/article/20180316/content-501448.html，2018年3月16日。
[2] 正大集团谢氏家族"正、大、中、国"四兄弟占据泰国福布斯十大富豪中4个位置，另外谢氏家族还有其他5位成员进入泰国福布斯富豪榜前30名。转引自泰国最新富豪榜：《谢国民家族蝉联首富 富可敌国！》，http://baijiahao.baidu.com/s?id=1599923720949534528&wfr=spider&for=pc，2018年5月9日。

社会公益事业，正大农牧食品、零售、制药、工业、地产、金融等事业板块都积极参与公益慈善和捐助捐赠，涵盖了教育、科研、文体、扶贫、救灾等领域，包括北京大学和清华大学等高校和科研院所，国家体育总局训练局，以及抗击非典、汶川/玉树/雅安地震等。据不完全统计，其公益慈善捐助捐赠总额近16亿元人民币。除了资金和物质的公益慈善以外，产业扶贫是正大集团的一大特色。正大集团一进入中国就率先引入和实行"公司+农户"产业扶贫模式，带动了大批农民兴业致富。此后，正大集团开创"政府+企业+银行+农业合作组织"的"四位一体"产业扶贫模式，探索了一条正大特色的产业扶贫、精准扶贫新路径，使贫困户成为扶贫产业的股东，拥有了长期增收的自有产业。2008年12月5日，在"第二届中华慈善大会暨2008年度中华慈善奖评选表彰"中，谢国民荣登"2008年度中华慈善榜"，获得"最具爱心慈善捐赠个人"称号[①]。

2. 正大慈善基金会

正大慈善基金会由正大集团董事长谢国民批准，于2015年8月24日在北京市民政局注册成立。该基金会的主要业务范围是：面向"三农"，救助弱势群体，救助重大灾害，并致力于环境保护事业等。基金会的主要资金来源：内部自筹，即向集团在华各企业及员工募集。募集资金将全部回馈集团慈善事业及社会公益事业。基金会成立四年来，一直致力于为集团各事业板块提供公益事业支持，业务领域聚焦在教育支持、扶贫济困、儿童和救灾四大领域，累计捐赠支出4000多万元[②]。以2018年为例，北京市正大慈善基金会获得捐赠15387272.1元，公益支出为15470760元；共开展7个公益项目，内容涵盖教育支持、扶贫济困、儿童发展等领域；主要覆盖区域为北京市、广东省、四川省、山东省、湖北省、西藏自治区等地[③]（见表6）。

---

① 《正大集团谢国民荣登"08年度中华慈善榜"》，http：//www.feedtrade.com.cn/news/people/20100527191906_248168.html，2010年5月27日。
② 该信息来自正大集团官网，http：//www.cpgroup.cn/newsInfo.aspx? catID = 3&subcatID = 16&curID = 7376，2015年9月10日。
③ 《2018年度正大慈善基金会公益项目支出》，http：//www.cpgroup.cn/Content.aspx? curID = 8639，2018年12月28日。

表6 2018年度正大慈善基金会公益项目支出

项目	受赠单位(对象)	捐赠金额(元)	公益项目内容
1	中国SOS儿童村协会	119600	支持国内SOS儿童村的日常运营,资助烟台SOS儿童村112000元,资助拉萨SOS儿童村7600元
2	汕头市龙湖区外砂镇蓬中村慈善会	234800	救助汕头市外砂镇蓬中村124户贫困村民
3	襄阳市保康县马良镇贫困家庭	6360	为襄阳市保康县马良镇30户贫困家庭送去慰问品
4	清华大学教育基金会	10000000	支持清华大学中国农村研究院建设发展
5	清华大学教育基金会	5000000	支持清华大学全球共同发展研究院建设发展
6	崇阳县慈善会	50000	参加崇阳县脱贫攻坚募捐活动
7	中国SOS儿童村协会	60000	助养成都SOS儿童村11号家庭的孩子

资料来源:《2018年度正大慈善基金会公益项目支出》,http://www.cpgroup.cn/Content.aspx?curID=8639,2018年12月28日。

3. 重点关注领域

(1) 教育领域

正大集团的创始人谢易初(谢国民之父)热心家乡公益事业,于20世纪50年代参与捐建澄海华侨中学,此后谢易初家族先后向该校捐赠港币300万元兴建易初科学馆、学生宿舍楼和教师宿舍楼。1997年,谢国民家族在汕头市捐建公办完全中学——谢易初中学。正大集团推出智力投资计划,在落后地区创设"谢拉哇基金学校"[1],还多次出资捐赠国内高校,如捐资1500多万元在国内两所农业大学建立肉鸡饲养研究中心[2],2014年捐赠人民币2.011亿元支持南京工业大学成立浦江学院[3]。此外,还在北京大学、复旦大学以及北京农业大学设立培训中心,培养企业人才,在北京大学、复

---

[1]《正大集团简介》,《国际贸易》1995年第6期(增刊)。"谢拉哇"为谢氏泰文姓名。
[2]《正大集团:热心公益,低调慈善》,http://www.cpgroup.cn/Content.aspx?curID=6692,2014年8月8日。
[3]《泰国正大集团向南京工业大学捐赠2.011亿元》,http://www.edu-gov.cn/news/4935.html,2014年6月20日。

305

旦大学等学校设立奖学金①。谢氏家族全面支持国内教育事业，对提高高校科研能力、培养高素质人才作出重要贡献。

(2) 文体领域

2005年，谢正民、谢大民、谢中民、谢国民分别捐赠120万元，用于重修潮州广济桥楼阁亭屋，扶持濒临灭绝的潮剧团。除此之外，正大集团支持中国体育事业的发展，为国家体育总局训练局提供了价值1400万元人民币的现金和实物②。

(3) 其他

谢氏家族一直以来关心灾害事件。在2003年"非典"疫情中正大集团向中国政府捐赠1000万元人民币；2008年初南方地区发生特大冰雪灾害，谢国民所领导的中国侨商会捐款1.6亿元人民币，正大集团捐赠200万元人民币③；2008年5月汶川大地震，正大集团为地震灾区捐赠款物累计超3000万元；2010年4月青海玉树大地震，正大集团各公司及员工捐赠款物共计377万元；同年8月，甘肃舟曲发生泥石流灾害，正大西北区向灾区捐款60万元，同时送去价值10万元的正大鸡蛋；2013年4月四川省雅安市芦山县地震，正大集团第一时间为地震灾区捐款2000万元④。

五 华侨华人家族慈善的发展特点

(一) 深受中华传统文化的影响

中国慈善是中华民族智慧的产物。它与中国人民的生活、传统和民族思

---

① 《正大集团：热心公益，低调慈善》，http://www.cpgroup.cn/Content.aspx?curID=6692，2014年8月8日。
② 《正大集团：热心公益，低调慈善》，http://www.cpgroup.cn/Content.aspx?curID=6692，2014年8月8日。
③ 《大爱无垠》，http://www.cpgroup.cn/Content.aspx?curID=6213，2013年12月26日。
④ 《正大集团：热心公益，低调慈善》，http://www.cpgroup.cn/Content.aspx?curID=6692，2014年8月8日。

想有机地结合起来①。慈善是中华民族世代传承的传统美德。据文献记载，中国早在西周时期就设立了专门官职实施惠政，救济贫病之民，是世界上最早倡行与发展慈善事业的国家②。中国传统文化的慈善思想源远流长，先秦诸子百家、佛教、道教等都涉及慈善的论说。尽管各个流派关于慈善思想的表述不同，但都蕴含着救人济世的理念和道德准则，深深影响着中华民族的子子孙孙。当移民远离家乡后，不得不寻找更适合自己的生存方式。一方面，文化规范要求他们必须关照新近从老家出来的人，并通过这种方式获得老家乡亲们的尊重，实现守望相助。另一方面，海外移民建立起虚拟的亲缘群体去加强族群内部的团结互助。一般来说，只要是操同一方言就可被接纳，这种虚拟的亲缘关系往往可以无限扩展③。这种慈善思想和守望相助之情令华侨华人尤其是华商积极从事慈善事业。中国极其重视家文化，家族影响着中国人的社会生活、经济生活和文化生活④。所以华侨华人在进行慈善行为时，强调家文化，并做好华侨华人家族慈善的传承。

除此之外，华侨华人家族慈善行为深受民间宗教信仰的影响，这里选取潮汕善堂来探讨民间信仰与华侨华人家族慈善的关系⑤。潮汕善堂既是一种民间信仰机构⑥，又是一种慈善机构。在民间传说中，大峰祖师生前做了许多善事，并在成神后通过多种方式告诉信众要多做善事，因此激发民众的行

---

① 朱友渔：《中国慈善事业的精神》，商务印书馆，2016。
② 周秋光、曾桂林：《中国慈善简史》，人民出版社，2006。
③ 〔英〕孔飞力：《他者之中的华人：近代以来的移民》，李明欢译，江苏人民出版社，2016。
④ 储小平：《家族企业研究：一个具有现代意义的话题》，《中国社会科学》2000年第5期。
⑤ 林悟殊曾指出，如果要研究民间宗教信仰与慈善事业的关系，一个很好的例子是潮汕善堂，它的最大特点就是两者的紧密结合。参见林悟殊《关于潮汕善堂文化的思考》，陈三鹏主编《第三届潮学国际研讨会论文集》，花城出版社，2000，第468页。
⑥ 潮汕善堂主要奉祀宋大峰。据潮阳报德古堂的记载，宋朝僧人宋大峰俗名林灵噩，生于1039年，逝于1127年。宋大峰一生行善，他发起建造的平安桥，至今仍在使用。潮汕善堂的民间信仰主要分为以下三个阶段：第一阶段始于南宋宝祐四年，民众建保德堂来感恩大峰的建桥善举，这一时期只将他视为佛教高僧；第二阶段，到了明代隆庆年间，报德堂成为弃庙；第三阶段，清代重兴大峰祖师信仰，受到当地民间信仰的影响，民众开始将他加以神化，他成为当地的地方神祇之一。引自林悟殊《泰国大峰祖师崇拜与华侨报德善堂研究》，台湾淑馨出版社，1996。

善动机。随着早期潮汕人大量移居海外,潮汕善堂文化传播到东南亚地区,并得到了很好发展,形成了跨国善堂网络。除了继续早期的施棺赠葬,随着时代发展的需要,善堂会创办现代的老人院、幼儿园等,如新加坡的同德善堂创办现代化的同德安老院①。泰国最大的民间慈善组织——华侨报德善堂是潮汕善堂文化传播的一个案例。清末民初,因潮州移民人数众多,潮州地区的地方信仰——大峰祖师信仰即传入泰国曼谷,它不仅为移民提供实际的帮助,还在满足移民宗教信仰需求方面扮演了重要的角色。中国移民非常清楚地意识到,在新的土地上需要宗教信仰②。随着信徒增多,泰国著名侨领郑智勇联合几个商行老板发起募捐,12人共同捐资修盖大峰祖师庙,并命名为报善堂。自建立起,它为社会做了大量的施医义葬、扶贫济幼等慈善工作③。

(二)具有中西特色的独特模式

1. 华人的公益慈善文化氛围

在中国传统社会,大众往往期待成功人士在危机时刻挺身而出,解救贫苦。华人社会亦是如此。在海外华人社会中,诸多事务都需要赞助,因此大家抱着有钱出钱、有力出力的精神积极参与互助和救济。正如上文提到的,公益慈善文化在华人社会中是一种形成普遍共识的文化形态。在这样的文化氛围下,市民均期待富人积极参与公益事业,同时给予其地位与精神荣誉。处于这样的社会中,商人成为社会的领袖,有义务捐助公益慈善事业。从本质上来看,华人社会的富人捐资慈善维持了对其有利的文化制度。前人研究发现,海外华人社会的公益慈善文化有其自身运作的规则和逻辑。例如,在开展公益慈善筹款活动时,有名望的商人一般为发起者,捐款也先从主要的社团领导人开始,其他人将视其捐资数额来决定自己捐资多少,原则上都不

---

① 陈志明:《人类学与华人研究视野下的公益慈善》,《中山大学学报》(社会科学版) 2013年第4期。
② 夏玉清:《华侨报德善堂与善堂文化在泰国的传播》,《宗教学研究》2018年第1期。
③ 程芬:《泰国华侨报德善堂对我国发展宗教慈善的启示》,《中国社会组织》2013年第7期。

会超过最有名望的领导人①。

在华人公益慈善文化中，基督教和人道主义的观念也起着重要作用。20世纪70年代后，信仰基督宗教的海外华人越来越多。在基督宗教中，博爱是基督宗教精神的核心，慈善居于基督宗教文化的核心。这种爱是公民之间平等的友爱。在基督宗教的深深影响下，海外华人基督徒形成了即时捐赠和"取之社会，还之社会"的理念，将积极献身社会公益事业和福利事业看成"对神的侍奉"。而慈善思想是人道主义的集中体现，慈善行为则是人道主义思想的现实实践，海外华人的慈善行为也无不体现着现代人道主义的思想②。

2. 治理结构丰富多样

目前，华侨华人家族慈善主要以家族慈善基金会的形式进行慈善活动。对于公益性质的基金会来说，国外家族基金会组织结构较为复杂，且监督较为严格。而华侨华人家族慈善基金会的治理结构则比较多样，这主要与其所设立的国家或地区有很大关系。我国对于基金会的治理结构有明确规定，《基金会管理条例》明确规定，基金会的治理结构为理事会、监事和秘书长。因此，江苏陶欣伯助学基金会③的组织架构为理事会、监事、秘书处，下设项目一部、项目二部、宣传策划部和行政部四个部门（见图3）。而邵逸夫奖基金会成立一个四层架构的组织专司其事。其中邵逸夫奖基金会有限公司于2002年11月成立，以慈善性质的奖项形式颁予在学术研究、科学研究及应用上有杰出贡献，或为人类带来无限福祉的候选人。邵逸夫奖基金会于2003年5月获香港税务局批准成为慈善机构。该基金会始创成员为邵方逸华女士、马临教授和杨振宁教授，并下设理事会和评审会（见图4）。

---

① 〔马〕陈志明：《人类学与华人研究视野下的公益慈善》，《中山大学学报》（社会科学版）2013年第4期。
② 陈世柏：《海外华人的慈善理念及其思想渊源》，《中国宗教》2011年第7期。
③ 江苏陶欣伯助学基金会是由新加坡著名实业家、江苏省慈善总会名誉会长陶欣伯先生于2006年9月在其故乡——南京创办的一家非宗教性、非政治性的非公募基金会。陶欣伯、刘光藜夫妇全资持有的南京伯藜置业有限公司作为捐赠人，所设立的助学金项目名为"伯藜助学金"，"伯藜助学金"获得者统称为"陶学子"。

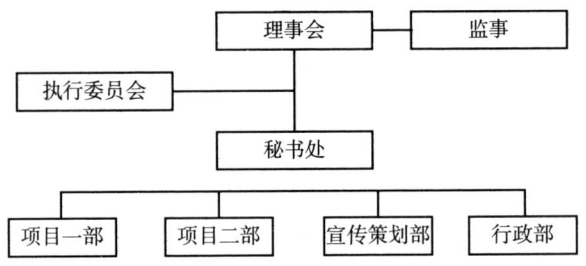

图3 江苏陶欣伯助学基金会组织架构

资料来源：江苏陶欣伯助学基金会官方网站，http://www.tspef.org/。

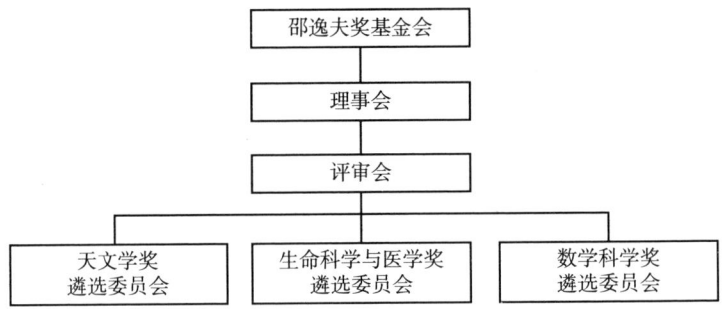

图4 邵逸夫奖基金会组织架构

资料来源：邵逸夫奖基金会官方网站，http://www.shawprize.org/en/。

3. 代际传承

从传承的角度看，家族慈善延续家族的价值观来增强家族的凝聚力，通过慈善上一辈树立了乐善好施的楷模，让下一代有同情心和责任感，并进一步从价值观塑造角度影响家族传人。正如前文提到的，本文研究对象华侨华人家族慈善大多创立于20世纪下半叶，很多创立者早已过世或无力从事具体慈善事务，但是老一辈言传身教，其子女往往继承家族慈善衣钵，"善二代""善三代"渐渐走上舞台。例如，荣程集团副总裁、荣程普济基金会理事张君婷提到，"父亲的言传身教教会我感恩他人、回馈社会，家族的责任与使命提醒着我传承的价值"。早在8岁时，她的父亲就教导她把所有的压岁钱捐出，用于学校修建；2008年汶川地震，其父作为唐山大地震幸存者，为汶川捐款一亿元①。

家族慈善的创立者一般为白手起家，艰苦创业，大多没有接受过系统完整的高等教育，其慈善行动主要出自回馈社会的善心。与家族慈善第一代不同，"第二代"和"第三代"往往成长于优渥的家庭环境中，接受较为先进的教育，在慈善行动中，他们更关注专业化的管理、制度化的程序②。例如，李兆基家族中，李兆基之子李家杰设立"珍惜生命基金"及"百仁基金"，致力于"孤贫儿童出生缺陷的医疗救助工作""优秀栋梁人才的助学培优"和"贫困受助儿童家庭的精准农业扶持"等方面的公益活动。自2009年起就开始支持爱佑童心项目，至今共救助16000多名孤贫先天性心脏病患儿③。在这样的形势下，传承者一方面能够从专业化和先进性角度促进家族慈善发展，另一方面也能够从自身出发，摆脱原有家族慈善模式，新创立属于自我的品牌和慈善项目，最终能够促进家族慈善进一步繁荣，进一步实现家族文化传承。

（三）成为世界慈善事业中的一支重要力量

华侨华人对公益事业的捐赠首先自侨乡开始，对家乡各项事业的发展发挥了重要作用，是侨乡公益事业的生力军。改革开放以后，海外乡亲在家乡开展公益事业捐赠，他们资助广东、福建等侨乡的学校和基础设施④。华侨华人家族作为华侨华人慈善捐赠的先锋，积极助力家乡的公益事业。在教育领域，华侨华人家族十分重视教育捐赠，如黄如论家族先后捐助连江县黄如论中学、福建江夏学院；蔡崇信在祖籍地浙江湖州成立个人公益基金会，专

---

① 《桑梓情深　华侨华人慈善事业代际相传》，http://www.chinanews.com/hr/2018/11-17/8679134.shtml，2018年11月17日。
② 《华人慈善"二代"崭露头角　用现代理念经营公益事业》，http://www.cctv-gy.cn/show_7_2641_1.html，2018年7月4日。
③ 数据来源于爱佑慈善基金会官网，http://www.ayfoundation.org/cn/article/60/1393。
④ 张秀明：《改革开放以来华侨华人对中国慈善事业的贡献探析》，《华侨华人历史研究》2018年第4期。

注于职业教育与青少年体育[1]。在文化卫生领域，李嘉诚家族为家乡的广济桥整修捐赠720万元，黄如论家族向福建省科技馆新馆捐资6亿元。随着国家战略以及"一带一路"重大倡议的实施，华侨华人家族慈善不仅关注侨乡，还关注到中国的中西部省份。

除了侨乡之外，华侨华人家族也关注居住国的慈善事业。新加坡邱氏家族捐赠1.25亿美元给义顺新综合医院，被命名为新加坡邱德拔医院。除此之外，该家族从邱德拔遗产拨出2500万美元设立教育基金，支持新加坡本地大专生和工艺教育局学生的海外学习，协助提升区域教育工作者的英文教学能力[2]。随着华侨华人家族事业的全球性扩张，华侨华人家族慈善也遍布全球各地，逐步在全球慈善事业中扮演着重要角色。例如，李嘉诚基金会自1980年创立以来，项目遍及27个国家及地区，协助多家医院、学校和大学，如支持法国巴斯德研究所防治禽流感及新发传染病研究、加拿大多伦多大学圣米高医院知识研究院成立、美国加州大学伯克利分校生物医学和健康科学研究中心成立[3]。邱德拔教育基金资助越南的英文教师培训，帮助越南提升师资英语水平[4]。

六 结语

自1986年我国第一家家族慈善基金会成立以来，截至2018年底，我国共有家族慈善基金会268家，占全国基金会总量的4%[5]，家族慈善将成为我国慈善事业的一支重要力量，在这样的背景下，分析华侨华人家族慈善具

---

[1]《蔡崇信最钟情的"投资"》，http://www.sohu.com/a/252511849_114930，2018年9月7日。
[2]《新加坡首富邱德拔——杰出的银行家 & 酒店业巨子》，http://wemedia.ifeng.com/82189368/wemedia.shtml，2018年10月13日。
[3] 数据来源自李嘉诚基金会官方网站，http://www.lksf.org/our-founder/?lang=zh。
[4]《新加坡首富邱德拔——杰出的银行家 & 酒店业巨子》，http://wemedia.ifeng.com/82189368/wemedia.shtml，2018年10月13日。
[5] 王心怡：《〈中国家族慈善基金会发展报告（2018）〉在京发布》，《公益时报》2019年1月16日。

有多重意义。本文将《全球慈善家族百杰报告（2016）》中的14个华侨华人家族的慈善行为作为研究对象，通过分析其捐赠的地域分布和数额，探讨其捐赠模式，并结合李嘉诚家族和谢国民家族的个案，绘制了一幅华侨华人家族慈善的生动图画，展现了华侨华人为世界经济和社会发展做出的不可磨灭的贡献。

回顾华侨华人家族慈善的发展道路，它们深受中华传统文化的熏陶，无论是先秦诸子百家、佛教、道教等思想还是中国民间宗教信仰，都包含着扶贫救弱和乐善好施的道德准则，并深深影响着中华民族的子子孙孙。可以说，华侨华人积极从事慈善事业基于中华传统文化中的慈善思想和守望相助之情。从另一个角度来看，华侨华人家族慈善又进一步促进了中华传统文化的传播。华侨华人是中华文化"走出去"的"独特优势"，潜力无限。华侨华人是中华文化的使者，每一位侨胞都是中国的一张名片，中华慈善是中华民族文明的精神表现，早在20世纪80年代霍英东宣布设立50万美元的奖金，奖给在5年内能打败胡荣华的非华人中国象棋选手，极大地推动了中国象棋的国际化进程。现如今，越来越多的华侨华人家族通过慈善活动实现自我成就和获得公众认可的同时，也传播着中华慈善精神和民族文明，讲述着中国的慈善故事。随着全球化的进程和"一带一路"建设的推进，华侨华人家族慈善逐步打造出具有中西特色的发展模式，形成了华人的公益慈善文化氛围，具有丰富多样的治理结构和较为成功的代际传承，预示着华侨华人家族一代又一代将慈善事业做大做强。

参考文献

Brody D, Strauch, "Who are the Family Foundations' Findings from the Foundation Management Survey", *Family Business Review*, 3 (2010).

Judit klein, Cristina Cruz, Hana Milanov, "Is Social Responsibility Really 'Corporate'? The Impact of Family Foundation on CSR", Academy of Management Annual Meeting Proceedings, 2018.

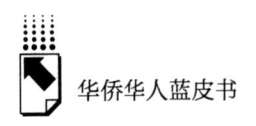

Kelin E. Gersick, Deanne Stone, Katherine Grady, Michele Desjardins, Howard Muson, Generations of Giving: Leadership and Continuity in Family Foundations (Lexington Books, 2006).

Moody M, Lugo Knapp A, Corrado M, "What Is a Family Foundation?", *Foundation Review*, 3 (2011).

Nemon M L, Jacobs C J, Phillips M, et al., "The Family Foundation Life Cycle and the Role of Consultants", *Foundation Review*, 7 (2015).

Nidhi Raj Kapoor, "Making a World of Difference: How BRICS Diaspora Give", The Resource Alliance, 2014.

《2018年度正大慈善基金会公益项目支出》, http://www.cpgroup.cn/Content.aspx?curID=8639, 2018-12-28.

《蔡崇信最钟情的"投资"》, http://www.sohu.com/a/252511849_114930, 2018年9月7日。

潮龙起：《"非典"时期华侨华人对中国捐赠之分析》,《东南亚研究》2004年第5期。

陈世柏：《海外华人的慈善理念及其思想渊源》,《中国宗教》2011年第7期。

陈世柏：《社会行为：海外乡亲慈善捐赠的本质内涵》,《社会保障研究》2011年第2期。

〔马〕陈志明：《人类学与华人研究视野下的公益慈善》,《中山大学学报》（社会科学版）2013年第4期。

程芬：《泰国华侨报德善堂对我国发展宗教慈善的启示》,《中国社会组织》2013年第7期。

储小平：《家族企业研究：一个具有现代意义的话题》,《中国社会科学》2000年第5期。

《大爱无垠》, http://www.cpgroup.cn/Content.aspx?curID=6213, 2013年12月26日。

《独家揭秘陈启宗家族慈善旗舰　晨兴基金会亿元资金"流水账"（组图）》, http://business.sohu.com/20140920/n404494283.shtml, 2014年9月20日。

樊子君、谭少思：《英国家族基金会内部治理及启示》,《中国注册会计师》2012年第6期。

《胡润慈善榜2019排名　胡润富豪榜完整榜单一览》, http://www.zhicheng.com/n/20190521/268735_6.html, 2019年5月21日。

《华人慈善"二代"崭露头角　用现代理念经营公益事业》, http://www.cctv-gy.cn/show_7_2641_1.html, 2018年7月4日。

黄晓瑞：《华侨华人对中国慈善捐赠的现状及其模式研究》, 贾益民主编《华侨华人研究报告（2015）》, 社会科学文献出版社, 2015。

《霍英东一生"为善莫问回报",同李嘉诚为祖国公益做出巨大贡献》,https：//baijiahao. baidu. com/s? id = 1618171502212661440&wfr = spider&for = pc,2018 年 11 月 26 日。

金锦萍：《什么是慈善？家族慈善的意义是什么？》,http：//csgy. rmzxb. com. cn/c/2018 - 01 - 05/1923496. shtml,2018 年 1 月 5 日。

景燕春：《华人移民慈善的动力机制：以广东侨乡顺德为例》,《华侨华人历史研究》2018 年第 4 期。

《李嘉诚基金会出资支持汕头大学,未来四年本科生学费全免》,http：//www. sohu. com/a/322471775_ 99917788,2019 年 6 月 23 日。

《李嘉诚宣布退休　曾言"对医疗的支持超越生命极限"》,https：//www. cn - healthcare. com/article/20180316/content - 501448. html,2018 年 3 月 16 日。

黎相宜、周敏：《跨国实践中的社会地位补偿——华南侨乡两个移民群体文化馈赠的比较研究》,《社会学研究》2012 年第 3 期。

李勇：《陈嘉庚与新加坡闽侨辛亥保安捐款》,《厦门大学学报》（哲学社会科学版）2019 年第 1 期。

李云、陈世柏：《发展华侨华人慈善事业的政策探讨》,《五邑大学学报》（社会科学版）2013 年第 4 期。

《李卓彬委员：参与"一带一路"建设　华侨华人可发挥三大优势》,http：//www. sohu. com/a/300498326_ 123753,2019 年 3 月 11 日。

林金枝：《改革开放以来华侨华人与港澳台胞在中国大陆的捐赠》,《华侨华人历史研究》1996 年第 4 期。

林心淦：《改革开放以来华侨华人在福清侨乡捐赠行为的文化解读》,《八桂侨刊》2013 年第 4 期。

刘宏：《海外华人与崛起的中国：历史性、国家与国际关系》,《开放时代》2010 年第 8 期。

马秋莎：《是谁引领了美国的慈善革命？》,《环球时报》2013 年 4 月 25 日。

潘如盎：《发达国家家族基金会的实践综述》,《法制与社会》2016 年第 22 期。

《企院·分享 | 家族慈善基金会——家族的,还是社会的？》,http：//www. sohu. com/a/255389695_ 321613,2018 年 9 月 21 日。

裘援平：《华侨华人与中国梦》,《求是》2014 年第 6 期。

《邵逸夫基金会》,http：//www. chinavalue. net/Wiki/ShowContent. aspx? TitleID = 406835。

《邵逸夫早年"吝啬"被嘲笑　历年捐款超百亿港元》,https：//new. qq. com/rain/a/20140107011764。

《桑梓情深　华侨华人慈善事业代际相传》,http：//www. chinanews. com/hr/2018/11 - 17/8679134. shtml,2018 年 11 月 17 日。

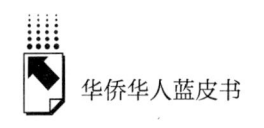

孙波：《许荣茂：志在远方，心系中华》，《华人时报》2018年第2期。

《泰国正大集团向南京工业大学捐赠2.011亿元》，http://www.edu-gov.cn/news/4935.html，2014年6月20日。

《谭天星：海外侨胞是实现"中国梦"的宝贵资源和独特机遇》，http://www.sohu.com/a/280521997_123753，2018年12月8日。

《挑战传统观念 李嘉诚带领中国富人"开放慈善"》，http://www.chinanews.com/cj/kong/news/2007/11-07/1070420.shtml，2007年11月7日。

王付兵：《改革开放以来华人华侨对福清的捐赠及其作用》，《华侨华人历史研究》2000年第3期。

王名、王春婷：《论基金会与现代慈善——〈改变中国——洛克菲勒基金会在华百年〉述评》，《中国非营利评论》2014年第1期。

王心怡：《〈中国家族慈善基金会发展报告（2018）〉在京发布》，《公益时报》2019年1月16日。

魏璞祯：《家族慈善基金会成为我国公益慈善领域的重要力量》，《公益时报》2019年4月9日。

夏玉清：《华侨报德善堂与善堂文化在泰国的传播》，《宗教学研究》2018年第1期。

《现金捐款最多的5个华人富豪：第二捐出150亿，第一建了30000座楼》，https://baijiahao.baidu.com/s?id=16296882740707271798wfr=spider&for=pc，2019年4月22日。

肖泊：《世茂掌门人许荣茂捐款已超10亿：回报是责任》，http://finance.sina.com.cn/money/cfgs/20150303/101321631359.shtml，2015年3月3日。

《新加坡华裔捐赠一亿七千多万元修建北京奥运场馆》，http://www.chinaqw.com/news/200611/21/52225.shtml，2006年11月21日。

《新加坡首富邱德拔——杰出的银行家＆酒店业巨子》，http://wemedia.ifeng.com/82189368/wemedia.shtml，2018年10月13日。

张小绿：《华侨华人慈善捐赠和侨乡发展——对瑞安市桂峰乡华侨华人的调查和分析》，《温州大学学报》（社会科学版）2008年第4期。

张秀明：《改革开放以来华侨华人对中国慈善事业的贡献探析》，《华侨华人历史研究》2018年第4期。

张映宇：《如何定义家族基金会：从何享健慈善基金会更名谈起》，《公益时报》2017年8月22日。

张映宇：《家族基金会的两大财富管理工具》，《公益时报》2017年11月14日。

张映宇：《家族基金会的三大作用》，《公益时报》2017年8月29日。

张映宇：《正视家族基金会的弊端》，《公益时报》2017年9月5日。

《正大集团公益慈善捐助捐赠和产业扶贫情况概述》，http://www.cpgroup.cn/

CSRList. aspx？catID = 5&subcatID = 45.

《正大集团简介》，《国际贸易》1995 年第 6 期（增刊）。

《正大集团：热心公益，低调慈善》，http：//www. cpgroup. cn/Content. aspx？curID = 6692，2014 年 8 月 8 日。

《正大集团谢国民荣登"08 年度中华慈善榜"》，http：//www. feedtrade. com. cn/news/people/20100527191906_ 248168. html，2010 - 05 - 27。

庄国土：《华侨华人与港澳同胞对厦门捐赠的分析》，《华侨华人历史研究》1999 年第 4 期。

华商韬略著《华人慈善家：50 位华人领袖的中国及世界慈善行动与贡献》，经济日报出版社，2013。

〔英〕孔飞力：《他者之中的华人：近代以来的移民》，李明欢译，江苏人民出版社，2016。

林悟殊：《关于潮汕善堂文化的思考》，陈三鹏主编《第三届潮学国际研讨会论文集》，花城出版社，2000。

林悟殊：《泰国大峰祖师崇拜与华侨报德善堂研究》，淑馨出版社，1996。

陶欣伯口述、倪亦斌整理：《陶欣伯人生小故事》，上海文艺出版社，2012。

周秋光、曾桂林：《中国慈善简史》，人民出版社，2006。

朱友渔：《中国慈善事业的精神》，商务印书馆，2016。

Abstract

Annual Report on Overseas Chinese Study (2019) is divided into three sets of reports on "culture", "economy and trade", and "a special subject", except a general report.

There are five reports on "culture". It mainly investigates the overseas education of overseas Chinese and the inheritance of Chinese culture. The first is to investigate the overseas Chinese immigrants in Southeast Asia and the Chinese schools held in the 20th century by Chinese settlers in the United States, the operational problems they faced in developing Chinese teaching in the formal education system in residing country, and the problems of which children of overseas Chinese learn Chinese and Chinese culture. Secondly, it examines the inheritance of Chinese culture of the second generations of overseas Chinese in Southeast Asia whether they married aboriginals or not. The third is to study the situation of Canadian Chinese learning Chinese culture, and the willingness of Southeast Asian Chinese youths to study in China. It is found in these reports that although overseas Chinese have suffered various obstacles in Chinese language learning and Chinese cultural heritage, they still strive to inherit Chinese culture, and some features of Chinese behavior can still be seen in the second and third generation Chinese.

The reports on "economy and trade" look into the business operations of overseas Chinese, the pressure of the external economic situation they are facing and their responses to it. There are three articles, including the development of Chinese family businesses in Indonesia, and the contributions made by overseas Chinese to the countries along the routes in the Belt and Road, as well as the development of Chinese businessmen' Investment enterprises in Mainland China and its factors of successful business operations. Their studies show that Chinese family businesses can respond better according to changes in the international situation, which is the main factor for their success in doing business abroad.

The "special report" inquires into the political involvement of overseas Chinese in Malaysia and the status of charitable donations by a well-known overseas Chinese family. It is investigated in their researches that Chinese people established associations abroad by some factors such as blood and geography, and they have played a certain role in participating in politics or giving back to the motherland.

Annual Report on Overseas Chinese Study (2019) comprehensively grasps the current living conditions of overseas Chinese through the above three topics, and proposes valuable policy recommendations.

Contents

I General Report

B.1 American Chinese Education Development Report

Ren Hong / 001

Abstract: The development of Chinese education in the United States from the 19th century to the present can be divided into four stages. Before 1965, Chinese in the United States mainly developed their own schools, from 1965 to 1990, gradually developed from Chinese classes into Chinese schools. The 1990s, Taiwan-based National Chinese Language and Culture Coalition (NCLCC) and the mainland-based Chinese School Association in the United States (CSAUS) have been established and Chinese schools are thriving. Since 2006, Chinese immersion programs have been offered in regular schools in the United States, and the number of Chinese learners has increased dramatically. By mid-2017, there were nearly 250 Chinese immersion schools in the United States that could learn Chinese, but it also had several problems, such as the lack of professional Chinese language teachers, the lack of the same curriculum standards, the problems of "cultural teaching" and insufficient funding. By the impact of mainstream schools in the United States, Chinese schools have lost a lot of students. To meet the challenges of the mainstream education system, this paper suggests that Chinese schools should highlight the characteristics of "language + culture", concentrate on developing preschool, strengthen talent training courses, strive for legislative guarantees, and consider the way of profit-making.

Keywords: Chinese Language Schools; Overseas Weekend Chinese Schools; Immersion Programs; Chinese language and Culture

Ⅱ   The Reports on Culture

B. 2   A Survey on Chinese Education in Thailand   *Zhang Xizhen / 024*

Abstract: Definition of two different concepts "education in Chinese" and "Chinese language teaching" divide learning Chinese language in Thailand into two periods. In the first period children of overseas Chinese were taught in Chinese as native language to set up their identity of China and Chinese culture; in second period Thai students are to learn Chinese as a foreign language to understand China and Chinese culture. During the first period education in Chinese experienced two "up and down", and the paper will analyze reasons for that. In the second period learning Chinese experienced rising up and upsurge and the paper will also analyze their causes.

Keywords: Thailand; Chinese Education; Survey Report

B. 3   A Survey on the Culture Inheritance of Chinese Peranakan
            Community in Southeast Asia   *Chen Henghan / 049*

Abstract: The Chinese Peranakan has been a social and ethnic group formed by the combination of the male Chinese and the indigenous women in Nanyang ever since the Ming and Qing Dynasties. It has been mainly distributed in the islands of Philippine, Malay and Indonesian. As an important product of ethnic integration, the Chinese Peranakan community has experienced the process of rising, developing and declining. It is an excellent sample for studying ethnic exchanges and civilization contacts, and an important case for studying language spread and cultural interaction in Nanyang. It is advisable to observe the Chinese

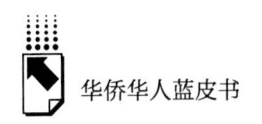

Peranakan from a diasporic perspective by conducting historical literature review and field work interview. The evidence of assimilation can be found in terms of linguistic mixing, text printing, literary creation, translation and adaptation, as well as food and clothing, housing and household, religions and customs, folk opera and art, etc. Therefore, an overview tour of language-mixing and cultural exchanges is presented for the Chinese Peranakan communities in the Nanyang region.

Keywords: Nanyang; Chinese Peranakan; Language Contact; Cultural Integration

B. 4 A Survey on the Current Situation of Cultural Inheritance of Overseas Chinese in Singapore and Malaysia

Ma Zhanjie, Lin Chunpei and Li Yibin / 077

Abstract: From the cultural level, the multi-symbiosis strategy refers to the dynamic balance of cultural identity and cultural tolerance in the process of communication among the various national cultures, and strives to realize the cultural coexistence pattern of "Beauty Is Together". For a long time, the Chinese people in Singapore and Malaysia have been actively practicing this strategy, taking "beauty of each other" as the core idea and goal, and taking the essence of Chinese traditional culture as the symbiotic carrier, and actively fulfilling the social responsibility to improve the symbiotic environment, and strive to cultivate the main body of communication. Also striving to cultivate the cultural consciousness of the disseminators, and adopting the way of struggle and communication to strive for the localization of Chinese culture, which making outstanding contributions to the overseas spread of Chinese culture. In the future, the Chinese people in Singapore and Malaysia should be good at absorbing and applying new ideas and methods, and overcoming the tendency of "heavy tradition and light contemporary", and paying attention to cooperation with domestic official and non-governmental organizations to explore the economic value of Chinese cultural communication, thus to expand the influence of the symbiotic carrier of Chinese culture and other national cultures, serve the strategic overall situation of the "One Belt and One Road" construction of the country from a cultural exchange perspective.

Keywords: Overseas Chinese in Singapore and Malaysia; Chinese Culture; Multi-symbiosis Overseas Communication

B. 5　A Study on Chinese Learning and Culture Inheritance of
　　　Canadian Chinese　　　　　　　　　　*Wang Jiashun* / 112

Abstract: Language plays an important role in the cultural identity and values of overseas Chinese, and language use of overseas Chinese in different parts of the world presents different characteristics. This paper gives a general description of the language use of Canadian Chinese by analyzing the 2016 Canada census data, and gives a crosstabs analysis of the language use of Canadian Chinese with different characteristics. It is found that although there has been an increase in the number of Canadian Chinese who can speak the official Canadian languages, most Canadian Chinese recognize Chinese as their mother tongue. The age, geographical distribution, immigration status and ancestral origin of Canadian Chinese have significant influence on their language use. Finally, the paper puts forward some suggestions to help Canadian Chinese parents and their children learn Chinese well, especially mandarin.

Keywords: Canadian Chinese; Language Use; Chinese

华侨华人蓝皮书

B.6　A Survey Report on the Willingness of Southeast Asian Chinese Youth to Study in China　　　　　　　　　　　　　　　Lv Ting / 134

Abstract: Encouraging Southeast Asian Chinese youths to study in China has much important significance such as education, united front and diplomacy. A comparative analysis for more than 800 Chinese and non-Chinese youths in Southeast Asia shows that Southeast Asian Chinese youths have weak willingness to study abroad in China, and the quality of education and employment opportunities are the most important factors influencing their choice of study destinations. The degree of influence of scholarships is significantly different between individuals and countries, while the similarity of language and culture has a weak influence. In the future, there will be both opportunities and challenges for Southeast Asian Chinese youths to study in China. On the one hand, the Southeast Asia's population structure and economic situation is good, combined with the increasingly attractive to study in China, have resulted in a considerable number of Chinese students who are willing to study in China. On the other hand, in recent years, southeast Asia's Chinese education has encountered a bottleneck, the growth rate of overseas students in China has been flat, and the global competition for overseas students has intensified, which poses a great challenge for China to attract Chinese teenagers from the region to study in China. In the future, we can try to attract more Southeast Asian Chinese teenagers to study in China by focusing on improving the experience of studying, appropriately easing the threshold of employment and accurately releasing scholarships and grants.

Keywords: Southeast Asian; Overseas Chinese Youth; Study in China

III Economy and Trade

B. 7 A Survey on the Development Strategy of Chinese Family Enterprises under the Economic Transition in Indonesia
Zhai Weining, Song Zhenzhao and Cai Bowen / 157

Abstract: Indonesia is the largest country in Southeast Asia and also owns the largest population of overseas Chinese. After independence, its economic development has been gradually taken off and stabilized. President Susilo Bambang Yudhoyono and President Joko Widodo have vigorously developed their economy, and their GDP has remained above 5%. Chinese family enterprises play an important role in the Indonesian economy. They can create more than 50% of Indonesia's wealth with less than 5% of the Indonesian population. At the same time, on the one hand they are also affected by Indonesia's politics; on the other hand Chinese family enterprises are facing the double challenges of the transformation and development of enterprises and succession. The findings of this paper are as followed: First, with the transformation of Indonesian economic and industrial development, Chinese enterprises have begun to adopt international development strategy. Second, facing the challenge of succession, they have gradually transformed from "family business" to "professional family." Third, the development experience of Indonesian Chinese enterprises can be applied as a reference for China's domestic family businesses to solve the dilemma of family businesses development in succession and inheritance. The last, connecting with one belt and one road development would provide an opportunity for Chinese business into international market.

Keywords: Chinese Family Business; Succession and Inheritance; Indonesian Economic Development; Development Strategy; One Belt and One Road Initiative

B.8 The Investigation for Overseas Chinese Enterprises Situation

Liu Yunping / 182

Abstract: The Overseas Chinese Enterprises (OCE) have contributed significantly to the Chinese economic growth. I investigated the situation and the success factors of the OCE in Quanzhou City. I specify the success standard in management, economics, and sociology for OCE in Quanzhou City and the key factors for their initiating and ongoing success. It shows that main barriers for OCE success are incapability of innovation, the low capability of management, improper share mechanism of benefits, short-term financing difficulties, and insufficient risk response capabilities. The managerial implication goes several ways. To lower cost, the management formalization and right incentives facilitate the expansion of scale and scope economy. To promote innovation, the paper proposes an attractiveness index of city, related to tax policies, transportation, and transaction cost. The innovation capability relates to the attractiveness of talents, regional attractiveness, incentives for small innovative enterprises, and positive feedback from production-education-research ecosystem. To improve the risk management, the paper suggests measures about risk identification, warning, transferring, and accounting. To reduce the difficulty of short-term financing, the paper suggests to establish a special fund pool and to adopt credit management system.

Keywords: Overseas Chinese Businessmen; Quanzhou City; Enterprises Success Factors

B.9 A Survey on the Overseas Chinese in Cultural Communication and Trade Flow of the Six Economic Corridors of "One Belt and One Road"

Zhao Kai, Huang Huahua / 213

Abstract: "One Belt and One Road (OBOR)" initiative is China's active participation in the top-level design of global and regional governance in the 21st century, and the trade flow is one of the "five connectivity" of the initiative, which is the key content of the construction of "OBOR". This study analyzes the problem of the trade flow between China and the countries along the six economic corridors of the "OBOR" from the perspective of cultural differences. Using the relevant data of 64 countries along the six economic corridors of the "OBOR" and China in 2007 – 2017 as the analysis sample, taking the variables of port infrastructure quality, customs formalities burden, international tourism revenue and expenditure, education input level as the control variable. Empirically study the influence of cultural distance, geographical distance and economic scale on the trade flow between China and the six economic corridors through an extended trade gravity model. In addition, this paper compares and analyzes the trade convenience between economic corridors and China through political, economic and cultural perspectives, and further discusses the role of overseas Chinese in the smooth trade between China and the countries along the Belt and Road.

Keywords: Overseas Chinese; the Six Economic Corridors; Heterogeneity; Trade Flow

Ⅳ Special Report

B. 10 A Survey on Political Participation of Chinese Malaysians' Societies　　　　　　　　　　　　　　*Chong Henry Ren Jie* / 262

Abstract: In the article, I explore Chinese Malaysians' responses to politics with the case study of Chinese in Johor Bahru. I will focus on interactions of the Chinese organizations, behaviours of the Chingay in Johor Bahru, Chinese votes in the 14th general election and Chinese responses to China's the Belt and Road to inquire opinions of Chinese in Johor Bahru to politics. The conclusion points out that there is a loose alliance among these Chinese organizations. Moreover, Chinese organizations and elites as representatives interact with politicians often nowadays, but their political influence to common people is shrinking.

Keywords: Chinese Organizations; Politics; Johor Bahru

B.11　A Survey Report on the Status Quo of Overseas Chinese Family Charity　　*Huang Xiaorui, Hou Yujia* / 284

Abstract: Overseas Chinese are an important force in the construction and an important bridge and link between China and the people of the countries along "the Belt and Road". At present, overseas Chinese family charity plays an important role in the world. It can be said that overseas Chinese charity is a business card of Chinese traditional culture, especially charity culture. On the one hand, Chinese traditional culture and Chinese civilization deeply influence the philanthropy of overseas Chinese and their families. On the other hand, the philanthropy of overseas Chinese and their families is the practitioner and disseminator of Chinese traditional culture. In this context, this article discusses the status quo and characteristics of the overseas Chinese family charity. Based on this, this study discusses the 14 overseas Chinese family charities in the Analysis report on top 100 global philanthropic families (2016), by analyzing the geographical distribution, amount anddonation model of charitable donations, and combining Li Ka-shing family and Dhanin Chearavanont family. In the case, a vivid picture of the charity of the overseas Chinese family was drawn. Then, it further analyzes the development model of Chinese and Western characteristics of the overseas Chinese family charity and forms a charity culture atmosphere and diverse governance structure and unique development characteristics of successful intergenerational inheritance.

Keywords: Overseas Chinese; Family Charity; The Status Quo

权威报告·一手数据·特色资源

皮书数据库
ANNUAL REPORT(YEARBOOK) DATABASE

当代中国经济与社会发展高端智库平台

所获荣誉

- 2016年，入选"'十三五'国家重点电子出版物出版规划骨干工程"
- 2015年，荣获"搜索中国正能量 点赞2015""创新中国科技创新奖"
- 2013年，荣获"中国出版政府奖·网络出版物奖"提名奖
- 连续多年荣获中国数字出版博览会"数字出版·优秀品牌"奖

成为会员

通过网址www.pishu.com.cn访问皮书数据库网站或下载皮书数据库APP，进行手机号码验证或邮箱验证即可成为皮书数据库会员。

会员福利

- 已注册用户购书后可免费获赠100元皮书数据库充值卡。刮开充值卡涂层获取充值密码，登录并进入"会员中心"—"在线充值"—"充值卡充值"，充值成功即可购买和查看数据库内容。
- 会员福利最终解释权归社会科学文献出版社所有。

数据库服务热线：400-008-6695
数据库服务QQ：2475522410
数据库服务邮箱：database@ssap.cn
图书销售热线：010-59367070/7028
图书服务QQ：1265056568
图书服务邮箱：duzhe@ssap.cn

卡号：247819218772
密码：

基本子库
SUB DATABASE

中国社会发展数据库（下设12个子库）

全面整合国内外中国社会发展研究成果，汇聚独家统计数据、深度分析报告，涉及社会、人口、政治、教育、法律等12个领域，为了解中国社会发展动态、跟踪社会核心热点、分析社会发展趋势提供一站式资源搜索和数据分析与挖掘服务。

中国经济发展数据库（下设12个子库）

基于"皮书系列"中涉及中国经济发展的研究资料构建，内容涵盖宏观经济、农业经济、工业经济、产业经济等12个重点经济领域，为实时掌控经济运行态势、把握经济发展规律、洞察经济形势、进行经济决策提供参考和依据。

中国行业发展数据库（下设17个子库）

以中国国民经济行业分类为依据，覆盖金融业、旅游、医疗卫生、交通运输、能源矿产等100多个行业，跟踪分析国民经济相关行业市场运行状况和政策导向，汇集行业发展前沿资讯，为投资、从业及各种经济决策提供理论基础和实践指导。

中国区域发展数据库（下设6个子库）

对中国特定区域内的经济、社会、文化等领域现状与发展情况进行深度分析和预测，研究层级至县及县以下行政区，涉及地区、区域经济体、城市、农村等不同维度。为地方经济社会宏观态势研究、发展经验研究、案例分析提供数据服务。

中国文化传媒数据库（下设18个子库）

汇聚文化传媒领域专家观点、热点资讯，梳理国内外中国文化发展相关学术研究成果、一手统计数据，涵盖文化产业、新闻传播、电影娱乐、文学艺术、群众文化等18个重点研究领域。为文化传媒研究提供相关数据、研究报告和综合分析服务。

世界经济与国际关系数据库（下设6个子库）

立足"皮书系列"世界经济、国际关系相关学术资源，整合世界经济、国际政治、世界文化与科技、全球性问题、国际组织与国际法、区域研究6大领域研究成果，为世界经济与国际关系研究提供全方位数据分析，为决策和形势研判提供参考。

法律声明

"皮书系列"（含蓝皮书、绿皮书、黄皮书）之品牌由社会科学文献出版社最早使用并持续至今，现已被中国图书市场所熟知。"皮书系列"的相关商标已在中华人民共和国国家工商行政管理总局商标局注册，如LOGO（ ）、皮书、Pishu、经济蓝皮书、社会蓝皮书等。"皮书系列"图书的注册商标专用权及封面设计、版式设计的著作权均为社会科学文献出版社所有。未经社会科学文献出版社书面授权许可，任何使用与"皮书系列"图书注册商标、封面设计、版式设计相同或者近似的文字、图形或其组合的行为均系侵权行为。

经作者授权，本书的专有出版权及信息网络传播权等为社会科学文献出版社享有。未经社会科学文献出版社书面授权许可，任何就本书内容的复制、发行或以数字形式进行网络传播的行为均系侵权行为。

社会科学文献出版社将通过法律途径追究上述侵权行为的法律责任，维护自身合法权益。

欢迎社会各界人士对侵犯社会科学文献出版社上述权利的侵权行为进行举报。电话：010-59367121，电子邮箱：fawubu@ssap.cn。

社会科学文献出版社